教科書ガイド

大修館書店版

古典探究
古文編 第Ⅱ部
精選 古典探究
古文編 第Ⅱ部

TEXT
BOOK
GUIDE

文研出版

はしがき

本書は、大修館書店発行の教科書「古典探究　古文編（706）」及び「精選　古典探究（708）」に準拠した教科書解説書として編集されたものです。

教科書内容がスムーズに理解できるよう工夫されています。

予習や復習、試験前の学習にお役立てください。

本書の特色

●教科書参照ページ

本書は、お使いの教科書によって「教科書参照ページ」が異なります。

教706…古典探究　古文編(706)

教708…精選　古典探究(708)

●冒頭解説

本書は、教科書の流れにしたがって、構成されています。必要に応じて単元の冒頭の〔○○とは〕で、学習にあたっての予備知識となるような事柄（作品と作者など）を解説しています。

品詞分解の略符号

1 品詞名
（名詞は品詞名省略）

ク＝ク活用形容詞
シク＝シク活用形容詞
ナリ＝ナリ活用形容動詞
タリ＝タリ活用形容動詞
連体＝連体詞　副＝副詞
接＝接続詞　感＝感動詞
助動＝助動詞　補＝補助動詞

2 動詞の活用の種類

四＝四段　上一＝上一段
上二＝上二段　下一＝下一段
下二＝下二段
カ変・サ変・ナ変・ラ変＝変格活用

3 活用形

未＝未然形　用＝連用形
終＝終止形　体＝連体形
已＝已然形　命＝命令形

●教材解説

まず段落ごとの〔大意〕を簡潔にまとめています。

〔品詞分解／現代語訳〕では、教科書の原文を単語単位に分け、品詞名・活用の種類・活用形を下記の略符号で原文右に示し、原文左には、適宜必要な言葉を補って現代語訳を示しています。また、〔語句の解説〕として、重要語句や文法上特におさえておきたい箇所について解説しています。

●学習のポイント

教科書教材末に出ている問題に対応する解答や解答例、考え方などを示しています。

なお、前記以外に、次の項目にも解説を設けています。

・読み比べ

4 助動詞の意味

使＝使役　尊＝尊敬　受＝受身
可＝可能　自＝自発　打＝打消
過＝過去　詠＝詠嘆　完＝完了
強＝強調　存＝存続　在＝存在
推＝推量　定＝推定　意＝意志
勧＝勧誘　命＝命令　仮＝仮定
婉＝婉曲　当＝当然　適＝適当
伝＝伝聞　禁＝禁止　不＝不可能
希＝希望　比＝比況　例＝例示
断＝断定　原推＝原因推量
過推＝過去推量　現推＝現在推量
反仮＝反実仮想　打推＝打消推量
打意＝打消意志　打当＝打消当然
過原推＝過去の原因推量
過伝婉＝過去の伝聞・婉曲

5 助詞の分類

格助＝格助詞　副助＝副助詞
係助＝係助詞　終助＝終助詞
接助＝接続助詞　間助＝間投助詞

6 その他

尊＝尊敬　謙＝謙譲　丁＝丁寧
（代）＝代名詞　（枕）＝枕詞
（音）＝音便　（連語）　（語幹）
（係）……（結）＝係り結び　など

目次

教科書によって「教科書参照ページ」が異なりますので、ご注意ください。
教706…古典探究　古文編（706）
教708…精選　古典探究（708）

＊の付いた教材は教708では学習しません。

1 説　話

源《みなもとの》義家《よしいへ》、衣川にて安倍貞任《あべのさだたふ》と連歌のこと

〔古今著聞集《ここんちょもんじふ》〕　橘《たちばなの》成季《なりすゑ》

教706 134〜135　教708 112〜113

【大　意】　教706 134ページ1行〜135ページ1行　教708 112ページ1行〜113ページ1行

源義家《みなもとのよしいえ》が安倍貞任《あべのさだとう》の籠もる衣川の砦《とりで》を攻め立て、城より逃れ落ちる貞任の背中に、和歌の下の句を詠みかける。貞任は機知に富んだ上の句で応える。義家はつがえていた矢を外して引き返した。戦いの中で実に風流なことである。

【品詞分解／現代語訳】

伊予守源頼義の朝臣、貞任・宗任ら を（格助） 攻むる（下二・体） 間、 陸奥 に（格助） 十二年 の（格助） 春秋 を（格助） 送り（四・用） けり（助動・過・終）。

伊予守《いよのかみ》源頼義朝臣《あそん》は、安倍貞任・宗任たちを攻める間、陸奥《むっ》の国で十二年の歳月を過ごした。

鎮守府 を（格助） たち（四・用） て（接助）、 秋田 の（格助） 城 に（格助） 移り（四・用） ける（助動・過・体） に（格助）、 雪、 はだれに（ナリ・用） 降り（四・用） て（接助）、 軍 の（格助） 男ども

鎮守府を出発して、秋田の城に移った時、雪が、まばらにはらはらと降って、軍勢の兵士たち

の（格助） 鎧 みな（副） 白妙 に（格助） なり（四・用） に（助動・完・用） けり（助動・過・終）。 衣川 の（格助） 館、 岸 高く（ク・用） 川 あり（ラ変・用） けれ（助動・過・已） ば（接助）、

の鎧はみな真っ白になってしまった。衣川の館は、（川岸にあって）岸が高くなっていて川があったので、

盾 を（格助） いただき（四・用） て（接助） 甲 に（格助） 重ね（下二・用）、 筏 を（格助） 組み（四・用） て（接助） 攻め（下二・用） 戦ふ（四・体） に（接助）、 貞任ら 堪へ（下二・未） ず（助動・打・用） して（接助）、

盾を頭上に掲げて兜《かぶと》に重ねて、筏《いかだ》を組んで（川を渡って）攻めて戦うと、貞任たちは（攻撃に）耐えきれずに、

つひに（副） 城 の（格助） 後ろ より（格助） 逃れ（下二・用） 落ち（上二・用） ける（助動・過・体） を（格助）、 一男八幡太郎義家、 衣川 に（格助） 追ひたて（下二・用） 攻め伏せ（下二・用） て（接助）、

とうとう城の後ろから逃げ出したのを、（頼義の）長男の八幡太郎義家が、衣川に追いつめて攻め立て、

ク・用　係助
「汚く も、
係助　係助　下二・体
後ろ を ば 見する
終助
もの かな。
副　四・命
しばし 引き返せ。
四・未　助動・意・終　格助　四・未　助動・尊・用
もの 言は ん と 言は れ

「ひきょうにも、敵に背を見せて逃げることだよ。
ちょっと引き返せ。
言いたいことがある。」とおっしゃったので、

助動・完・用　助動・過・已　接助
たり けれ ば、
貞任が後ろを振り返ったところ、（義家が）

四・用　助動・完・用　助動・完・体　接助
貞任 見返り たり たる に、
貞任が後ろを振り返ったところ、（義家が）

格助　係助　上二・用　助動・完・用　助動・過・終
衣 の たて は ほころび に けり
衣の縦糸がほころびてしまったように衣川の館は陥落してしまった

と 言へ り けり。
格助　四・已（命）　助動・完・用　助動・過・終
と言った。

四・已（命）　助動・完・用　助動・過・詠終
貞任 轡 を やすらへ、鐙 を 振り向けて、
下二・用　格助　下二・用　接助
貞任は手綱を緩めて（馬を止めて）、顔を振り向けて、

格助　下二・用　助動・過・体　格助　格助
年 を へ し 糸 の 乱れ の くるしさ に
歳月を経て衣の糸が乱れてばらばらになるように、長い戦いの苦しさに耐えきれずに

格助　下二・用　助動・完・用　助動・過・終
と 付け たり けり。
と付けた。

（代）　格助
そ の とき 義家、
それを聞いた時義家は、

助動・完・用　助動・過・終
に けり。
副　格助　格助　シク・用　助動・過・体　終助
さばかり の 戦ひ の 中 に、やさしかり ける こと かな。
それほどの（激しい）戦いの中で、風流なことだよ。

下二・用　助動・存・体　格助　四・用　接助　四・用
はげ たる 矢 を さし外し て 帰り
つがえた矢を外して帰ってしまった。

（巻九）

語句の解説

教706 134ページ　　教708 112ページ

1　貞任・宗任ら（さだとう・むねとう）　　貞任・宗任たち。

「ら」は接尾語。名詞や代名詞に付いて、複数であることや親愛の意、軽侮の意を表す。ここでは軽侮の意も含む。

2　はだれに降りて（ふ）　　まばらにはらはらと降って

形容動詞「はだれなり」は、雪や霜がまばらに、はらはらと降る様子。

3　男ども（おのこ）　　兵士たち。
「ども」は接尾語で、複数であることを表す。

3　白妙になりにけり（しろたえ）　真っ白になってしまった。
「白妙」は楮（こうぞ）で織った白い布。ここでは白いことを表す。「にけり」

は、ここでは「けり」が過去であるので、「…てしまった」の意。

1 「白妙になりにけり。」とは、どのような状態を指しているか。

答 兵士たちの鎧が、降りしきる雪で真っ白になった状態。

2 「盾をいただきて…筏を組みて」とは、どのような戦い方か。

答 衣川の館を目指して、高い岸を登る時に、敵の矢を防ぐために盾を頭上に掲げて進み、筏を組んで衣川を渡るという戦い方。

6 **後《うし》ろをば見《み》するものかな**　敵に背を見せて逃げることだよ。

「後ろを見す」は、敵に背中を見せて逃げること。「をば」は、格助詞「を」に濁音化した係助詞「は」が付いたもの。「ものかな」は、名詞「もの」に終助詞「かな」が付いて、「…ものだなあ」という強い詠嘆や感動を表す。

7 **言《い》は《ワ》れたりければ**　おっしゃったので。

「一男八幡《いちなんはちまん》太郎義家、衣川に……、『汚くも、……。もの言はん。』と言はれたりければ」とあり、主語は義家なので、「れ」は尊敬の助動詞「る」の連用形である。受身の意にとると、「言ふ」の主語は貞任となってしまう。

9 **轡《くつばみ》をやすらへ《エ》**　手綱を緩めて(馬を止めて)。

「やすらふ」は、下二段活用の他動詞は「休ませる、緩める」の意、四段活用の自動詞は「たたずむ、滞在する、休む」の意。ここでは「緩める」。

11 **付《つ》けたりけり**　付けた。

義家の詠んだ七七の句に、貞任が五七五の句を付けたのである。連歌や俳諧で、五七五の句には七七の句を、七七の句には五七五の句を付け合わせることを、「付け合ひ」という。

11 **はげたる矢《や》**　つがえた矢。

「はぐ」は「矧ぐ」と書き、「矢をつがえる」意味。「剥《は》ぐ」(むしり取る、はぎ取る)ではない。

教706 135ページ　教708 113ページ

1 **やさしかりけることかな**　風流なことだよ。

「やさし」は、ここでは「風流だ、感心だ」という意。

学習のポイント

1 義家はなぜ戦いを止めたのか、考えてみよう。

考え方 義家は、貞任の付けた句を聞いて、戦いを止めたのである。

解答例 句に詠まれた、貞任の敗軍の将としてのつらさや悔しさが義家の心に響いたから。

2 何を「やさしかりけることかな。」(706 135・1 708 113・1)と言っているのか、話し合ってみよう。

考え方 衣川の館を攻める「さばかりの戦ひ」は、困難な激戦だった。そのような中で、義家が貞任と連歌を行い、両者とも風雅の道を理解していたことや、貞任の付け句に感動し貞任を許した義家の風流心とやさしさを言っていると考えられる。

3 **語句** 「衣のたては…」と「年をへし…」の連歌に用いられている単語を辞書で引き、掛詞《かけことば》・縁語を指摘してみよう。

解答

「衣のたては…」

掛詞 「たて」…織物の縦糸と館《たて》（衣川の館）

縁語 「たて（縦糸）」「ほころぶ」が「糸」の縁語

「年をへし…」

掛詞 「乱れ」…「糸のほつれ」と「戦いの疲弊」

縁語 「糸」が「衣」の縁語

4 **探究** 衣川（平泉）は『義経記』や『おくのほそ道』でも重要な地である。これらを調べて、この話との共通点を見つけてみよう。

考え方 衣川（平泉）は源義経がいくさに敗れ、自刃した地である。

解答例 『義経記』…衣川の戦いの中で、義経の家臣武蔵坊弁慶《べんけい》は、討ち死にする前に、「一手《ひとて》舞うて東《あづま》の方の賤《いや》しき奴《やつ》ばらに見せん」と舞を舞った。戦いの中でも風流な振る舞いをしている。

『おくのほそ道』…松尾芭蕉《まつおばしょう》は平泉の衣川の館跡を訪れ、戦に敗れ死んでいった義経主従に思いを寄せる句を詠んでいる。

「さても、義臣すぐつてこの城にこもり、功名一時の草むらとなる。国破れて山河あり、城春にして草青みたりと、笠うち敷きて、時の移るまで涙を落とし侍《はべ》りぬ。

夏草や兵《つわもの》どもが夢の跡　芭蕉」

馬盗人

〔今昔物語集〕

教706 136〜140　教708 114〜118

【大意】 1　教706 136ページ1〜7行　教708 114ページ1〜7行

源頼信《みなもとのよりのぶ》は東国に良い馬がいると聞いて、その馬を京へ上らせた。馬盗人がこの馬を盗もうと思ったが、道中は盗む機会がなく京までついてきた。馬は京都の頼信の厩《うまや》につながれた。

【品詞分解／現代語訳】

今 は[係助] 昔、河内 の[格助] 前司、源頼信朝臣 と[格助] いふ[四・体] 兵 あり[ラ変・用] き[助動・過・終]。東 に[格助] よき[ク・体] 馬 持たり[ラ変・終] と[格助] 聞き[四・用]

今となっては昔のことだが、前河内守《かわちのかみ》(前の河内の国の長官)の源頼信朝臣《あそん》という武士がいた。東国に良い馬を持っていると聞いた者のところに、

ける[助動・過・体] 者 の[格助] もと に[格助]、こ[(代)] の[格助] 頼信朝臣 乞ひ[四・用] に[格助] やり[四・用] たり[助動・完・用] けれ[助動・過・已] ば[接助]、馬 の[格助] 主 いなびがたく[ク・用]

この頼信朝臣は(馬を)求めに(人を)遣わしたので、馬の持ち主は断りがたくて

て[接助] そ[(代)] の[格助] 馬 を[格助] 上せ[下二・用] ける[助動・過・体] に[接助]、道 に[格助] して[格助] 馬盗人 あり[ラ変・用] て[接助]、こ[(代)] の[格助] 馬 を[格助] 見[上一・用] て[接助]、きはめて[副]

その馬を京に上らせたところ、道中に馬盗人がいて、この馬を見て、たいそう

欲しく[シク・用] 思ひ[四・用] けれ[助動・過・已] ば[接助]、「構へて[副] 盗ま[四・未] む[助動・意・終]。」と[格助] 思ひ[四・用] て[接助]、ひそかに[ナリ・用] 付き[四・用] て[接助] 上り[四・用] ける[助動・過・体] に[接助]、

欲しいと思ったので、「なんとかして(馬を)盗もう。」と思って、ひそかに(馬を上らせる一行に)ついて上ったのだが、

こ[(代)] の[格助] 馬 に[格助] 付き[四・用] て[接助] 上る[四・体] 兵ども の[格助] たゆむ[四・体] こと の[格助] なかり[ク・用] けれ[助動・過・已] ば[接助]、盗人、道 の[格助] 間 にて[格助] は[係助]

この馬について上る武士たちが油断することがなかったので、盗人は、道中では

え[副] 取ら[四・未] ず[助動・打・用] して[接助]、京 まで[副助] 付き[四・用] て[接助]、盗人 上り[四・用] に[助動・完・用] けり[助動・過・終]。馬 は[係助] 率[上一・用] て[接助] 上せ[下二・用]

(馬を)取ることができないで、京までついてきて、盗人は上ってしまった。馬は(武士たちが)引き連れて上らせた

に（助動・完・用） けれ（助動・過・已） ば、（接助） 頼信朝臣 の（格助） 厩 に（格助） 立て（下二・用） つ。（助動・完・終）

ので、頼信朝臣の厩に入れて立たせておいた。

語句の解説 1

教706 136ページ　教708 114ページ

1 今《いま》は昔《むかし》　今となっては昔のことだが。物語や説話の冒頭の決まり文句。「昔々」とも訳される。

1 朝臣《あそん》　敬称。五位以上の人の名前に付けられた。

2 いなびがたくて　断りがたくて。「いなびがたし」は、「断る」という意の動詞「いなぶ」に、「…しがたい」意の接尾語「がたし」が付いたもの。

3 上《のぼ》せけるに　京に上らせたところ。「上す」は、ここでは「京に上らせる」の意。反対語は「下《くだ》す」。

4 構《かま》へ《エ》て盗《ぬす》まむ《ン》　なんとかして盗もう。「構へて」は副詞で、後に意志・命令の語を伴って「なんとかして」の意。「む」は意志を表す助動詞。

5 たゆむことのなかりければ　油断することがなかったので。「たゆむ」は「油断する、気が緩む」の意。

6 え取《と》らずして　取ることができないで。「え（…ず）」は「…することができない」という不可能の意。「え」は副詞。

答 1　盗人はどのような気持ちだったか。

道中は武士たちも油断がなく、馬を盗み出す機会がなかったが、京に無事に到着して、今は油断しているだろう、盗み出す機会もあるだろうという気持ち。

6 率《い》て　引き連れて。「率る」は上一段活用の動詞で、語幹と語尾の区別がない動詞。「引き連れる」の意。

7 厩《うまや》に立《た》てつ　厩に入れておいた。「立つ」は、ここでは下二段活用の動詞で「立たせる」の意。

【大　意】 2

教706 136ページ8行〜137ページ10行　教708 114ページ8行〜115ページ10行

頼信の子の頼義《よりよし》は、父のもとに良い馬が届いたと聞き、馬を譲り受けたいと思って父の家を訪れる。頼信は頼義の思いを察して、明日馬を与えようと言い、二人は世間話などをして寝た。

【品詞分解／現代語訳】

しかる間、（接） 頼信朝臣 の（格助） 子 頼義 に、（格助） 「我（代） が（格助） 親 の（格助） もと に（格助） 東 より（格助） 今日 よき（ク・体） 馬 率（上一・用） て（接助） 上り（四・用）

そうしているうちに、頼信朝臣の子の頼義に、「あなたの父上のもとに東国から今日良い馬を引き連れて上ってきた。」

助動・完・用　助動・過・終　格助　下二・用　助動・過・已　接助　格助　(連語)　(代)　格助　ク・未　助動・婉・体
に　けり。」と　人　告げ　けれ　ば、頼義　が　思はく、「そ　の　馬、よしなから　む　人
と人が告げたので、頼義が思うに、「その馬が、馬を与える理由のないような（つまら

格助　四・未　助動・受・用　助動・強・未　助動・推・終　格助　サ変・終　ラ変・未　助動・打・体　格助　(代)　四・用　接助　上一・用　接助
に　乞ひ取ら　れ　な　む　と　す。しから　ぬ　前　に　我　行き　て　見　て、
ない）人に求め取られてしまいそうだ。そのようにならない前に私が行って馬を見て、

副　ク・体　助動・断・未　接助　(代)　四・用　助動・強・未　助動・意・終　格助　四・用　接助　格助　格助　四・終
まことに　よき　馬　なら　ば、我　乞ひ取り　て　む。」と　思ひ　て、親　の　家　に　行く。雨
ほんとうに良い馬ならば、私が請い取ってしまおう。」と思って、親の家に行く。雨

シク・用　四・用　助動・過・已　接助　(代)　格助　格助　シク・用　助動・過・已　接助　格助　係助　四・未　助動・打・用
いみじく　降り　けれ　ども、こ　の　馬　の　恋しかり　けれ　ば、雨　に　も　さはら　ず、夕方
がひどく降っていたけれども、この馬が気にかかったので、雨にも邪魔されず、夕方出

四・用　助動・完・用　助動・過・体　接助　格助　(連語)　副　シク・用　係助　下二・未　助動・打・用　助動・完・体　係助　副助　四・用
行き　たり　ける　に、親、子　に　いはく、「など　久しく　は　見え　ざり　つる　ぞ。」など　言ひ
かけて行ったところ、親が、子に言うには、「どうして長く姿を見せなかったのか。」などと言ったので、

助動・過・已　接助　格助　(代)　係助　(代)　格助　上一・用　接助　四・用　助動・完・終　格助　四・用　接助　(代)　四・未
けれ　ば、ついで　に、「これ　は、こ　の　馬　率　て　来たり　ぬ　と　聞き　て、これ　乞は
その時に、「これは、この馬を連れてきたと聞いて、これ（＝馬）を請

助動・意・終　格助　四・用　接助　カ変・用　助動・完・体　助動・断・体(音)　助動・定・終　格助　四・用　助動・過・已　接助　格助　副　下二・未
む　と　思ひ　て　来　たる　な　めり。」と　思ひ　けれ　ば、頼義　が　いまだ　言ひ出で
い求めようと思って来たのであるようだ。」と思ったので、頼義がまだ言い出さない前に、

助動・打・体　格助　格助　(連語)　格助　上一・用　接助　カ変・用　助動・完・終　格助　四・用　助動・完・体　接助
ぬ　前　に、親　の　いはく、「東　より　馬　率　て　来　たり　と　聞き　つる　を、
親が言うには、「東国より馬を連れてきたと聞いていたが、

(代)　係助　副　上一・未　助動・打・終　下二・用　助動・完・体　係助　ク・体　格助　係助(係)　四・用　助動・存・体(結)　係助
我　は　いまだ　見　ず。遣せ　たる　者　は、よき　馬　と　ぞ　言ひ　たる。今宵　は
私はまだ見ていない。馬を送ってきた者は、良い馬だと言っていた。今夜は

ク・用 接助 (代) 格助 係助 下二・未 助動・打推・終 上一・用 接助 格助 四・未 接助 ナリ・用 四・命 格助 四・用 助動・過・已
暗く て 何 と も 見え じ。 朝 見 て 心 に つか ば、速やかに 取れ。」 と 言ひ けれ
暗いのでどのようなものとも見えないだろう。 明朝見て気に入ったならば、 すぐに取れ。」と言ったので、

接助 四・未 助動・打・体 格助 副 四・已 接助 シク・終 格助 四・用 接助 接 係助
ば、 頼義、 乞は ぬ 前 に かく 言へ ば、「うれし。」 と 思ひ て、「さらば 今宵 は 御宿直
頼義は、 請わない前に(頼信が)このように言うので、 「うれしい。」と思って、 「そうであるなら今夜は宿直し申し上げて、

四・用 接助 上一・用 補謙・下二・未 助動・意・終 格助 四・用 接助 四・用 助動・完・用 助動・過・終 格助 係助
つかまつり て、朝 見 たまへ む。」 と 言ひ て、とどまり に けり。 宵 の ほど は 物語
明朝見せていただきましょう。」と言って、 (頼信の家に)泊まった。 宵のうちは世間話などして、

副助 サ変・用 接助 下二・用 助動・完・已 接助 係助 格助 四・用 接助 下二・用 助動・完・用 助動・過・終 係助 格助
など し て、夜 更け ぬれ ば、親 も 寝所 に 入り て 寝 に けり、 頼義 も 傍ら に
夜が更けたので、 親も寝所に入って寝てしまった、 頼義も部屋の端に寄って

四・用 接助 四・用 助動・過・終
寄り て 寄り臥し けり。
寄りかかって寝た。

語句の解説 2

教706 136ページ 教708 114ページ

8 **しかる間《あいだ》** そうしているうちに。
接続詞。ラ変動詞「しかり」の連体形に「間」が付いた語。

9 **頼義《よりよし》が思《おも》はく《ワ》** 頼義が思うに。
「思はく」は「思ふ」の未然形に接尾語「く」が付いたもの。ク語法と言う。後出の「いはく」も同じク語法。

10 **乞《こ》ひ《イ》取《と》られなむ《ン》とす** 求め取られてしまいそうだ。
「なむとす」は「…てしまいそうだ」の意。「な」は確認・強調の助動詞「ぬ」の未然形、「む」は推量を表す。

11 **乞《こ》ひ《イ》取《と》りてむ《ン》** 請い取ってしまおう。
「てむ」は「…てしまおう」。「て」は完了の助動詞「つ」の未然形で、強調。「む」は意志を表す。

教706 137ページ 教708 115ページ

1 **雨《あめ》にもさはらず《ワ》** 雨にも邪魔されず。
「さはる」は「邪魔する、妨げる」の意。雨にもかかわらず出かけていく頼義の、馬に対する強い熱意が感じられる。

2 **など久《ひさ》しくは見《み》えざりつるぞ** どうして長く姿を見せなかったのか。
「など」は疑問を表す副詞で、文末は連体形になる。「つる」が助動詞「つ」の連体形。「ぞ」は文末に用いられる用法で、断定を強める。

3 **率《い》て来《き》たりぬ** 連れてきた。

「率」は「率る」の連用形。「来たり」は四段活用動詞「来たる」の連用形。「来たる」は「来至る《きいた》」の変化した語で「やって来る」の意。「来＋たり(存続・完了の助動詞)」とは異なる。

3 **来《き》たるなめり**　来たのであるようだ。
ここの「来たる」は、完了の意があるので「来＋たり」となる。「なめり」は「…であるようだ、…であるように見える」。「なるめり」の撥《はつ》音便「なんめり」の「ん」が表記されない形。

6 **朝《あした》**　明朝。
ここでは「朝」ではなく、「明朝、翌朝」の意。

7 **御宿直《おんとのゐ》つかまつりて**　宿直をし申し上げて。
「宿直《とのゐ》」は「宿直《しゅくちょく》」の意。「つかまつる」は「す」の謙譲語。

8 **物語《ものがたり》**　世間話。雑談。

9 **傍《かたわ》らに寄《よ》りて**　部屋の端に寄って。
「傍ら」は、ここでは「端」の意。

【大　意】3　教706 137ページ11行〜138ページ11行　教708 115ページ11行〜116ページ11行

盗人が雨に紛れて馬を盗み出して逃げた。頼信は頼義にも告げず独りで追いかける。頼義も追っていくが、親は子が必ず追ってくると思い、子は親が必ず前にいると思って追いかけ、関山にさしかかる。

【品詞分解／現代語訳】

しかる間、雨 の 音 やま ず に 降る。夜半 ばかり に、雨 の 紛れ に 馬盗人 入り来たり、
接　格助　四・未　助動・打・用　格助　四・終　副助　格助　格助　格助　四・用
そうするうちにも、雨の音はやまないで降る。夜中頃に、雨に紛れて馬盗人が入って来て、

この 馬 を 取り て 引き出で て 去り ぬ。その 時 に、厩 の 方 に 人 声 を あげ て
(代)　格助　格助　四・用　接助　下二・用　接助　四・用　助動・完・終　(代)　格助　格助　格助　格助　格助　下二・用　接助
この馬を取って引き出して去ってしまった。その時に、厩の方で人が声をあげて

叫び て いはく、「夜前 率 て 参り たる 御馬 を、盗人 取り て まかり ぬ。」と。頼信、こ
四・用　接助　(連語)　上一・用　接助　四・用　助動・完・体　格助　四・用　接助　四・用　助動・完・終　格助　(代)
叫んで言うには、「昨夜連れてまいりましたお馬を、盗人が取って去りました。」と。頼信は、この

の 声 を ほのかに 聞き て、頼義 が 寝 たる に、「かかる こと 言ふ は、聞く や。」と 告げ
格助　格助　ナリ・用　四・用　接助　格助　下二・用　助動・存・体　格助　ラ変・体　四・体　終助　四・終　係助　格助　下二・未
声をかすかに聞きつけて、頼義が寝ているところに、「こういうことを言っているぞ、聞いたか。」と言わないで、

ず して、起き ける まま に 衣 を 引き壺折り て、胡簶《やなぐい》 を かき負ひ て、厩 に 走り行き て、
助動・打・用　接助　上二・用　助動・過・体　格助　格助　四・用　接助　格助　四・用　接助　格助　四・用　接助
起きるやいなや着物の裾を引きからげて帯にはさんで、胡簶を背負って、厩に走って行って、

副　格助　四・用　接助　シク(語幹)　格助　格助　ラ変・用　助動・過・体　格助　四・用　接助　(代)　格助　四・用　接助　副
自ら 馬 を 引きいだし て、あやし の 鞍 の あり ける を 置き て、それ に 乗り て、ただ 独り
自分で馬を引き出して、粗末な鞍《くら》があったのを(馬の背に)置いて、それに乗って、ただ独りで

格助　四・用　接助　四・終　係助　(代)　格助　係助　格助　格助　(代)　格助　ク・体　格助　上一・用　接助　四・未
関山ざま に 追ひ て 行く。心 は、「こ の 盗人 は、東 の 者 の、こ の よさ を 見 て、取ら
関山の方向へ追っていった。その心中は、「この盗人は、東国の者が、この馬が優れているのを見て、取ろう

助動・意・終　格助　四・用　接助　カ変・用　助動・過・已　接助　格助　格助　副　四・未　助動・打・用　接助　格助　四・用
む とて 付き て 来 けれ ば、道 の 間 にて え 取ら ず して、京 に 来たり
と思ってついてきたので、道中で盗むことができないで、京に来て、

接助　ラ変・体　格助　格助　四・用　接助　四・用　助動・完・体　助動・断・体(音)　助動・定・終　格助　四・用　接助　四・体　助動・断・体
て、かかる 雨 の 紛れ に 取り て 去り ぬる な めり。」と 思ひ て、行く なる
このような雨に紛れて盗み去ったのであるようだ。」と思って、(頼信は)追っていく

助動・推・終
べし。
のであろう。

接　係助　(代)　格助　格助　四・用　接助　格助　四・用　助動・過・体　助動・断・用　四・用　接助　格助　副　格助
また 頼義 も、そ の 声 を 聞き て、親 の 思ひ ける やう に 思ひ て、親 に かく と
また頼義も、その声を聞いて、親が思ったように思って、親にこうとも言わないで、

係助　下二・未　助動・打・用　接助　副　係助　四・未　接助　助動・断・用　接助　補・ラ変・用　助動・過・已　接助　上二・用　助動・過・体
も 告げ ず して、いまだ 装束 も 解か で 丸寝 に て あり けれ ば、起き ける
まだ装束も脱がないで着たまま寝ていたので、起きるやいなや、

格助　格助　助動・比・用　助動・断・用　格助　四・用　接助　助動・在・体　格助　副　四・用　接助
まま に、親 の ごとく に 胡簶 を かき負ひ て、厩 なる 関山ざま に、ただ 独り 追ひ て
親のように胡簶を背負って、厩にいる馬を引き出して、関山の方向へ、ただ独りで追って行くの

四・体　助動・断・終　係助　(代)　格助　副　四・用　接助　カ変・終　助動・現推・終　格助　四・用　助動・過・終　係助　(代)　格助
行く なり。親 は、「我 が 子 必ず 追ひ て 来 らむ。」と 思ひ けり。子 は、「我 が 親
だった。親は、「我が子は必ず追ってくるだろう。」と思っていた。子は、「我が親は

は	必ず	追ひ	て	前	に	おはし	ぬ	らむ。」	と	思ひ	て、	それ	に	遅れ	じ	と	走ら
係助	副	四・用	接助		格助	サ変・用	助動・強・終	助動・現推・終	格助	四・用	接助	(代)	格助	下二・未	助動・打意・終	格助	四・未

必ず(盗人を)追って前にいらっしゃるだろう。」と思って、それに遅れまいと(馬を)走らせながら行くうちに、

せ	つつ	行き	ける	ほど	に、	河原	過ぎ	に	けれ	ば、	雨	も	やみ	空	も	晴れ
助動・使・用	接助	四・用	助動・過・体		格助		上二・用	助動・完・用	助動・過・已	接助		係助	四・用		係助	下二・用

(鴨川《かもがわ》の)河原を過ぎたので、雨もやみ空も晴れたので、

に	けれ	ば、	いよいよ	走ら	せ	て	追ひ行く	ほど	に、	関山	に	行きかかり	ぬ。
助動・完・用	助動・過・已	接助	副	四・未	助動・使・用	接助	四・体		格助		格助	四・用	助動・完・終

ますます(馬を)走らせて追って行くうちに、関山に差しかかった。

語句の解説 3

教706 137ページ　教708 115ページ

13 **取《と》りてまかりぬ**　取って去りました。

「まかる」は、「参る」の対。①「去る」の謙譲語で「(高貴な人の下から)退出する」の意。②「行く」の謙譲語で「参上する」の意。中古以降の用法。③「行く」の丁寧語で「行きます、参ります」の意。ここでは、①。

14 **かかること言《い》ふ《ウ》は、聞《き》くや**　こういうことを言っているぞ、聞いたか。

「かかること」は、馬が盗まれたこと。「は」は、詠嘆の終助詞。

「や」は係助詞の文末用法で、ここでは疑問を表す。

15 **起《お》きけるままに**　起きるやいなや。

「ままに」は、ここでは「…やいなや、…とすぐに」の意。

16 **あやしの鞍《くら》のありけるを**　粗末な鞍があったのを。

「あやし」はここでは「粗末だ、みすぼらしい」の意。「あやしの」は「形容詞の語幹＋の」の形で連体修飾語となる。

教706 138ページ　教708 116ページ

3 **行《ゆ》くなるべし**　追っていくのであろう。

説話の伝承者が推量している。

9 **前《さき》におは《ワ》しぬらむ《ン》**　前にいらっしゃるだろう。

「おはす」は「あり・をり」「行く・来《く》」の尊敬語。ここでは「行く」の意。

2 **どうしてこう思ったのか。**

答　盗人が、東国から到着したばかりの馬を盗んでいったから。

【大　意】 4　教706 138ページ12行〜139ページ11行　教708 116ページ12行〜117ページ11行

盗人は、逃げおおせたと、馬を水の中にじゃぶじゃぶと歩かせた。その音を聞いた頼信は、暗い中で頼義に「射よ」と言い、頼義は盗人を射落とした。頼信は、頼義に馬を連れて帰れと言っただけで家に戻り、寝た。頼義も連れ戻した馬を家来に預けて寝た。

【品詞分解／現代語訳】

こ(代) の(格助) 盗人 は(係助)、そ(代) の(格助) 盗み(四・用) たる(助動・完・体) 馬 に(格助) 乗り(四・用) て(接助)、「今 は(係助) 逃げ得(下二・用) ぬ(助動・完・終)。」と(格助) 思ひ(四・用) けれ(助動・過・已) ば(接助)、

この盗人は、その盗んだ馬に乗って、「もう逃げおおせた。」と思ったので、

関山 の(格助) そば に(格助) 水 に(助動・断・用) て(接助) ある(補・ラ変・体) 所、いたく(副) も(係助) 走ら(四・未) せ(助動・使・未) ず(助動・打・用) して(接助)、水 を(格助) つぶつぶと(副)

関山のそばで水がある所を、たいして(馬を)走らせもしないで、水をじゃぶじゃぶと(音をた

歩ばし(四・用) て(接助) 行き(四・用) ける(助動・過・体) に(接助)、頼信 これ(代) を(格助) 聞き(四・用) て(接助)、事 しも(副助) そこそこ(代) に(格助) もとより(副) 契り(四・用) たら(助動・完・未)

てて)馬を歩かせたので、頼信はこれを聞いて、ちょうど、どこそこの場所で討ち取れと、あらかじめ約束したかのよう

む(助動・婉・体) やう に(助動・断・用)、暗けれ(ク・已) ば(接助) 頼義 が(格助) 有り無し も(係助) 知ら(四・未) ぬ(助動・打・体) に(接助)、頼信、「射よ(上一・命)、かれ(代) や(間助)。」と(格助)

に、暗かったので頼義がいるかいないかもわからないのに、頼信は、「射よ、あれだ。」と言った言葉も

言ひ(四・用) ける(助動・過・体) 言 も(係助) いまだ(副) 果て(下二・未) ぬ(助動・打・体) に(格助)、弓 の(格助) 音 す(サ変・終) なり(助動・定・終)。尻答へ(下二・用) ぬ(助動・完・終) と(格助) 聞く(四・体) に(格助)

まだ終わらないうちに、弓の音がしたようである。矢が当たったという音が聞こえたのと同時に、

合はせ(下二・用) て(接助)、馬 の(格助) 走り(四・用) て(接助) 行く(四・体) 鐙 の(格助)、人 も(係助) 乗ら(四・未) ぬ(助動・打・体) 音 に(助動・断・用) て(接助) からからと(副) 聞こえ(下二・用)

馬が走っていく鐙《あぶみ》が、人が乗っていない音でからからと聞こえたので、

けれ(助動・過・已) ば(接助)、また(副) 頼信 が(格助) いはく(連語)、「盗人 は(係助) すでに(副) 射落とし(四・用) て(助動・完・用) けり(助動・過・終)。」速やかに(ナリ・用) 末 に(格助) 走ら(四・未)

また頼信が言うには、「盗人はすでに射落とした。」早く(走っていく馬の)行く先に

せ(助動・使・用) 会ひ(四・用) て(接助)、馬 を(格助) 取り(四・用) て(接助) 来よ(カ変・命)。」と(格助) ばかり(副助) 言ひかけ(下二・用) て(接助)、取り(四・用) て(接助) 来(カ変・終) らむ(助動・婉・体) を(格助) も(係助) 待た(四・未)

自分の馬を追いつかせて、馬を取って来い。」とだけ言葉をかけて、(頼義が馬を)取ってくるようであるのをも待たずに、

助動・打・用　(代)　格助　四・用　助動・過・已　接助　格助　四・未　助動・使・用　四・用　接助　格助　四・用　接助　四・用　助動・過・体　接助

ず、　そこ　より　帰り　けれ　ば、末　に　走ら　せ　会ひ　て、馬　を　取り　て　帰り　ける　に、

そこより帰ったので、(頼義は)馬の行き先に自分の馬を追いつかせて、馬を取って帰ったところ、

係助　(代)　格助　格助　下二・用　接助　係助(係)　格助　四・用　助動・完・用　助動・過・体(結)

郎等ども　は　こ　の　こと　を　聞きつけ　て、一、二人づつ　ぞ　道　に　来たり会ひ　に　ける。

家来たちはこのことを聞きつけて、一人、二人ずつやって来て道で合流した。

格助　格助　四・用　助動・過・已　接助　格助　四・用　助動・完・用　助動・過・終　格助　四・用　接助

京　の　家　に　帰り着き　けれ　ば、二、三十人　に　なり　に　けり。頼信、家　に　帰り着き　て、

京の家に帰り着いたところ、二、三〇人になっていた。頼信は、家に帰り着いて、

副　係助(係)　補・ラ変・用　助動・完・体(結)　副　係助(係)　補・ラ変・已(結)　格助　四・体　係助　副　四・未　助動・打・用　接助

「と　や　あり　つる、かく　こそ　あれ。」と　いふ　こと　も　さらに　知ら　ず　して、

「どうだったか、こうだった。」ということもまったく関知しないで、

副　下二・未　助動・打・体　助動・断・已　接助　格助　助動・断・用　副　四・用　接助　下二・用　助動・完・用　助動・過・終

いまだ　明け　ぬ　ほど　なれ　ば、もと　の　やう　に　また　這ひ入り　て　寝　に　けり。

まだ夜も明けていない頃であったので、もとのようにまた寝所に入って寝てしまった。

係助　四・用　助動・完・体　格助　係助　格助　下二・用　接助　下二・用　助動・完・用　助動・過・終

頼義　も、取り返し　たる　馬　を　ば　郎等　に　うち預け　て　寝　に　けり。

頼義も、取り返した馬を家来に預けて寝てしまった。

語句の解説 4

教706 138ページ　教708 116ページ

13 **いたくも走《はし》らせずして**　たいして走らせもしないで。

「いたく」は、ここでは打消の表現を伴って「たいして(…ない)、あまり(…ない)」の意。「ず」が打消の助動詞。

3 ここからの音の効果に注目してみよう。

答　暗い夜の闇の中で、音だけを頼りに的確に行動する頼信、頼義親子の姿、見事に盗人を射落とした頼義の腕前などがうかがわれ、二人の武士としての力量を印象づける効果がある。

14 **事《こと》しも**　ちょうど。

「しも」は強調の意の副助詞。「事しも」で一語の副詞とも考えられる。

15 **射《い》よ、かれや**　射よ、あれだ。

頼信の、頼義は必ず追ってくるという確信と、闇の中でも水音を

頼りに射落とすだろうという弓の腕前に対する信頼が表れている。

16 **弓《ゆみ》の音《おと》すなり**　弓の音がしたようである。

「なり」は、弓の音という聴覚からの推定である。

教706 139ページ　教708 117ページ

4　どうして頼信は待たずに家に帰ったのか。

答　待っていずとも頼義は必ず馬を連れて帰ってくると確信していたから。

4 **郎等《ろうどう》ども**　家来たち。

「郎等」は「家来、従者」、「ども」は接尾語。

8 **さらに知《し》らずして**　まったく関知しないで。

「さらに」は、ここでは打消の表現を伴って「まったく(…ない)」、「全然(…ない)」の意。「ず」が打消の助動詞。頼義が馬を取り戻してきたことについて、詳細を知ろうともしないで、ということ。

【大意】　5　教706 139ページ12行～140ページ5行　教708 117ページ12行～118ページ5行

翌朝、頼信は頼義に昨夜のことは何も言わずに、馬を引き出して、昨夜は言わなかった立派な鞍《くら》を置いて馬を取らせた。武士の心のありようはこのようであったと語り伝えている。

【品詞分解／現代語訳】

そ(代)の(格助) 後、夜 明け(下二・用) て(接助)、頼信 出で(下二・用) て(接助)、頼義 を(格助) 呼び(四・用) て(接助)、「稀有に(ナリ・用) 馬 を(格助) 取ら(四・未) れ(助動・受・未) ざる(助動・打・体)。

その後、夜が明けて、頼信が起き出して、頼義を呼んで、「めったになく馬を取られなかったよ。

よく(ク・用) 射(上一・用) たり(助動・完・用) つる(助動・完・体) もの かな(終助)。」 と(格助) いふ(四・体) こと、かけても(副) 言ひいださ(四・未) ず(助動・打・用) して(接助)、

うまく(盗人を)射たものだなあ。」ということを、まったく口に出さないで、

「そ(代)の(格助) 馬 引き出でよ(下二・命)。」 と(格助) 言ひ(四・用) けれ(助動・過・已) ば(接助)、引き出で(下二・用) たり(助動・完・終)。頼義 見る(上一・体) に(接助)、まことに(副)

「その馬を引き出せ。」と言ったので、(馬を)引き出した。頼義が見ると、本当に良い馬

よき(ク・体) 馬 に(助動・断・用) て(接助) あり(補・ラ変・用) けれ(助動・過・已) ば(接助)、「さは(接) 賜り(四・用) な(助動・強・未) む(助動・意・終)。」 とて(格助)、取り(四・用) て(助動・完・用) けり(助動・過・終)。

だったので、「それでは頂戴しましょう。」と言って、受け取った。

接		格助	係助	副	係助	四・未	助動・打・用	助動・過・体	接助	ク・体		四・用	接助
ただし、	宵	に	は	さ	も	言は	ざり	ける	に、	よき	鞍	置き	て

係助(係)	下二・用	助動・完・用	助動・過・体(結)			格助	上一・用	助動・完・用	助動・過・体		格助	四・用	助動・過・体	助動・断・用
ぞ	取らせ	たり	ける。	夜、	盗人	を	射	たり	ける	禄	と	思ひ	ける	に

係助(結略)	シク・体		格助		助動・断・終	終助		格助		係助	副	補・ラ変・用	助動・過・体	格助
や。	あやしき	者ども	の	心ばへ	なり	かし。	兵	の	心ばへ	は	かく	あり	ける、	と

係助(係)	下二・用	助動・存・体(結)	格助	係助(結略)
なむ	語り伝へ	たる	と	や。

ただし、昨夜はそのようにも言わなかったのだが、良い鞍を(馬の背に)置いて(馬を)取らせたのだった。夜に、盗人を射たほうびの品と考えたのだろうか。不思議な者たちの心のありようであるよ。武士の心のありようはこのようであった、と語り伝えているとかいうことだ。

(巻二五)

語句の解説 5

教706 139ページ　教708 117ページ

13 稀有《けう》に　めったになく。
「稀有なり」は、「珍しい、めったにない」の意。

14 かけても言《い》ひ《イ》いださずして　まったく口に出さないで。
「かけても」は、打消の表現を伴って「まったく(…ない)」の意。

教706 140ページ　教708 118ページ

1 さは《ワ》賜《たまわ》りなむ《ン》　それでは頂戴しましょう。
「さは」は「朝《あした》見て心につかば、速《すみ》やかに取れ。」706 137・6　708 115・6を受けた言葉。「賜る」は「受く」の謙譲語。

3 思《おも》ひ《イ》けるにや　考えたのだろうか。
係助詞「や」の後に結びの語「あらむ」などが省略されている。

4 あやしき者《もの》ども　不思議な者たち。
「あやし」は、ここでは「不思議だ」の意。「ども」は接尾語。理解しにくいものに対して不審に思う気持ち。

4 となむ《ン》語《かた》り伝《つた》へ《エ》たるとや　と語り伝えているとかいうことだ。
『今昔物語集』の末尾に用いられている決まり文句。係助詞「や」の後に結びとなる「いふ」「聞く」などが省略されている。

学習のポイント

1 頼信・頼義父子の心理と行動とを、順を追って整理してみよう。

解答例　順に示す。

頼義…父、頼信のもとに東国から良い馬が届いたことを聞いて、もらい受けようと思い、頼信の家を訪ねる。

頼信…馬をもらい受けたいという頼義の心を推測し、頼義が何も言わない前に馬を与えようと言う。

頼義…何も言わないうちに馬を与えようと言われ、うれしく思う。

頼信と世間話をした後、頼信の家に宿直する。

頼信…馬が盗まれたと聞き、すぐに起きて馬を引き出し、盗人を追う。盗人が東国の者であり、関山に向かうことを推測する。

頼義…馬が盗まれたと聞き、盗人について頼信と同様に判断し、関山に向けてただ一人盗人を追う。

頼信…わが子は必ず追ってくるだろうと思う。

頼義…わが親は必ず先行し、盗人を追っているだろうと思う。

頼信…暗い中、盗人の馬が立てる水音を聞き、「射よ、あれだ。」と言う。

頼義…音を頼りに弓で盗人を射落とす。

頼信…「盗人はすでに射落とした、馬を取ってこい。」とだけ言って、家へ戻る。

頼義…馬を取り返し、連れて家に帰る。

頼信…家に帰り着き、何も言わずに寝る。

頼義…取り返した馬を郎等に預けて寝る。

頼信…夜が明けて、何も言わずに馬に良い鞍を置いて頼義に与える。

頼義…「それではいただこう。」とだけ言って、馬をもらい受ける。

2 次の①〜③のような否定表現から、どのようなことが読み取れるか。

①「かかること言ふは、聞くや。」と告げずして、（706 137・14 708 115・14）

② 親の思ひけるやうに思ひて、親にかくとも告げずして、（706 138・5 708 116・5）

③「稀有《けう》に馬を取られざる。よく射たりつるものかな。」といふこと、かけても言ひいださずして、（706 139・13 708 117・13）

考え方 ①、②は、父子がお互い追いかけることを告げない。③は、闇の中で馬盗人を射落としたことをあえて褒めない。

解答例 ①、②からは、父子の間にある、相手の機敏な対応への信頼と確信が読み取れる。③からは、あえて口に出すまでもないという、頼義の弓の腕前に対する頼信の信頼が読み取れる。

3 **語句** 次の傍線部の違いを説明してみよう。

① 道にして馬盗人ありて、（706 136・3 708 114・3）

② 道の間にてはえ取らずして、京まで付きて、（706 136・6 708 114・6）

③ 宵のほどは物語などして、夜更けぬれば、（706 137・8 708 115・8）

考え方 「して」は、格助詞、接続助詞、「し（サ変動詞「す」の連用形）＋て」がある。

解答 ①格助詞　②接続助詞　③サ行変格活用動詞「す」の連用形＋接続助詞

4 **探究** この話にみられる「兵の心ばへ」について話し合ってみよう。（706 140・4 708 118・4）

考え方 「兵の心ばへ」とは、武士の心意気ということである。頼信・頼義父子の機敏で冷静な行動と、相手に対する暗黙の信頼を評していると考えられる。無言のうちに事を運び、しかも何の支障もないという、武士の行動に対する驚嘆が表れている。

枕《まくらの》草《さう》子《し》

清少納言

教706 142〜153　教708 120〜129

●『枕草子』とは

随筆。平安時代中期の成立。作者は一条天皇の中宮定子《ていし》に仕えた清少納言《せいしょうなごん》。三〇〇前後の章段からなる。内容は、宮仕えで見聞した出来事を回想した「日記的章段」、「ものづくし」といわれる「類《るい》集《じゅう》的章段」、それ以外の「随想的章段」の三つに分けられる。鴨《かもの》長明《ちょうめい》の『方丈記』、兼好《けんこう》法師の『徒然草《つれづれぐさ》』とともに古典三大随筆といわれる。

うれしきもの

【大　意】 1　教706 142ページ1〜11行　教708 120ページ1〜11行

うれしいもの。物語の続きの巻を見つけた時や人が破り捨てた手紙をつなぎ合わせて読めた時。気がかりな夢が大したことでないという夢判断だった時。高貴な方(中宮様)が自分と目を合わせて話された時。病気だった大切な人が治ったという知らせがあった時。

【品詞分解/現代語訳】

うれしき(シク・体) **もの**。 **まだ**(副) **見**(上一・未) **ぬ**(助動・打・体) **物語** **の**(格助) **一** **を**(格助) **見**(上一・用) **て**(接助)、**「いみじう**(シク・用(音)) **ゆかし。」**(シク・終) **と**(格助) **のみ**(副助)

うれしいもの。まだ見ていない物語の第一巻を見て、「(続きを)たいそう読みたい。」とばかり

思ふ(四・体) **が**(格助)、**残り** **見出で**(下二・用) **たる**(助動・完・体)。**さて**(接)、**心劣りする**(サ変・体) **やう** **も**(係助) **あり**(ラ変・終) **かし**(終助)。

思っていたのが、その残りの部分を見つけ出したこと。そうはいうものの、失望するようなこともあるのだよ。

人 **の**(格助) **破り捨て**(下二・用) **たる**(助動・完・体) **文** **を**(格助) **継ぎ**(四・用) **て**(接助) **見る**(上一・体) **に**(格助)、**同じ**(シク・体) **続き** **を**(格助) **あまたくだり** **見続け**(下二・用) **たる**(助動・完・体)。

人が破り捨てた手紙をつなぎ合わせて読む時に、同じ(手紙の)続きをたくさんの行読み続けたこと。

「いかならむ。」と思ふ夢を見て、「おそろし。」と胸つぶるるに、ことにもあらず合はせなしたる、いとうれし。

ナリ・未　助動・推・終　格助　四・体　格助　上一・用　接助　シク・終　格助　下二・体　格助　助動・断・用　係助　補・ラ変・未　助動・打・用　四・用　助動・完・体　副　シク・終

「(この夢のお告げは)どういうことだろう。」と思う夢を見て、「恐ろしい。」と心配している時に、たいしたことでもないと夢判断をしてくれたのは、たいへんうれしい。

よき人の御前に、人々あまたさぶらふ折、昔ありけることにもあれ、今聞こしめし、世に言ひけることにもあれ、語らせたまふを、我に御覧じ合はせてのたまはせたる、いとうれし。

ク・体　格助　格助　副　四・体　ラ変・用　助動・過・体　助動・断・用　係助　補・ラ変・命　四・用　格助　四・用　助動・過・体　助動・断・用　係助　補・ラ変・命　四・未　助動・尊・用　補尊・四・体　格助　(代)　格助　下二・用　接助　下二・用　助動・存・体　副　シク・終

高貴な方(中宮様)の御前に、女房たちが大勢お仕えしている時、昔あったことであってもよいし、今お聞きになって、世間で話題になったことであってもよいし、(中宮様が)お話しになられるのを、私と目をお合わせなさっておっしゃっているのは、たいそううれしい。

遠き所はさらなり、同じ都のうちながらも隔たりて、身にやむごとなく思ふ人のなやむを聞きて、「いかにいかに。」と、おぼつかなきことを嘆くに、おこたりたる由、消息聞くも、いとうれし。

ク・体　係助　ナリ・用　シク・体　格助　接助　係助　四・用　接助　格助　ク・用　四・体　格助　四・体　格助　四・用　接助　ナリ・用　ナリ・用　格助　ク・体　格助　四・体　格助　四・用　助動・完・体　四・体　係助　副　シク・終

遠い所は言うまでもなく、同じ都の中でも離れて住み、自分にとって大切だと思う人が病気になっているのを聞いて、「どうなのか、どうなのか。」と、気がかりなことを嘆いている時に、病気が治ったという旨の、知らせを聞くのも、本当にうれしい。

語句の解説 1

教706 142ページ　教708 120ページ

1いみじう《ジュウ》ゆかし　たいそう読みたい。

「いみじう」は「いみじく」のイ音便。「ゆかし」は、その方向に心が引かれることで、ここでは「見たい、読みたい」の意。

1思《おも》ふ《ウ》が　思っていたのが。

「思っていた続きの部分が」という意味で、述語は「見出《い》でたる」。

2さて　そうはいうものの。

「さありて」が短くなったもの。ここでは逆接的につないでいる。

2心劣《こころおと》りするやう《ヨウ》も　失望するようなことも。

「心劣りす」は複合サ変動詞で、「失望する、幻滅する」の意。

4「いかならむ《ン》。」と思《おも》ふ《ウ》夢《ゆめ》　「どういうことだろう。」と思う夢。

「いかならむ」で「どういうことか、どのようか」の意を表す。

6人々《ひとびと》あまたさぶら《ロ》ふ《ウ》折《おり》　女房たちが大勢お仕えしている時。

「さぶらふ」は謙譲語で、ここでは「貴人のそばに伺候《しこう》する、お仕えする」。「よき人(中宮)」に対する敬意を表す。

6昔《むかし》ありけることにもあれ　昔あったことであってもよいし。

「あれ」は補助動詞「あり」の命令形。

6今《いま》聞《き》こしめし　今お聞きになって。

「聞こしめす」は「聞く」の尊敬語。主語は「よき人(中宮)」。

1　誰がどうすることか。

答　「よき人(中宮)」が自分と目を合わせて話をすること。
8のたまは《ワ》せたる　おっしゃっている。お話になっている。
「のたまはす」は「言う」の尊敬語。主語は「よき人(中宮)」。
9遠《とお》き所《ところ》はさらなり　遠い所は言うまでもなく。
「さらなり」は、「言ふもさらなり」からできた形容動詞。
9身《み》にやむ《ン》ごとなく思《おも》ふ《ウ》人《ひと》　自分にとって大切だと思う人。
「やむごとなし」は、ここでは「特に大切だ、この上ない」の意。
706 143・1 708 121・1の「やむごとなし」は、「高貴だ」の意を表す。同じ意の「貴《あて》なり」よりも身分が高いさまを言う。
10おぼつかなきこと　気がかりなこと。
「おぼつかなし」は、様子がわからず「気がかりだ」の意。
11おこたりたる由《よし》　病気が治ったという旨。
「おこたる」は、ここでは「病気が治る」の意。
11消息《しょうそこ》聞《き》くも　知らせを聞くのも。
「消息《せうそこ》」は「しょうそこ」と読む。「手紙、知らせ」のこと。

【大意】　2　教706 143ページ1～11行　教708 121ページ1～11行

(うれしいもの。)大切な人が褒められた時。自分の歌が「打ち聞き」に入れられた時。和歌や漢詩を聞いて書物の中にそれを見つけた時。上等な「みちのくに紙」を手に入れた時。立派な方に和歌の上の句や下の句を尋ねられて答えられた時。急な用の探し物を見つけ出せた時。

【品詞分解／現代語訳】

思ふ	人	の、	人	に	ほめ	られ、	やむごとなき	人	など	の、	口惜しから	ぬ	者	に	おぼし
四・体		格助		格助	下二・未	助動・受・用	ク・体		副助	格助	シク・未	助動・打・体		格助	四・用

大切に思う人が、人に褒められ、高貴な方などが、(彼を)なかなかの人物とお思いになってそうおっしゃ

四・体
のたまふ。
ること。

格助 接 格助 四・用 助動・完・体 格助 下二・用 接助 副助 格助 下二・未
もの の 折、もしは、人 と 言ひかはし たる 歌 の 聞こえ て、打ち聞き など に 書き入れ
何かの折に詠んだ、あるいは、人と歌い交わした歌が評判になって、「打ち聞き」などに書き入れられること。

助動・受・体 格助 格助 係助 副 四・未 助動・打・体 助動・断・已 接助 副 四・終 間助
らるる。自ら の 上 に は まだ 知ら ぬ こと なれ ど、なほ 思ひやる よ。
自分自身にはまだ経験のないことだが、やはり（うれしいだろうと）想像するのだよ。

ク・用(音) 下二・未 助動・打・体 格助 四・用 助動・完・体 ク・体 格助 四・未 助動・打・体 格助 下二・用
いたう うちとけ ぬ 人 の 言ひ たる 古き 言 の、知ら ぬ を 聞き出で
あまり親しくない人が語った昔の和歌や漢詩で、（私が）知らなかったのを（ほかの人から）聞き出

助動・完・体 係助 シク・終 格助 格助 副助 格助 下二・用 助動・完・体 係助 副 シク・用(音) (代)
たる も うれし。後 に 物 の 中 など にて 見出で たる は、ただ をかしう、「これ
したのもうれしい。後になって（それらを）何かの書物の中などで見つけた場合は、ただもう面白く、「これ

助動・断・用 係助(係) 補・ラ変・用 助動・詠・已(結) 格助 (代) 格助 四・用 助動・完・用 助動・過・体 係助(係) シク・体(結)
に こそ あり けれ。」と、か の 言ひ たり し 人 ぞ をかしき。
だったのだなあ。」と、あの（初めに）言った人が素晴らしく思われる。

格助 係助 ク・体 下二・用 助動・完・体
みちのくに紙、ただ の も、よき 得 たる。
みちのくに紙、（または）普通の紙でも、良いものを手に入れた場合。

シク・体 格助 格助 四・用 助動・完・体 格助 副 下二・用 助動・完・体 (代) 接助 シク・終
はづかしき 人 の、歌 の 本末 問ひ たる に、ふと おぼえ たる、我 ながら うれし。
こちらが恥ずかしいような立派な人が、和歌の上の句や下の句を（私に）尋ねた時に、さっと思い出せたのは、我ながらうれしい。

副 下二・用 助動・存・体 係助 副 格助 四・体 格助 ク・用(音) 下二・用 接助 四・用 助動・完・体 係助(係) ク・体(結)
常に おぼえ たる こと も、また 人 の 問ふ に、清う 忘れ て やみ ぬる 折 ぞ 多かる。
いつもは記憶していることも、改めて人が尋ねる時に、すっかり忘れて（答えられずに）終わってしまう場合が多い。

とみに（ナリ・用） て（接助） 求むる（下二・体） 物 見出で（下二・用） たる（助動・完・体）。
急な用事で探している物を見つけ出した時（もうれしい）。

語句の解説 2

教706 143ページ　教708 121ページ

1**口惜《くちお》しからぬ者《もの》**　なかなかの人物。
「口惜《くちを》し」は、「不本意だ」の意で、人物の評価に使われると「取るに足りない、つまらない」などの意になる。ここは「口惜しからぬ」なので、「つまらなくない、なかなかの人物」ということ。

3**聞《き》こえて**　評判になって。
「聞こゆ」は、「聞こえる」「評判になる、うわさになる」「わかる」の意味があるが、ここでは「評判になる」の意。

4**なほ《オ》思《おも》ひ《イ》やるよ**　やはり（うれしいだろうと）想像するのだよ。

5**いた《ト》う《ウ》うちとけぬ人《ひと》**　あまり親しくない人。
「いたう」は「いたく」のウ音便。下に打消の語を伴って「それほど（…ない）」の意を表す。

6**これにこそありけれ**　これだったのだなあ。

答 2　「これ」とは何を指すか。
「いたううちとけぬ人の言ひたる古き言の、知らぬ」（あまり親しくない人が語った昔の和歌や漢詩で、知らないもの）

8**ただのも**　（みちのくに紙でない）普通の紙でも。

9**はづ《ズ》かしき人《ひと》**　こちらが恥ずかしいような立派な人。
「はづかし」は、「こちらが恥ずかしく思われるほど立派だ」という意で、現代の「恥ずかしい」とは異なる。

9**歌《うた》の本末《もとすえ》**　和歌の上の句や下の句。

10**清《きよ》う忘《わす》れて**　すっかり忘れて。
「清う」は「清く」のウ音便。副詞的に用いて「きれいさっぱり、すっかり」の意。

11**とみにて**　急な用事で。
「とみなり」は「頓なり」と書き、「急だ」の意。

【大　意】　3　教706 143ページ12行～144ページ7行　教708 121ページ12行～122ページ7行

（うれしいもの。）勝負に勝った時。得意顔をしている人、特に男をうまくだませた時。憎らしい人がひどい目に遭う時。「衣うたせ」に出した着物が美しい仕上がりの時。長引いていた病気が治った時。中宮様のおそばに召し入れられた時。

【品詞分解／現代語訳】

物合はせ、なにくれ（代） と（格助） 挑む（四・体） こと に（格助） 勝ち（四・用） たる（助動・完・体）、いかで（副） かは（係助（係）） うれしから（シク・未） ざら（助動・打・未） む（助動・推・体（結））。また（接）、
物合わせや、そのほか何やかやと勝負することに勝ったのは、どうしてうれしくないだろうか（、いや、うれしい）。また、

(代)　係助　副助　四・用　接助　ナリ・体　下二・用　助動・完・体　格助　係助　係助　四・用　接助

「我 は。」 など 思ひ て したり顔なる 人 謀り得 たる。 女どち より も、 男 は まさり て

「我こそは。」などと思って得意顔でいる人をうまくだますことができた時。 女同士よりも、 男の場合はずっとうれしい。

シク・終　(代)　格助　係助　副　サ変・未　助動・意・終　格助　四・終　助動・現推・終　格助　副　サ変・未

うれし。 「これ が 答 は 必ず せ む と 思ふ らむ。」 と、 常に 心づかひせ

「この仕返しはきっとしてやろうと思っているだろう。」と、 常に心配りが自然とされて

助動・自・体　係助　シク・体　接助　副　ク・用　(代)　格助　係助　四・用　助動・存・未　助動・打・体　助動・断・用　接助

らるる も をかしき に、 いと つれなく、 なに と も 思ひ たら ぬ さま に て

くるのも面白いし、 (相手のほうは)まったく知らぬ顔で、何とも思っていない様子で

四・体　係助　副　シク・終

たゆめ過ぐす も、 また をかし。

(こちらを)油断させてやり過ごすのも、また面白い。

ク・体　格助　シク・体　上一・体　係助　係助(係)　下二・終　助動・現推・体(結)　格助　四・用　接助　副　シク・終

にくき 者 の 悪しき 目 見る も、 「罪 や 得 らむ。」 と 思ひ ながら、 また うれし。

憎らしく思う人がひどい目に遭うのも、 「仏罰を受けるだろう。」と思いながら、 やはりうれしい。

格助　格助　四・未　助動・使・用　格助　四・用　接助　ナリ・未　助動・推・終　格助　四・体　接助　ナリ・用　接助

もの の 折 に 衣 うた せ に やり て、 「いかなら む。」 と 思ふ に、 清らに て

何かの折に(光沢を出すために)着物を砧《きぬた》で打たせにやって、 「(仕上がりは)どうだろうか。」と思っていると、 美しいできあがりで

下二・用　助動・完・体

得 たる。

手に入れたの(はうれしい)。

ク・体　ラ変・用　接助　四・体　格助　四・用　助動・完・体　係助　シク・終　四・体　格助

日ごろ、 月ごろ、 しるき こと あり て、 なやみわたる が、 おこたり ぬる も うれし。 思ふ 人 の

何日も、何カ月も、 顕著な症状があって、 病気が続いていたのが、 治ったのもうれしい。 大切に思う人の

係助　(代)　格助　格助　係助　四・用　接助　シク・終

上 は、 わ が 身 より も まさり て うれし。

場合は、 自分の身の場合よりもまさってうれしい。

御前 に(格助) 人々 所 も(係助) なく(ク・用) ゐ(上一・用) たる(助動・存・体) に、(格助) 今(副) のぼり(四・用) たる(助動・完・体) は、(係助) すこし(副) 遠き(ク・体) 柱もと など(副助)

中宮様の御前に女房たちが隙間なく座っている時に、今、御前に参上したばかりの者は、少し離れた柱のもとなどに

に ゐ(上一・用) たる(助動・存・体) を、(格助) とく(副) 御覧じつけ(下二・用) て、(接助) 「こち。」(代) と(格助) 仰せ(下二・未) らるれ(助動・尊・已) ば、(接助) 道 あけ(下二・用) て、(接助)

座っているのを、(中宮様が)すぐにお見つけになって、「こちらへ。」とおっしゃるので、(人々が)道をあけて、

いと(副) 近う(ク・用(音)) 召し入れ(下二・未) られ(助動・受・用) たる(助動・完・体) こそ(係助(係)) うれしけれ。(シク・已(結))

たいそう近くまで召し入れられた時はうれしいものである。

（第二五八段）

語句の解説 3

教706 143ページ　教708 121ページ

12 **いかでかは《ワ》うれしからざらむ《ン》**　どうしてうれしくないだろうか(、いや、うれしい)。

「いかでかは」は「いかで(副詞)＋かは(係助詞)」で、「かは」は強い反語を表す。一語の副詞としてもよい。

13 **「我《われ》は。」など思《おも》ひ《イ》てしたり顔《がお》なる人《ひと》**　「我こそは。」などと思って得意顔でいる人。

「自分こそは人より優れている」と思い上がっている人。

13 **女《おんな》どち**　女同士。

「どち」は接尾語で、「同士、仲間」の意。

15 **いとつれなく**　まったく知らぬ顔で。

「つれなし」は、ここでは「平然としている、平気だ」の意。

15 **たゆめ過《す》ぐす**　油断させてやり過ごす。

「たゆむ」は、ここでは下二段活用の他動詞で「油断させる、気を緩めさせる」の意。四段活用の自動詞の場合は「油断する」。

教706 144ページ　教708 122ページ

1 **罪《つみ》や得《う》らむ《ン》**　仏罰を受けるだろう。

3 「罪や得らむ。」とあるが、なぜか。

答 「にくき者の悪しき目見る」ことを「うれし」と思うというのは、他人の不幸を喜ぶことであり、それは仏の教えに反するので、罰《ばち》が当たるから。

3 **しるきことありて**　顕著な症状があって。

「しるし」は「著し」と書き、「顕著である、明白である」の意。

3 **なやみわたるが**　病気が続いていたのが。

「なやみわたる」は複合動詞。「なやむ」は、ここでは「病気になる」の意。「わたる」は「ずっと…し続ける」意を加える。

3 **おこたりぬるも**　治ったのも。

「おこたる」は、ここでは「病気がよくなる」の意。

6 **こち**　こちらへ。

代名詞だが、副詞に近い働きもする。

学習のポイント

1　「うれしきもの」として取り上げられている事柄を、まとめてみよう。

解答例　・物語の続きの巻を見つけた時
・人が破り捨てた手紙をつなぎ合わせて読めた時
・気がかりな夢をたいしたことではないと夢判断してもらった時
・高貴な人(中宮様)が自分の方を見て話された時
・病気だった大切に思う人が治ったと聞いた時
・大切な人が褒められた時
・自分の歌が「打ち聞き」に入れられる時
・詩歌の語句の出典を知った時
・上等な紙を手に入れた時
・和歌の上の句や下の句を聞かれて答えられた時
・急な用で探す物が見つかった時
・物合わせなどの勝負に勝った時
・得意顔の人、特に男をうまくだませた時
・憎らしい人がつらい目に遭うのを見た時
・着物を衣打たせにやって美しい仕上がりだった時
・(自分や大切な人の)長引いていた病気が治った時
・中宮様が遅く出仕した自分をおそばへ召し入れてくれた時

2　次の①②について、説明してみよう。

①「自《みづか》らの上には……なほ思ひやるよ。」（706 143・4 708 121・4）とは、どのようなことを「思ひやる」のか。

②「歌の本末《もとすゑ》問ひたるに、」（706 143・9 708 121・9）の「本末を問う」とはどのようなことか。

解答例　①自分の歌が「打ち聞き」に書き留められたら、うれしいだろうということ。

②古歌の上の句を言って、下の句を答えさせたり、下の句を言って、上の句を答えさせたりすること。

3　**語句**　次の傍線部の意味の違いを説明してみよう。

①思ふ人の、人にほめられ、（706 143・1 708 121・1）

②常に心づかひせらるるもをかしきに、（706 143・14 708 121・14）

③仰せらるれば、（706 144・6 708 122・6）

考え方　助動詞「らる」は、自発、可能、受身、尊敬の意味がある。

②「心づかひす」は心情を表す語。③尊敬語「仰す」に付いている。

解答　①受身　②自発　③尊敬

4　**探究**　『枕草子』にならい、グループごとに「高校生活」「部活動」など対象を決めて、「うれしきもの」集を作ってみよう。

考え方　「高校生活」や「部活動」での出来事を思い出してみよう。

虫は

※本教材は教708では学習しません。

【大意】 教706 145ページ1〜10行

趣深く感じる虫は、鈴虫、ひぐらし、蝶、松虫、こおろぎ、きりぎりす、われから、かげろう、蛍である。みの虫は、自分を嫌って逃げた親を慕って鳴くのが哀れである。信心深そうに額をついて歩きまわる米つき虫は、暗い所でことこと音を立てているのが面白い。

【品詞分解／現代語訳】

虫 は（係助）、鈴虫、ひぐらし、てふ、松虫、きりぎりす、はたおり、われから、ひをむし、蛍。

虫は、鈴虫、ひぐらし、蝶、松虫、こおろぎ、きりぎりす、われから、かげろう、蛍（が趣深く感じられる）。

みのむし、いと（副） あはれなり（ナリ・終）。鬼 の（格助） 生み（四・用） たり（助動・完・用） けれ（助動・過・已） ば（接助）、親 に（格助） 似（上一・用） て（接助）、これ（代） も（係助） おそろしき（シク・体）

みの虫は、とても心打たれる（虫だ）。鬼が生んだ（子な）ので、（母）親に似て、これも恐ろしい心を持っている

心 あら（ラ変・未） む（助動・推・終） とて（格助）、親 の（格助） あやしき（シク・体） 衣 ひき着せ（下二・用） て（接助）、「いま（副） 秋風 吹か（四・未） む（助動・婉・体） 折 ぞ（係助（係）） 来（カ変・未）

だろうということで、親が（子に）みすぼらしい着物を身につけさせて、「まもなく秋風が吹くような時に（迎えに）来るつもりだ。

む（助動・意・終） と（格助） する（サ変・体（結））。待て（四・命） よ（間助）。」 と（格助） 言ひおき（四・用） て（接助）、逃げ（下二・用） て（接助） 去に（ナ変・用） ける（助動・過・体） も（係助） 知ら（四・未） ず（助動・打・用）、風

（それまで）待ちなさい。」と言い残して、逃げて行ってしまったことも知らずに、（秋）風

の（格助） 音 を（格助） 聞き知り（四・用） て（接助）、八月 ばかり（副助） に（格助） なれ（四・已） ば（接助）、「ちち よ（間助）、ちち よ（間助）。」 と（格助） はかなげに（ナリ・用） 鳴く（四・体）、いみじう（シク・用（音））

の音を聞き分けて、八月頃になると、「父よ、父よ。」と心細そうに鳴くのは、たいそう

あはれなり（ナリ・終）。

いじらしく哀れである。

米つき虫も、また趣深く感じる。虫は虫なりの心で仏への信心を起こして、額をついて歩きまわっているとかいうよ。思いがけず、

額づき虫、また あはれなり。さる 心地 に 道心 おこし て、つきありく らむ よ。思ひかけ

（副／ナリ・終／連体／格助／四・用／接助／四・終／助動・伝・体／間助／下二・未）

ず、暗き 所 など に、ほとめき ありき たる こそ をかしけれ。

（助動・打・用／ク・体／副助／格助／四・用／四・用／助動・存・体／係助（係）／シク・已（結））

暗い所などで、ことことと音を立てて歩きまわっているのが面白い。

（第四一段）

語句の解説

教706 145ページ

3 **鬼《おに》** 平安期においては、角を生やしていたり、一つ目であったりなど、異形《いぎょう》のもので、人を喰《く》らうとされる想像上の怪物。

4 **親《おや》のあやしき衣《きぬ》ひき着《き》せて** 親が(子に)みすぼらしい着物を身につけさせて。「あやし」は、ここでは「みすぼらしい、粗末だ」の意。この「親」については、後にみの虫が、捨てていった親を慕って「ちちよ(父よ)」と鳴いていることを考え、鬼の親＝母親という説がある。

6 **「ちちよ、ちちよ。」とはかなげに鳴《な》く** 「父よ、父よ。」と心細そうに鳴く。「はかなげなり」は、形容詞「はかなし」から形容動詞に転化したもので、ここでは「心細そうだ、頼りなさそうだ」の意。「ちちよ、ちちよ」はみの虫の鳴き声とされる音声。ここでは「父よ、父よ」とするが、「乳よ、乳よ」と解釈することもある。

6 **いみじう《ジュウ》** たいそう。形容詞「いみじ」の連用形「いみじく」のウ音便。

1 「道心」とはどのような心か。

答 仏に帰依して、仏道を修めようとする心。

8 **つきありくらむ《ン》よ** 額をついて歩きまわっているとかいうよ。「ありく」は、ここでは「(ある程度広い範囲を)歩きまわる、動きまわる」という意味。「つきありく」は「額をついて歩きまわる」意で、その様子が仏を拝むようなのである。「らむ」は、伝聞・婉曲の助動詞で「…とかいう」と訳す。伝聞・婉曲の場合は、連体形。

9 **ほとめきありきたるこそを《オ》かしけれ** ことことと音を立てて歩きまわっているのが面白い。「ほとめく」は「ことことという音を立てる」の意味。「ほと」が擬音語、「…めく」は「…のようになる」「…の音を出す」という意味を添える接尾語。「をかし」は、ここでは「面白い、興味をひかれる」の意。繰り返されている「あはれなり」と区別する。

学習のポイント

1 作者は「みのむし」のどのようなところを「いみじうあはれ」と感じたのか。

考え方 「はかなげに鳴く」に至るまでの流れを確認する。

解答例 自分の親に嫌われ、捨てられたにもかかわらず、なお親を慕って心細げに鳴くところ。

2 **語句** 次の傍線部「らむ」の違いを文法的に説明してみよう。

① これもおそろしき心あらむとて、(706 145・3)

② 道心おこして、つきありくらむよ。(706 145・8)

考え方 「らむ」が一単語か、「ら＋む」の二単語か、「活用語尾＋む」かを見分ける。助動詞「らむ」「む」の接続を確認する。

解答 ①ラ行変格活用の動詞「あり」の未然形「あら」の活用語尾＋推量の助動詞「む」の終止形

②伝聞・婉曲の助動詞「らむ」の連体形

二月《きさらぎ》つごもりごろに

【大　意】 1 教706 146ページ1～13行 教708 123ページ1～13行

二月の下旬の頃、雪が舞い散る日に、公任《きんとう》の宰相殿《さいしょうどの》からのお使いが来て和歌の下の句を書いた手紙を差し出す。なんと返事をしていいか悩むが、遅いよりはと思い、上の句を作って急ぎお使いの者に渡した。

【品詞分解／現代語訳】

二月 つごもりごろ に(格助)、風 いたう(ク・用(音)) 吹き(四・用) て(接助) 空 いみじう(シク・用(音)) 黒き(ク・体) に(接助)、雪 少し(副) うち散り(四・用) たる(助動・存・体) ほど、

二月下旬の頃に、風がひどく吹いて空がたいへん暗くなったうえに、雪が少し舞い散っている時、

黒戸 に(格助) 主殿司 来(カ変・用) て(接助)、「かうて(副) さぶらふ(四・終)。」と(格助) 言へ(四・已) ば(接助)、寄り(四・用) たる(助動・完・体) に(接助)、「これ(代)、公任 の(格助) 宰相殿

(清涼殿の北側にある)黒戸(の部屋)に主殿司《とのもづかさ》が来て、「こうして参上しております。」と言うので、近寄ったところ、「これは、(藤原)公任の宰相殿からの

の(格助)。」とて(格助) ある(ラ変・体) を(格助) 見れ(上一・已) ば(接助)、懐紙 に(格助)、

(お手紙です)。」と言って差し出すのを見ると、懐紙《ふところがみ》に、

副 ラ変・体 係助(係) サ変・已(結)
少し 春 ある 心地 こそ すれ
わずかに春が来た気配がするよ。

格助 ラ変・体 係助 副 格助 格助 副 ク・用(音) 四・用 助動・存・体 (代) 格助 係助 副 係助(係)
と ある は、「げに 今日 の けしき に いと よう あひ たる、これ が 本 は いかで か
と書いてあるのは、「本当に今日の空模様にとてもよく合っている(下の句である)が、これの上の句はどのように

下二・終 助動・適・未 助動・推・体(結) 格助 四・用 助動・完・終
つく べから む。」 と、 思ひわづらひ ぬ。
つけたらよいのだろう。」と、 思い悩んでしまった。

(代) 係助(結略) 格助 四・已 接助 (代) 格助 四・終 副 シク・体 格助 格助 格助
「誰々 か。」 と 問へ ば、「それそれ。」 と 言ふ。 みな いと はづかしき 中 に、 宰相 の 御いらへ を、
「どなた方が(殿上にいらっしゃるのか)。」と尋ねると、「誰それ。」と言う。 どなたもみなとても立派な方々の中に、 宰相へのお返事を、

副 係助(係) 格助 下二・未 助動・推・体(結) 格助 格助 シク・体 接助 格助 サ変・未 助動・使・未
いかで か ことなしび に 言ひ出で む と、 心一つ に 苦しき を、 御前 に 御覧ぜ させ
どうして何でもないように言ってやれようか(、いや、言ってはやれない)と、 一人で思い悩み困ってしまったので、 中宮様にお目にかけようとしたが、

助動・意・終 格助 サ変・已 接助 格助 四・用 接助 四・用 助動・完・終 係助 副 格助 四・終
む と すれ ど、 上 の おはしまし て 大殿籠り たり。 主殿司 は、「とくとく。」 と 言ふ。
主上がおいでになって お休みになってしまった。 主殿司は、 「早く早く。」と言う。

副 ク・用(音) 副助 補・ラ変・未 助動・婉・体 係助 副 ク・已 接助 感 格助
げに 遅う さへ あら む は、 いと 取りどころ なけれ ば、 さはれ とて、
本当に(句もよくないうえに返事が)遅いとしたら、 何の取り柄もないので、 どうにでもなれと(思って)、

格助 下二・用 接助 四・体 格助
空 寒み 花 に まがへ て 散る 雪 に
空が寒いので、梅の花と見まちがえるかのように舞い散る雪には

格助 副 四・用 接助 下二・用 接助 副 四・終 助動・現推・体 格助 シク・終
と、 わななくわななく 書き て、 取らせ て、「いかに 思ふ らむ。」 と わびし。
と、震え震えしながら書いて、 (主殿司に)持たせて、「(殿上の方々は)どのように思うだろうか。」とやりきれない。

語句の解説　1

教706 146ページ　教708 123ページ

2 **さぶらふ《ロウ》**　参上する。

「さぶらふ」は、①「貴人のそばにお仕え申し上げる」、②「参上する」、③「貴人のそばにあります」、④「あります、ございます」の意がある。①〜③は謙譲語で、④は丁寧語。ここでは②。

5 **げに**　本当に。まったく。

5 **今日《きょう》のけしきにいとようあひ《イ》たる**　今日の空模様にとてもよく合っている。

公任の宰相の下の句に対する作者の感想。『白氏文集』の漢詩をふまえていることに気づき、今日の日にぴったりだという。「けしき」は、ここでは自然の様子をいう。

5 **これが本《もと》はいかでかつくべからむ《ン》**　これの上の句はどのようにつけたらよいのだろう。

「本《もと》」は歌の上の句。下の句のことは「末《すゑ》」という。手紙には、下の句だけがあり、これに合った上の句を考えなければならない。

1　「本」とは何か。また、「本」と対になる語は何か。

答　和歌の上の句。対になるのは、下の句の「末」。

7 **みないとはづ《ズ》かしき中《なか》に**　どなたもみなとても立派な方々の中に。

「はづかし」は、相手の素晴らしさをいうと同時に、自分が劣っていることを恥じる気持ちをいう。

9 **上《うえ》のおはし《ワ》まして**　主上がおいでになって。

「おはします」は、「来《く》」の尊敬語。

9 **大殿籠《おおとのごも》りたり**　お休みになっている。

「大殿籠《おほとのごも》る」は、「寝《ぬ》」「寝《い》ぬ」の尊敬語で「お休みになる」の意。天皇や皇后などに対して用いる。主語は「御前(中宮)」。

10 **げに遅《おそ》うさへ《エ》あらむ《ン》は**　本当に、(句もよくないうえに返事が)遅いとしたら。

「さへ」は、添加の副助詞で「その上に…までも」という意味。「どうせ上手な上の句はつくれない、その上に…」という気持ち。

10 **さは《ワ》れ**　どうにでもなれ。

「さはれ」は感動詞。本来は、副詞「さ」+係助詞「は」+ラ変動詞「あり」の命令形である。

12 **空寒《そらさむ》み花《はな》にまがへ《エ》て散《ち》る雪《ゆき》に**　空が寒いので、梅の花と見まちがえるかのように舞い散る雪には。

作者が返事をした上の句。公任の宰相の下の句が白楽天の詩の第四句をふまえたものなので、その第三句「三時雲冷やかにして多く雪を飛ばし(春・夏・秋の三時も冷たい雲から雪が多く降り)」をふまえた上の句を作った。白楽天の詩をふまえたものだと気づいている、と暗に示している。

「寒み」は、「寒し」の語幹に接尾語「み」が付いたもの。「寒いので」と理由を表す。

13 **わななくわななく**　震え震えしながら。

心情のうえで、緊張しているのである。また同時に、二月の寒い日のことであるから、寒さでぶるぶる震えている。

【大　意】　2　教706 146ページ14行〜147ページ2行　教708 123ページ14行〜124ページ2行

御殿に和歌の上の句を書いて送ったが、その送った後の反応を知りたいし、良くない評判だったら聞きたくないとも思ったが、「内侍《ないし》に推薦してはどうか。」と評定した、ということを聞いた。

【品詞分解／現代語訳】

「これ(代)　が(格助)　こと　を(格助)　聞か(四・未)　ばや(終助)。」と(格助)　思ふ(四・体)　に(接助)、「そしら(四・未)　れ(助動・受・用)　たら(助動・存・未)　ば(接助)　聞か(四・未)　じ(助動・打意・終)。」と(格助)　おぼゆる(下二・体)

「これ(＝上の句)についての評判を聞きたい。」と思うのだが、「けなされていたら聞きたくない。」と思っていると、

を(接助)、「俊賢　の(格助)　宰相　など(副助)、『なほ(副)　内侍　に(格助)　奏し(サ変・用)　て(接助)　なさ(四・未)　む(助動・意・終)。』と(格助)　なむ(係助(係))　定め(下二・用)　たまひ(補尊・四・用)　し(助動・過・体(結))。」

「(源)俊賢《としかた》の宰相様などが、『やはり(清少納言を)内侍に(任命するように)と帝《みかど》に申し上げよう。』と評定なさった。」

と(格助)　ばかり(副助)　ぞ(係助(係))、左兵衛督　の(格助)　中将　に(助動・断・用)　おはせ(補尊・サ変・未)　し(助動・過・体)、語り(四・用)　たまひ(補尊・四・用)　し(助動・過・体(結))。

とだけ、左兵衛督《さひょうえのかみ》で(その時は)中将でいらっしゃった方が、話してくださった。

(第一〇二段)

語句の解説　2

教706 146ページ　教708 123ページ

14 **これがことを聞《き》かばや**　これについての評判を聞きたい。

「これ」は、作者が返した上の句を指す。「こと」は「言《こと》」で、ここでは「噂《うわさ》、評判」の意。「ばや」は、自己の願望を表す終助詞。

2　「これがこと」とはどのようなことか。

答　自分(作者)が詠んだ上の句の評判。

教706 147ページ　教708 124ページ

1 **「なほ《オ》内侍《ないし》に奏《そう》してなさむ《ン》。」となむ《ン》定《さだ》めたまひ《イ》し**　「やはり(清少納言を)内侍に(任命するように)と帝に申し上げよう。」と評定なさった。

「奏す」は「言ふ」の謙譲語で、天皇、上皇に対してのみ用いる。

「なむ」の結びは、過去の助動詞「き」の連体形「し」。「内侍」は天皇付きの女官。中宮の女房である清少納言が内侍になることはないので、冗談でしかないが、内侍に推薦してもおかしくない才媛だ、と褒めたたえているのである。

学習のポイント

1 本文に沿って、作者の心情の変化を整理してみよう。

解答例 ①公任の宰相殿からの和歌の下の句を見た時

・「げに今日のけしきにいとようあひたる」706 146・5 708 123・5
→今日の空模様によく合っていると感心する。

・「……これが本はいかでかつくべからむ。』と、思ひわづらひぬ」706 146・5 708 123・5 →どんな上の句がよいかと困って思案する。

②公任の宰相のほかにも誰かいるかと尋ねた時

・「いかでかことなしびに言ひ出でむと、心一つに苦しきを」706 146・8 708 123・8 →いいかげんには返せないと一人で悩んでしまう。

・「御前に御覧ぜさせむと……大殿籠りたり」706 146・9 708 123・9
→中宮様にも相談できないので、困り、さらに思い悩む。

③お使いの者に「早く早く。」と言われた時

・「遅うさへあらむは、……さはれとて、」706 146・10 708 123・10
→どうにでもなれと意を決する。

④上の句を書いて返事をした時

・「わななくわななく書きて、……『いかに思ふらむ。』とわびし」706 146・13 708 123・13 →緊張で震えながら書いたが、どのように思われるか不安で、やりきれない。

⑤俊賢《としかた》の宰相の評定を聞かされた時
→文中にはないが、安堵するとともに、得意で誇らしげな気持ちになる、など想像できる。

2 作者が詠んだ「空寒み…」という句は上々の評判だったが、作者の句が高く評価されたのはなぜか、公任の句との関連から説明してみよう。

考え方 公任の句は『白氏文集』の「三時雲冷《ひややカニシテ》多《ク》飛《バシ》レ雪《ヲ》、二月山寒《クシテ》少《シク》有《リ》レ春」をふまえている。作者の句はどうか。

解答例 名高い知識人の藤原公任から、『白氏文集』をふまえた下の句だけの歌が書かれた手紙を受け取った作者が、同じく『白氏文集』の内容をふまえた上の句を、素早く詠んで返したから。

3 語句 次の傍線部の敬語の種類は何か。また、誰から誰への敬意を表したものか。

① 御前《おまへ》に御覧ぜさせむとすれど、（706 146・9 708 123・9）
② 上のおはしまして大殿籠《おほとのごも》りたり。（706 146・9 708 123・9）
③ なほ内侍《ないし》に奏してなさむ。（706 147・1 708 124・1）

考え方 ①「御覧ず」は「見る」の尊敬語。②「大殿籠る」は「寝《ぬ》」「寝る」の尊敬語。③「奏す」は「言ふ」の謙譲語。

解答 ①尊敬。作者から中宮への敬意。②尊敬。作者から天皇への敬意。③謙譲。俊賢から天皇への敬意。

4 語句 「空寒み」（706 146・12 708 123・12）の接尾語「み」の働きについて調べてみよう。

考え方 「寒（「寒し」の語幹）＋み」の形である。

解答例 形容詞の語幹に付いて、「…ので」の意で原因・理由を表す。

五月《さつき》ばかりなどに山里にありく

※本教材は教708では学習しません。

【大　意】 教706 148ページ1〜9行

五月に山里を牛車《ぎっしゃ》で散策すると、草の下から水がはねあがったり、枝が行き過ぎてしまったり、車に押しつぶされた蓬《よもぎ》の香りが漂ってきたりして、趣がある。

【品詞分解／現代語訳】

五月	ばかり	など	に	山里	に	ありく、	いと	をかし。
	副助	副助	格助		格助	四・体	副	シク・終

陰暦五月の頃などに山里に（牛車で）出歩くのは、たいそう趣がある。

草葉	も	水	も	いと	青く	見えわたり	たる	に、	上	は	つれなく	て	草	生ひ茂り	たる	を、
	係助		係助	副	ク・用	四・用	助動・存・体	格助		係助	ク・用	接助		四・用	助動・存・体	格助

草の葉も水もたいへん真っ青に一面に見わたせる所で、表面はなにげなくて草が生い茂っている所を、

ながながと	ただざまに	行け	ば、	下	は	え	なら	ざり	ける	水	の、	深く	は	あら	ね
副	ナリ・用	四・已	接助		係助	副	四・未	助動・打・用	助動・詠・体		格助	ク・用	係助	補・ラ変・未	助動・打・已

長々とまっすぐに行くと、下には並々ではなくあった水が、深くはないけれども、

ど、	人	など	の	歩む	に	走りあがり	たる、	いと	をかし。
接助		副助	格助	四・体	格助	四・用	助動・完・体	副	シク・終

（お供の）人などが歩くのにつれて（水が）はねあがったのは、とても面白い。

左右	に	ある	垣	に	ある、	もの	の	枝	など	の、	車	の	屋形	など	に	さし入る	を、	急ぎ	て
	格助	ラ変・体		格助	ラ変・体		格助		副助	格助		格助		副助	格助	四・体	格助	四・用	接助

道の左右にある垣根に生えた、何かの木の枝などが、牛車の屋形などに差し入ってくるのを、急いで

とらへ	て	折ら	む	と	する	ほど	に、	ふと	過ぎ	て	はづれ	たる	こそ	いと	口惜しけれ。
下二・用	接助	四・未	助動・意・終	格助	サ変・体		格助	副	上二・用	接助	下二・用	助動・完・体	係助(係)	副	シク・已(結)

つかんで折ろうとすると、（枝は）さっと行き過ぎて車の外へ外れてしまったのはとても残念だ。

蓬の、車に押しひしがれたりけるが、輪の回りたるに、近う
（の：格助　に：格助　押しひしが：四・未　れ：助動・受・用　たり：助動・存・用　ける：助動・過・体　が：格助　の：格助　回り：四・用　たる：助動・存・体　に：格助　近う：ク・用(音)）
蓬で、車に押しつぶされたのが、車輪が上に回ってくると、すぐ近く

うちかかへたるもをかし。
（うちかかへ：下二・用　たる：助動・存・体　も：係助　をかし：シク・終）
までその香りが漂ってくるのも趣がある。

（第二〇七段）

語句の解説

教706 148ページ

1 山里《やまざと》にありく　山里に(牛車《ぎっしゃ》で)出歩く。
「ありく」は、ここでは「出歩く、あちこち動きまわる」の意。二本の足を使って歩く「歩む」706 148・4との区別に注意。

2 見《み》えわたりたるに　一面に見わたせる所で。
「見えわたる」は複合動詞。「わたる」は、ここでは動詞の連用形に付いて、「一面に…する、ずっと…する」の意。

3 えならざりける水《みず》の　並々ではなくあった水が。
「え(…ず)」は、「…できない、十分に…ない」の意。「え」は副詞。「えならず」は「ひととおりではない、並々ではない」の意。「けり」は詠嘆で、思いがけず大量の水があったよ、という気づきを表す。

6 ふと過《す》ぎて　さっと行き過ぎて。
「ふと」は、物事がすばやく行われるさま。

8 蓬《よもぎ》　山野や道ばたに自生する野草。独特の香りがある。

8 うちかかへ《ヱ》たるも　香りが漂ってくるのも。
「うちかかふ(香かふ)」は下二段動詞で「香りが漂う、においがする」の意。「うち」は接頭語。

答 1　何が「うちかかへ」たのか。
車に押しつぶされた蓬。

学習のポイント

1 「山里にありく、」(706 148・1)の「ありく」とはどのような状態か。古語辞典を引いて、その意味を確かめ「人などの歩む」(706 148・4)と比較してみよう。

考え方　「ありく」は現代語の「歩く」ではなく、動物や車、舟などによる移動も含めて、広く「出歩く、動きまわる」の意である。

解答例　ここの「ありく」は、牛車に乗って散策すること。「歩む」は人が歩くこと。

2 語句　次の「の」の働きの違いを説明してみよう。

① 「人などの歩むに走りあがりたる」(706 148・4)

② 「車の屋形」（706/148・5）

③ 蓬の、車に押しひしがれたりけるが（706/148・8）

考え方 「の」は格助詞で、主格（「…が」）、連体修飾格（「…の」）、同格（「…で」）、体言の代用（「…のもの、…のこと」）の用法がある。

①主格を表す。

②連体修飾格を表す。

③同格を表す。

解答

3

探究 話し合ってみよう。

考え方 作者のこの段における自然のとらえ方の特徴を考え、感受性で受けとめている。

考え方 草の下からはねあがる水、行き過ぎてしまう枝、押しつぶされた蓬の香りなど、通りいっぺんの表面的な観察では気がつかないようなものが取り上げられている。一つ一つは、ちょっとしたことだが、初夏の山里で作者自身が直接体験したものを、独自の鋭い感性で受けとめている。

頭の弁の、職に参りたまひて

【大 意】 1 教706/149ページ1行～150ページ5行　教708/125ページ1行～126ページ1行

頭の弁（藤原行成）が、中宮の部屋から丑の刻（午前二時頃）前に参内した翌朝、頭の弁から、「鶏の声にせき立てられて」などと書いた紙屋紙を折り重ねた手紙が届いた。作者は函谷関の故事をふまえて返事をし、しばらく歌のやりとりをした。

【品詞分解／現代語訳】

頭の弁 | 格助 の、 | 職 | 格助 に | 参り 四・用 | たまひ 補尊・四・用 | 接助 て、

頭の弁が、中宮職の御曹司に参上なさって、

「あす 御物忌み | なる 助動・断・体 | に 接助 | こもる 四・終 | べけれ 助動・当・已 | ば、 接助

（私と）話などしていらっしゃったが、「明日は内裏で行われる物忌みなので籠もらなければならないから、

「今日 は 係助 | 残り多かる ク・体 | 心地 | なむ 係助（係） | する。 サ変・体（結）

丑の刻になってしまった（なったならば不都合でしょう。」

物語 など サ変・用 し | 四・用 副助 | たまひ 補尊・四・用 | し 助動・過・体 | に、 接助 | 夜 いたう 副（音） | ふけ 下二・用 | ぬ。 助動・完・終

夜がすっかり更けてしまった。

丑 に 格助 | なり 四・用 | な 助動・強・未 | ば 接助 | あしかり シク・用 | な 助動・強・未 | む。」 助動・推・終

と 格助 て、

「今日は心残りが多い気がすることです。」とおっしゃって、

「鶏 の 声 に せき立て 下二・用 | られ 助動・受・用 | て」

「鶏の声にせき立てられて」

とて、つとめて、蔵人所 の 格助 | 紙屋紙 | ひき重ね 下二・用 | て、 接助

その翌朝、蔵人の詰め所の紙屋紙を折り重ねて、

参り たまひ 四・用 補尊・四・用 | ぬ。 助動・完・終

参内なさった。

（内裏へ）参内なさった。

夜 を 格助 | 通し 四・用

夜を徹して、

接助　係助　四・未　助動・意・終　格助　サ変・未　助動・過・体　接助　格助　格助　四・未　助動・受・用　接助　係助(結略)　格助

て、昔物語も聞こえ明かさむとせしを、鶏の声に催されてなむ。」と、

昔話をも申し上げて夜を明かそうとしたのに、鶏の声に(ひどく)せき立てられて(帰ってしまった)。」と、

シク・用(音)　ク・用　四・用　補尊・四・已(命)　助動・存・体　副　ク・終　格助　副　ク・用　補丁・ラ変・用　助動・過・体

いみじう言多く書きたまへる、いとめでたし。御返りに、「いと夜深くはべりける鳥

たいそうぎっしりとお書きになっているのは、たいへん見事でした。お返事として、「ずいぶん夜更けでございました鶏の声は、

格助　係助　格助　助動・断・用　係助(結略)　格助　下二・用　助動・完・已　接助　副　格助　係助　格助

の声は、孟嘗君のにや。」と聞こえたれば、たちかへり、「『孟嘗君の鶏は、函谷関を

孟嘗君《もうしょうくん》の(食客が鳴きまねをしたというにせの鶏の)ことでしょうか。」と申し上げたところ、折り返し、「『孟嘗君の鶏は、(その鳴き声で)函谷

四・用　接助　格助　ナリ・用　四・已(命)　助動・完・終　格助　ラ変・已　接助　(代)　係助　助動・断・終　格助　ラ変・已

開きて、三千の客わづかに去れり。』とあれども、これは逢坂の関なり。」とあれ

関を開いて、三千人の食客がかろうじて逃げ去った。』と(書物に)あるけれど、これは(男女が逢《あ》う)逢坂《おうさか》の関です。」と(お返事が)ある

接助

ば、

ので、

格助　下二・用　接助　格助　係助　四・終　接助　副　係助　四・未　助動・打推・終

「夜をこめて鳥のそら音ははかるとも世に逢坂の関は許さじ

「一晩中鶏の鳴きまねでだまそうとしても、(函谷関の関守はともかく、あなたと私が逢うという)逢坂の関は(通すことを)決して許さないでしょう。

ク・体　ラ変・終　格助　下二・終　接　副

心かしこき関守はべり。」と聞こゆ。また、たちかへり、

利口な関守がおりますよ。」と申し上げる。(すると)また、折り返し、

係助　ク・体　助動・断・已　接助　四・未　助動・打・体　格助　係助　下二・用　接助　四・終　格助　係助(結略)

逢坂は人越えやすき関なれば鳥鳴かぬにもあけて待つとか

(今の)逢坂の関は人の越えやすい関所ですから、(夜明けを告げる)鶏が鳴かない時も(門を)開けて(来る人を)待っているとか(いうことですよ)。

格助　ラ変・用　助動・過・体　格助　格助　係助　シク・用(音)　格助　副助　四・用　接助　四・用　補尊・四・用

とありし文どもを、初めのは、僧都の君、いみじう額をさへつきて、取りたまひ

と書いてあった(それらの)手紙を、初めの(手紙)は、僧都《そうず》の君が、なんと額までもついて(拝みまでして)、取っていらっしゃった。

助動・完・用　助動・過・終　格助　係助　格助　接　格助　係助　四・未　助動・受・用　接助　係助　副　サ変・未
て　き。後々　の　は、御前　に。さて、逢坂　の　歌　は　へさ　れ　て、返し　も　え　せ
後の(手紙)は、中宮様に(差し上げた)。ところで、逢坂の関の歌は(頭の弁に)圧倒されて、(私は)返歌もできないままに

助動・打・用　四・用　助動・完・用　助動・過・終　副　ク・終
ず　なり　に　き。いと　わろし。
なってしまった。まったくよくない。

語句の解説 1

教706 149ページ　教708 125ページ1～10行

1 **夜《よ》いたう《トウ》ふけぬ**　夜がすっかり更けてしまった。「いたう」は「いたく」のウ音便。ここでは、程度がはなはだしいさまを表し、「ひどく、すっかり」と訳す。

2 **物忌《ものい》み**　陰陽道《おんようどう》で方角や日が悪いとされる時、一定の期間こもって身を慎むこと。

1 **「丑」とは何時頃か。**

答 午前二時頃。

5 **催《もよお》されてなむ《ン》**　せき立てられて。下に「帰りはべる」などの語が省略されている。「催《もよほ》す」は、ここでは「催促する、せき立てる、促す」の意。

6 **いみじう《ジュウ》言多《ことおお》く**　たいそうぎっしりと。「いみじう」は、「いみじく」のウ音便。副詞的用法で「たいそう、はなはだしく」の意。「言多く」は「多くの言葉」の意。

6 **めでたし**　見事だ。すばらしい。ここは頭の弁の筆跡が見事だということ。

7 **孟嘗君《もうしょうくん》のにや**　孟嘗君の(にせの鶏の)ことでしょうか。下に「あらむ」などが省略されている。ここは、行成の「鶏の声に催されて」を受けて、鶏もまだ鳴かない夜中だったのに、鶏の声などうそでしょう、と切り返しているのである。

7 **たちかへ《エ》り**　ここでは「折り返し、すぐに」の意。

8 **わづ《ズ》かに去《さ》れり**　かろうじて逃げ去った。「わづかなり」は、ここでは「やっと、かろうじて」の意。

10 **夜《よ》をこめて**　一晩中。慣用句。「まだ夜が明けないうちに」、あるいは「一晩中」。

10 **そら音《ね》**　ここでは「鳴きまね」の意。

10 **はかるとも**　だまそうとしても。「はかる」は、「謀る」と書いて、「だます、欺く」の意。

10 **世《よ》に逢坂《おうさか》の関《せき》は許《ゆる》さじ**　逢坂の関は決して許さないでしょう。「世に…(打消)」は、「決して、断じて」。ここでは打消推量の「じ」と呼応して、「決して…ないだろう」の意。

教706 150ページ　教708 125ページ11行～126ページ1行

1 (11) **心《こころ》かしこき関守《せきもり》はべり**　利口な関守がおりますよ。

「関守」は作者本人を指す。「私はだまされませんよ」ということ。

答 2 **「初めの」「後々の」はそれぞれ何を指すか。**

「初めの」は、頭の弁（行成）が最初によこした「今日は……」の手紙。「後々の」は、頭の弁からの後の「『孟嘗君の……』」と「逢坂は……」の二つの手紙。

3（13）**額《ぬか》をさへ《エ》つきて** なんと額までもついて。行成は三蹟《さんせき》（平安時代の三人の能書家）の一人。その手になる手紙を、頭を下げ拝みまでして取ったということ。

4（14）**さて** ここでは「ところで、それはそれで」の意。

【大意】 2 教706 **150ページ6行～151ページ4行** 教708 **126ページ2～16行**

頭の弁が作者の手紙を殿上人《てんじょうびと》たちに見せた。そのことをめぐって、二人の間で機知に富んだ会話が繰り広げられる。その後、経房《つねふさ》の中将がやって来て、頭の弁が褒めていたことを話し、自分の思っている人が褒められるのはうれしいことだと言って喜んだ。

【品詞分解／現代語訳】

さて[接]、「**そ**[(代)]**の**[格助] **文** **は**[係助]、**殿上人** **みな** **見**[上一・用] **て**[助動・完・用] **し**[助動・過・体] **は**[終助]。」**と**[格助] **のたまへ**[四・已] **ば**[接助]、「**まことに**[副] **おぼし**[四・用]

その後、（頭の弁が）「その（あなたの）お手紙は、殿上人がみな見てしまったよ。」とおっしゃるので、「本当に（あなたは私のこと

けり[助動・過・終] **と**[格助]、**これ**[(代)] **に**[格助] **こそ**[係助(係)] **知ら**[四・未] **れ**[助動・自・用] **ぬれ**[助動・完・已(結)]。**めでたき**[ク・体] **こと** **など**[副助]、**人** **の**[格助] **言ひ伝へ**[下二・未] **ぬ**[助動・打・体] **は**[係助]、

を）思ってくださっていたのだと、これによって自然とわかりました。すばらしい歌などを、人が言い伝えてくれないのは、

かひなき[ク・体] **わざ** **ぞ**[係助] **かし**[終助]。**また**[接]、**見苦しき**[シク・体] **こと** **散る**[四・体] **が**[格助] **わびしけれ**[シク・已] **ば**[接助]、**御文** **は**[係助] **いみじう**[シク・用(音)] **隠し**[四・用] **て**[接助]、**人**

かいのないことですものね。（私は）また、見苦しい歌が世間に広まるのがつらいので、（あなたの）お手紙は厳重に隠して、人

に[格助] **つゆ**[副] **見せ**[下二・用] **はべら**[補丁・ラ変・未] **ず**[助動・打・終]。**御心ざし** **の**[格助] **ほど** **を**[格助] **比ぶる**[下二・体] **に**[接助]、**等しく**[シク・用] **こそ**[係助(結略)] **は**[係助]。」**と**[格助] **言へ**[四・已] **ば**[接助]、

には少しも見せておりません。（私の配慮と）あなたのご厚意の程度を比べると、（することは逆でも）同じでは（ございましょう）。」と言うと、

「**かく**[副] **もの** **を**[格助] **思ひ知り**[四・用] **て**[接助] **言ふ**[四・体] **が**[格助]、**なほ**[副] **人** **に**[格助] **は**[係助] **似**[上一・未] **ず**[助動・打・用] **おぼゆる**[下二・体]。『**思ひぐまなく**[ク・用]、**あしう**[シク・用(音)]

（頭の弁は）「このようにものをわきまえ知って言うのが、やはり（他の）人とは違っていると思われる。『思慮を欠いて、悪く取り計らって

サ変・用 助動・完・終 副助 格助 格助 助動・断・用 係助(係) 四・未 助動・推・体(結) 格助 係助(係) 四・用 助動・完・已(結) 副助
したり。』など、例の女のやうにや言はむとこそ思ひつれ。」など
(人に見せて)しまった。』などと、普通の女のように(恨み言を)言うだろうと思ったのに。」などと言って、

四・用 接助 四・用 補尊・四・終 (代) 係助 副 格助 係助(係) 下二・未 助動・意・已(結) 副助 四・終 (代) 格助 格助
言ひて、笑ひたまふ。「こはなどて。喜びをこそ聞こえめ。」など言ふ。「まろが文を
お笑いになる。(私は)「これはどうしてでしょうか。(かえって)お礼を申し上げましょう。」などと言う。(頭の弁は)「私の手紙を

四・用 補尊・四・用 助動・過・体 接 副 ナリ・用 シク・体 助動・断・終 終助 副 ク・用 ク・未
隠したまひける、また、なほあはれにうれしきことなりかし。いかに心憂くつらから
お隠しになったことは、これもまた、やはり本当にうれしいことですよ。(もし人に見られたら)どんなに不快で

助動・反仮・体 格助 係助 副 間助 四・用 補謙・下二・未 助動・意・終 副助 四・用 接助 格助 サ変・用 接助
まし。今よりも、さを頼みきこえむ。」などのたまひて、後に、経房《つねふさ》の中将おはして、
嫌なことでしょう。これからも、そのようにお願い申し上げよう。」などとおっしゃって、(その)のちに、経房の中将がおいでになって、

係助 シク・用(音) 下二・用 補尊・四・終 格助 係助 四・用 助動・存・終 係助 格助 格助 ラ変・用 助動・過・体 副助
「頭の弁はいみじうほめたまふとは知りたりや。一日の文に、ありしことなど
「頭の弁は(あなたのことを)たいそう褒めていらっしゃるとは知っているか。先日の(私への)手紙に、(この間)あったことなどを述べていらっ

四・用 補尊・四・終 四・体 格助 格助 下二・未 助動・受・体 係助 シク・用(音) シク・体 副助 シク・用(音) 四・体
語りたまふ。思ふ人の人にほめらるるは、いみじううれしき。」など、まめまめしうのたまふ
しゃる。(自分の)思う人が(他の)人から褒められるのは、とてもうれしいものですよ。」などと、生真面目におっしゃるのも面白い。

係助 シク・終 シク・体 助動・断・用 接助 (代) 格助 下二・用 補尊・四・終 助動・伝・体 格助 接 四・体 格助
もをかし。「うれしきこと二つにて、かのほめたまふなるに、また、思ふ人のうち
(私が)「うれしいことが二つで、あの(頭の弁が)褒めてくださるというそのうえに、さらに、(あなたの)思う人の中に

格助 ラ変・用 助動・詠・体 格助 係助(結略) 格助 四・已 接助 (代) シク・用(音) 格助 格助 助動・断・用 係助 四・用
にはべりけるをなむ。」と言へば、「それ、めづらしう、今のことのやうにも喜び
(私が)おりましたことを(お聞きしまして)。」と言うと、(中将は)「それ(＝私があなたを思っていること)を、目新しい、初めてのことのようにお喜

補尊・四・体 終助 副助 四・終
たまふかな。」などのたまふ。
びなさるのですね。」などとおっしゃる。

(第一三〇段)

語句の解説２

教706 150ページ　教708 126ページ2〜12行

7(3)**これ**　殿上人たちに作者の手紙を見せたことを指す。

8(4)**散《ち》るがわびしければ**　世間に広まるのがつらいので。

「散る」は、「世間に広まる、外にもれる」の意。「わびし」は、ここでは「つらい」の意。

9(5)**つゆ見《み》せはべらず**　少しも見せておりません。

「つゆ…(打消)」は、「少しも、全然(…ない)」。

9(5)**御心《おんこころ》ざし**　あなたのご厚意。

作者の歌を殿上人に見せたことをいう。

9(5)**等《ひと》しくこそは**　同じでは(ございましょう)。

下に「はべらめ」などが省略されている。

10(6)**なほ《オ》人《ひと》には似《に》ずおぼゆる**　やはり他の人とは違っていると思われる。

作者の受け答えが、人と違って機知に富んでいることをいう。

12(8)**こは《ワ》などて**　これはどうしてでしょうか。

「などて」は、疑問・反語の副詞。「どうして…か」の意。ここでは頭の弁の、『思ひぐまなく……思ひつれ。』を受けて、そんなことを思うはずがございません、と反語的に用いている。

3　**どのようなことに対する「喜び」か。**

答　頭の弁が、作者を、よくものをわきまえていると褒めたことに対するもの。

13(9)**まろが文《ふみ》を**　私の手紙を。

「まろ」は、自称の人称代名詞。「私」。「文」は「逢坂は人越えやすき……」の歌を指す。

14(10)**さを頼《たの》みきこえむ《ン》**　そのようにお願い申し上げよう。

「さ」は、頭の弁の手紙を人に見せなかった作者の気配りを指す。

教706 151ページ　教708 126ページ13〜16行

1(13)**まめまめしう《シュウ》**　生真面目に。

「まめまめしく」のウ音便。「まめまめし」は、ここでは「生真面目だ、誠実だ」の意。

4　**「うれしきこと二つ」とはどのようなことか。**

答　頭の弁が作者を褒めてくれたことと、経房の思う人の中に作者が入っていること。

3(15)**めづ《ズ》らしう《シュウ》**　目新しい。

「めづらし」の連用形「めづらしく」のウ音便。

学習のポイント

1　**本文中の手紙・会話(「　」)は、それぞれ誰から誰への言葉か、整理してみよう。**

解答

・「あす御物忌《い》み……」　706 149・1　708 125・1　頭の弁→作者

・「今日は……」　706 149・4　708 125・4　頭の弁→作者

・「いと夜深《よぶか》く……」　706 149・6　708 125・6　作者→頭の弁

「逢坂は…」の歌も扱う。「頭の弁」は「行成」でもよい。

・「『孟嘗君の……」706 149・7 708 125・7 頭の弁→作者
・「夜をこめて……」706 149・10 708 125・10 作者→頭の弁
・「逢坂は……」706 150・2 708 125・12 頭の弁→作者
・「その文は……」706 150・6 708 126・2 頭の弁→作者
・「まことに……」706 150・6 708 126・2 作者→頭の弁
・「かくものを……」706 150・10 708 126・6 頭の弁→作者
・「こはなどて……」706 150・12 708 126・8 作者→頭の弁
・「まろが文を……」706 150・13 708 126・9 頭の弁→作者
・「頭の弁は……」706 150・15 708 126・11 経房の中将→作者
・「うれしきこと……」706 151・1 708 126・13 作者→経房の中将
・「それ、……」706 151・3 708 126・15 経房の中将→作者

2 **「夜をこめて…」（706 149・10 708 125・10）「逢坂は…」（706 150・2 708 125・12）の歌には、それぞれどのような心情が込められているのか、考えてみよう。**

考え方 頭の弁が、戯《たわむ》れに作者と恋仲のように擬した手紙をよこし、作者は「夜をこめて…」の歌で鮮やかに切り返したが、頭の弁はなおも「私たちは相思の仲」という設定を押し通す。

解答例
・「夜をこめて…」の歌…函谷関《かんこくかん》の故事をまねても私（作者）はだまされない、あなた（頭の弁／行成）に逢うことはしないつもりだ、という気持ち。
・「逢坂は…」の歌…あなた（作者）は「逢坂の関は許さじ」と言うが、実は私（頭の弁／行成）を待っているのでしょう、とからかう気持ち。

3 **「ありしことなど語りたまふ。」（706 150・16 708 126・12）とあるが、「ありしこと」とはどのようなことか、簡潔にまとめてみよう。**

考え方 頭の弁（行成）と作者の間にあったやりとりの全てである。

解答例
・「夜をこめて…」「逢坂は…」の歌のやりとり。作者が函谷関の故事をふまえて切り返していること。
・頭の弁が作者の歌を殿上人に見せたことに対し、作者は恨み言を言わず、自分を思ってくれていることの証《あかし》だと言っていること。
・作者が、頭の弁の不出来な歌を隠しているのは、頭の弁の自分に対する厚意と同等の配慮だと言っていること。

4 探究 **この頃の中宮定子と清少納言はどのような立場におかれていたか調べてみよう。**

考え方 これより三、四年前に父関白藤原道隆《ふじわらのみちたか》が亡くなり、その後兄の伊周《これちか》と弟隆家《たかいえ》が失脚するというように、中宮定子には後ろ盾がない状況であった。「職《しき》の御曹司《みぞうし》（中宮職の庁舎）」にいたのは、懐妊中で宿下がりしていた際に兄弟の配流騒ぎに遭って、思わず剃《てい》髪《はつ》してしまったのを、一条天皇が半ば強引に宮中に呼び戻したため、内裏《だいり》の外に居を定めたからである。また、清少納言はさまざまな公《く》卿《ぎょう》たちとの交際があったことから、以前より敵側の道長に通じているのではないかというあらぬ疑いをかけられていた。そのため自身も宿下がりがちになり、定子の剃髪事件の際もそばにいることができなかった。本文は、伊周たちが赦免を受けて帰京し、少し落ち着いた頃の話である。

この草子、目に見え心に思ふことを

【大　意】 1　教706 152ページ1～9行　教708 128ページ1～9行

この草子は、目に見え心に思ったことを作者が私宅に帰っている間に書き集めたのだが、心ならずも世間に漏れ出てしまった。中宮が内大臣(藤原伊周《ふじわらのこれちか》)から献上された草子の紙を作者に与え、作者はその紙を書き尽くそうと、あれこれと書きつけたのである。

【品詞分解／現代語訳】

こ　の　草子、　目　に　見え　心　に　思ふ　こと　を、　人　や　は　見　む　と　する　と　思ひ　て、
(代)　格助　格助　下二・用　格助　四・体　格助　係助(係)　上一・未　助動・推・終　格助　サ変・体(結)　格助　四・用　接助
この草子は、(私の)目に見え心に思うことを、人が見るだろうか(、いや、見ることはないだろう)と思って、

つれづれなる　里居　の　ほど　に　書き集め　たる　を、　あいなう、　人　の　ため　に　便なき　言ひすぐし
ナリ・体　格助　格助　下二・用　助動・存・体　格助　ク・用(音)　格助　格助　ク・体
何もすることがなく退屈な私宅に帰っている間に書き集めていたものを、あいにく、他人にとっては具合の悪い言い過ぎもしたにちがいない

も　し　つ　べき　所々　も　あれ　ば、　よう　隠し置き　たり　と　思ひ　し　を、　心　より
係助　サ変・用　助動・強・終　助動・推・体　係助　ラ変・已　接助　副　四・用　助動・存・終　格助　四・用　助動・過・体　接助　格助
所々もあるので、よく隠しておいたと思っていたのに、心ならずも

ほか　に　こそ　漏り出で　に　けれ。
格助　係助(係)　下二・用　助動・完・用　助動・詠・已(結)
(世間に)漏れ出てしまったことだ。

宮の御前　に、　内の大臣　の　奉り　たまへ　り　ける　を、　「これ　に　何　を　書か　まし。」
格助　格助　四・用　補尊・四・已(命)　助動・完・用　助動・過・体　格助　(代)　格助　(代)　格助　四・未　助動・意・終
中宮様に、内大臣が献上なさった(草子の紙)を、(中宮様が私に)「これに何を書こうかしら。

上の御前　に　は　『史記』　と　いふ　書　を　なむ　書か　せ　たまへ　る。」　など　のたまはせ
格助　係助　格助　四・体　格助　係助(係)　四・未　助動・尊・用　補尊・四・已(命)　助動・存・体(結)　副助　下二・用
天皇におかれては『史記』という書物をお書き(写し)になっていらっしゃる。」などとおっしゃったので、

し　を、　「枕　に　こそ　は　はべら　め。」　と　申し　しか　ば、　「さは、　得　てよ。」
助動・過・体　接助　助動・断・用　係助(係)　係助　補丁・ラ変・未　助動・推・已(結)　格助　四・用　助動・過・已　接助　接　下二・用　助動・完・命
(私が)「(それは)枕でございましょう。」と申し上げたところ、「それでは、(あなたが)取りなさい。」

格助　下二・用　助動・完・用　助動・過・体　接助　シク・体　格助　(代)　間助　(代)　間助　格助　サ変・未　助動・打・用　ク・体　格助
とて　たまはせ　たり　し　を、あやしき　を、こよ　や　何　や　と、尽きせ　ず　多かる　紙　を
とおっしゃって(私に)くださったけれども、つまらないことを、あれやこれやと、限りもなくたくさんの紙を

四・未　助動・意・終　格助　サ変・未　助動・過・体　接助　副　下二・未　助動・打・体　係助(係)　ク・体(結)　間助
書き尽くさ　む　と　せ　し　に、いと　ものおぼえ　ぬ　こと　ぞ　多かる　や。
書き尽くそうとしたので、たいそう訳のわからないことが多いことよ。

語句の解説 1

教706 152ページ　教708 128ページ

1 **人《ひと》やは見《み》む《ン》とする**　人が見るだろうか(、いや、見ることはないだろう)。
「やは」は、疑問・反語の係助詞。ここでは反語を表す。

1　どう思ったのか。

答　人が見ることはないだろうと思った。

2 **あいなう《ノウ》**　あいにく。
「あいなし」の連用形「あいなく」のウ音便。「あいなく」「あいなう」の形は、「あいにく、困ったことに」の意。

2 **人《ひと》のために**　他人にとっては。

2 **便《びん》なき言《い》ひ《イ》すぐし**　具合の悪い言い過ぎ。
「便なし」は、ここでは「具合の悪い、都合が悪い」の意。

3 **心《こころ》よりほかに**　心ならずも。不本意にも。

5 **奉《たてまつ》りたまへ《エ》りけるを**　献上なさった(草子の紙)を。
「宮の御前《おまへ》」(中宮定子)に「内の大臣《おとど》」が献上した。「奉る」は、「与ふ」「贈る」の謙譲語。「差し上げる、献上する」の意。中宮に対する敬意を表す。「たまふ」は、尊敬の補助動詞。「…なさる」と訳す。内大臣に対する敬意を表す。

5 **何《なに》を書《か》かまし**　何を書こうかしら。
「まし」は、疑問の語(ここでは「何」)を伴った場合、ためらいを含む意志を表す。「…ようかしら、…たものか」の意。

7 **たまはせ《ワ》たりしを**　くださったけれども。
「たまはす」は、「与ふ」の尊敬語。「たまふ」よりも敬意が高い。「宮の御前」が作者にくださった。

8 **あやしきを**　つまらないことを。
後の「書き尽くさむ」にかかる。「あやし」は、ここでは「つまらない、取るに足りない」の意。

9 **ものおぼえぬことぞ多《おお》かるや**　訳のわからないことが多いことよ。
「ものおぼゆ」は、「ものをわきまえ知る、分別がつく」の意。

【大　意】 2　教706 152ページ10行～153ページ3行　教708 128ページ10行～129ページ3行

だいたいこの草子は、心に思い浮かんだものを冗談で書いたのだが、褒めてくれる人がいるのは不思議なことだ。それも道理で、不快なことをよしと言い、褒めることを悪いと言う人の心の底が推測されるのだ。ただこの草子を人に見られたことが悔しいのである。

【品詞分解／現代語訳】

副　(代)　係助　格助　シク・体　格助　ク・終　副助　四・終　助動・推・体　副　下二・用
おほかた これ は、世の中 に をかしき こと、人 の めでたし など 思ふ べき、なほ 選り出で
だいたいこれ(＝草子)は、世の中で面白いこと、人がすばらしいなどときっと思うだろうことを、やはり選び出して、

接助　副助　格助　係助　格助　係助　四・用　助動・完・未　接助　係助(係)　四・体　格助　係助　ク・終
て、歌 など を も、木、草、鳥、虫 を も、言ひいだし たら ば こそ、「思ふ ほど より は わろし。
歌などでも、木、草、鳥、虫(のこと)でも、言い出したとしたならば、(人々から)「思ったほどよりはよくない。

ナリ・終　格助　四・未　助動・受・未　助動・推・已(結)　副　格助　副　四・体　格助　助動・断・用
心見えなり。」と そしら れ め、ただ 心 一つ に、おのづから 思ふ こと を、たはぶれ に
心の浅さが見えすいている。」と非難されるだろうが、(これは)ただ自分の心だけで、自然に思うことを、たわむれに書きつけたので、

下二・用　助動・完・已　接助　格助　四・用　ナリ・体　助動・推・体　格助　係助　四・終　助動・当・体　係助
書きつけ たれ ば、「もの に 立ちまじり、人並み並みなる べき 耳 を も 聞く べき もの かは。」
「ほかの作品の仲間入りをして、世間並みであろうという評判をも聞けるものだろうか(、いや、聞けない)。」

格助　四・用　助動・過・体　接助　シク・体　副助　係助　係助(結流)　上一・体　係助　サ変・用　補尊・四・終　助動・伝・已　接助　副　シク・用(音)
と 思ひ し に、恥づかしき なんど も ぞ、見る 人 は し たまふ なれ ば、いと あやしう
と思っていたところ、こちらが恥ずかしくなるほど優れているなどと、見る人は批評なさるそうなので、たいそう不思議であ

係助(係)　補・ラ変・体(結)　間助　副　(代)　係助　格助　四・体　格助　ク・終　格助　四・用　下二・体　格助　係助　シク・終　格助
ぞ ある や。げに、そ も ことわり、人 の 憎む を よし と 言ひ、ほむる を も あし と
ることよ。なるほど、それも道理で、人が不快に思うことをよいと言い、(また、人が)褒めることをも悪いと

四・体　係助　格助　係助(係)　四・未　助動・自・已(結)　副　格助　下二・用　助動・過伝婉・体　係助(係)　ク・体(結)
言ふ 人 は、心 の ほど こそ 推しはから るれ。ただ、人 に 見え けむ ぞ 妬き。
言う人は、その心の底が自然に推測されることだ。ただ、(この草子が)人に見られたようなことが悔しいことだ。

語句の解説 2

教706 152ページ　教708 128ページ

10 **人《ひと》のめでたしなど思《おも》ふ《ウ》べき**　人がすばらしいなどときっと思うだろうこと。
「めでたし」は、ここでは「すばらしい、見事だ」の意。「べし」は、強い確信をもった推量を表す。「きっと…だろう」の意。

12 **心《こころ》見《み》えなり**　心が見えすいている。心が見すかされる。

14 **聞《き》くべきものかは《ワ》**　聞けるものだろうか(、いや、聞けない)。「ものかは」は、「…だろうか、いや、そうではない」。「かは」は、反語を表す係助詞。

2　答

誰が何を「恥づかしき」と思うのか。

この草子（＝『枕草子』）を読んだ人が、この草子をとても優れていると思うということ。

教706 153ページ　教708 129ページ

1**見《み》る人《ひと》はしたま《モ》ふ《ウ》なれば**　見る人は批評なさるそうなので。「す」は、他の動詞の代わりをする。ここでは「言う、批評する」などと訳せばよい。

1**あやしう《シュウ》ぞあるや**　不思議であるぞ。「あやしう」は「あやしく」のウ音便。「あやし」は、ここでは「不思議だ、妙だ」の意。「や」は、詠嘆の間投助詞。

1**そもことわり**　それも道理で。「そ」は、人が「恥づかしき」と褒めてくれること。「ことわり」は「理」と書き、ここでは「道理」。

2**心のほどこそ推《お》しはからるれ**　その心の底が自然に推測されることだ。「る」は、自発の助動詞。「自然に…れる、…られる」。作者の草子をよいと言う人は、本当は悪いと言いたいのだろう、ということ。

3**人《ひと》に見《み》えけむ《ン》ぞ妬《ねた》き**　人に見られたようなことが悔しい。「けむ」は過去の伝聞・婉曲。「妬《ねた》し」は、ここでは「悔しい、しゃくにさわる、憎らしい」の意。

【大　意】　3　教706 153ページ4～7行　教708 129ページ4～7行

この草子は、左中将（源経房《みなもとのつねふさ》）が伊勢守《いせのかみ》であった頃、作者の私宅から持っていき、それから世間に流布し始めたようである。

【品詞分解／現代語訳】

左中将、まだ〔副〕伊勢守と〔格助〕聞こえ〔下二・用〕し〔助動・過・体〕時、里に〔格助〕おはし〔サ変・用〕たり〔助動・完・用〕し〔助動・過・体〕に、〔格助〕端の〔格助〕方なり〔助動・在・用〕

左中将が、まだ伊勢守と申し上げた時、（私の）私宅においでになられた折に、縁側の方にあった敷き物を

し〔助動・過・体〕畳を〔格助〕さし出で〔下二・用〕し〔助動・過・体〕ものは、〔係助〕こ〔（代）〕の〔格助〕草子載り〔四・用〕て〔接助〕出で〔下二・用〕に〔助動・完・用〕けり。〔助動・詠・終〕惑ひ〔四・用〕取り入れ〔下二・用〕

差し出したところが、この草子が載って出てしまったのだ。（私は）慌てて取り入

しか〔助動・過・已〕ど、〔接助〕やがて〔副〕持ておはし〔サ変・用〕て、〔接助〕いと〔副〕久しく〔シク・用〕あり〔補・ラ変・用〕て〔接助〕ぞ〔係助（係）〕返り〔四・用〕たり〔助動・完・用〕し。〔助動・過・体（結）〕

れたけれども、（左中将は）そのまま持っていらっしゃって、たいそう長い間たってから（草子は）返ってきた。

それ〔（代）〕より〔格助〕ありきそめ〔下二・用〕たる〔助動・完・体〕な〔助動・断・体（音）〕めり、〔助動・婉・終〕と〔格助〕ぞ〔係助（結略）〕本に。〔格助〕

それから（この草子は）世間に流布し始めたようである、と原本に（書いてある）。

（跋文《ばつぶん》）

語句の解説 3

教706 153ページ　教708 129ページ

4 端《はし》の方《かた》なりし畳《たたみ》　縁側の方にあった敷き物。
「端」は、ここでは「建物の外側に近い所、縁側」の意。

5 さし出《い》でしものは、この草子載《そうしの》りて出《い》でにけり　差し出したところが、この草子が載って出てしまったのだ。
「…ものは、…けり」は、感動や驚きを表す。「…ところが、思いがけず…てしまったことだ」の意。

5 惑《まど》ひ取《と》り入《い》れしかど　慌てて取り入れたけれども。
「惑ふ」は、ここでは「慌てる、うろたえる」の意。

6 やがて持《も》ておは《ワ》して　そのまま持っていらっしゃって。
「やがて」は、ここでは「そのまま」の意。「すぐに、ただちに」の意もあるので文脈に合わせる。

6 ありきそめたるなめり　世間に流布し始めたようである。
「ありきそむ」は、「流布し始める」。「ありく」は、あちこち移動する意だが、ここでは「草子」が主語なので「流布する」。「なめり」は、断定の助動詞「なり」の連体形「なる」＋婉曲《えんきょく》の助動詞「めり」→「なるめり」の撥《はつ》音便「なんめり」の撥音無表記。

7 とぞ本《ほん》に　と原本に（書いてある）。
下に「ありつる」「はべりつる」「はべる」などが省略されている。

学習のポイント

1 **「この草子」に関して、次の①〜③について整理しまとめてみよう。**
① **どのようなきっかけで書かれたものか。**
② **どのような内容にしようとしたのか。**
③ **どのようにして世間に広まったのか。**

考え方　文章は①〜③の順に述べられているので、それぞれ簡潔にまとめればよい。

解答例
①中宮が、内大臣（伊周《これちか》）が献上した紙を作者にくれたこと。
②ただ自分一人が自然に思うことを、たわむれに書きつけるという内容。
③左中将（源経房）が作者の私宅に来た際、差し出した敷き物に載って草子が出てしまい、それを経房が持って行ってほかの人に見せたことから。

2 **「この草子」の評判はどうだったのか、またそれを作者はどう思ったのか、まとめてみよう。**

考え方　「恥づかし」「あやし」の意味を確認しながら考える。

解答例　「この草子」は、読んだこちらが恥ずかしくなるほどのよい出来だという評判が立った。作者は、そういう評判は不思議で、本当は悪いということなのだろうと思った。

3 語句 **「宮の御前《おまへ》に、……多かるや。」（706 152・5〜9 708 128・5〜9）から敬語を抜き出し、誰に対する敬意を表したものか説明してみよう。**

考え方　尊敬、謙譲、丁寧の動詞、尊敬の助動詞を探す。動作主と動作の対象の人物をとらえる。地の文にある敬語は作者からの敬意である。

解答

・「奉り たまへりけるを」 706 152・5 708 128・5（「内の大臣」が「宮の御前」に差し上げた。）

「奉る」は、動作の対象の「宮の御前」に対する敬意を表す謙譲語。「たまふ」は、動作主の「内の大臣」に対する敬意を表す尊敬語。

・「書かせ たまへる。」 706 152・6 708 128・6（中宮の会話文。）

「せ（尊敬の助動詞「す」の連用形）＋たまふ（尊敬語）」は最高敬語で、中宮から動作主の「上の御前」に対する敬意を表す。

・「のたまはせしを」 706 152・6 708 128・6

「のたまはす」は「言ふ」の尊敬語。動作主の「宮の御前」に対する敬意を表す。

・「枕にこそははべらめ。」 706 152・7 708 128・7（作者が中宮に話している会話文。）

「はべり」は、作者から聞き手の中宮に対する敬意を表す丁寧語。

・「申ししかば」 706 152・7 708 128・7

「申す」は、動作の対象の中宮に対する敬意を表す謙譲語。

・「たまはせたりしを」 706 152・7 708 128・7

「たまはす」は、「与ふ」の尊敬語。動作主の中宮に対する敬意を表す。

虫めづる姫君

〔堤中納言物語《つつみちゅうなごんものがたり》〕

教706 154〜159　教708 130〜135

【大　意】 1　教706 154ページ1行〜155ページ6行　教708 130ページ1行〜131ページ6行

按察使《あぜち》の大納言が大切にしている姫君は、大の虫好きで、いろいろな虫、しかも恐ろしそうな虫を採集して、「成長する様子を観察しよう」と虫籠に入れさせた。中でも、毛虫は「思慮深い様子をしている」と言って、朝夕、手のひらに置いてじっと見守るのだった。姫君は、怖がる女房たちの代わりに男の童《わらわ》を召し寄せ、箱の虫を取らせては、遊び興じている。眉も抜かず、お歯黒もつけないで、朝夕虫たちをかわいがり、怖がって逃げる女房たちを、黒々とした眉でにらみつける。

【品詞分解／現代語訳】

蝶　めづる〔下二・体〕**　姫君　の**〔格助〕**　住み**〔四・用〕**　たまふ**〔補尊・四・体〕**　かたはら　に、**〔格助〕**　按察使の大納言　の**〔格助〕**　御むすめ、　心にくく**〔ク・用〕**　なべて**〔副〕

蝶をかわいがる姫君が住んでいらっしゃる（屋敷の）そばに、按察使の大納言の姫君（が住んでいらっしゃって、その姫君）を、奥ゆかしく

なら〔助動・断・未〕**　ぬ**〔助動・打・体〕**　さま　に、**〔格助〕**　親たち　かしづき**〔四・用〕**　たまふ**〔補尊・四・体〕**　こと　かぎりなし。**〔ク・終〕

並々でない様子に、親たちが大切にお育てなさることこの上ない。

こ〔（代）〕**の**〔格助〕**　姫君　の**〔格助〕**　のたまふ**〔四・体〕**　こと、「人々　の、**〔格助〕**　花、　蝶　や**〔間助〕**　と**〔格助〕**　めづる**〔下二・体〕**　こそ、**〔係助（係）〕**　はかなく**〔ク・用〕**　あやしけれ。**〔シク・已（結）〕**　人　は、**〔係助〕

この姫君がおっしゃることには、「人々が、花よ、蝶よとかわいがるのは、浅はかで不思議なことだ。人間には、

まこと　あり、〔ラ変・用〕**　本地　たづね**〔下二・用〕**　たる**〔助動・存・体〕**　こそ、**〔係助（係）〕**　心ばへ　をかしけれ。」**〔シク・已（結）〕**　とて、**〔格助〕**　よろづ　の**〔格助〕**　虫　の、**〔格助〕**　恐ろしげなる**〔ナリ・体〕

誠実な心があり、物の本体を究明してこそ、心のあり方が優れているのです。」と言って、いろいろな虫で、恐ろしそうなのを

格助　下二・用　接助　(代)　格助　四・未　助動・婉・体　格助　上一・未　助動・意・終　格助　ナリ・体　格助　下二・未
を 取り集め て、「これ が 成ら む さま を 見 む。」とて、さまざまなる 籠箱ども に 入れ
採集して、「これが成長するような様子を観察しよう。」と言って、さまざまな虫籠などに(虫を)入れさせなさる。

助動・使・用　補尊・四・終　格助　係助　格助　ク・体　サ変・用　助動・存・体　係助(係)　ク・已(結)　格助
させ たまふ。中 に も、「かは虫 の、心深き さま し たる こそ、心にくけれ。」とて、明け暮れ
中でも、「毛虫が、思慮深い様子をしているのは、奥ゆかしい。」と言って、朝夕、

係助　格助　サ変・用　接助　格助　格助　下二・用　接助　四・用　補尊・四・終
は、耳はさみ を し て、手 の 裏 に 添へ臥せ て まぼり たまふ。
額髪を耳の後ろにはさんで、(毛虫を)手のひらに置いてはわせてじっと見守りなさる。

ク・体　係助　四・用　助動・過・已　接助　格助　格助　サ変・未　助動・打・用　ク・体　格助
若き 人々 は 怖ぢまどひ けれ ば、男 の 童 の、もの怖ぢ せ ず、言ふかひなき を
若い人々(女房たち)は恐れうろたえたので、男の童で、ものおじしない、身分の低い童を召し寄せて、

下二・用　接助　格助　格助　四・未　助動・使・用　格助　四・用　副　シク・体　格助　係助　格助　下二・用　接助
召し寄せ て、箱 の 虫ども を 取ら せ、名 を 問ひ聞き、いま 新しき に は 名 を つけ て、
箱の(中の)虫たちを取らせ、名を問い聞き、さらに新しい(種類の)虫には名をつけて、

サ変・用　補尊・四・終
興じ たまふ。
面白がっていらっしゃる。

係助　副　四・体　ラ変・体　係助　ク・終　格助　副　四・用　補尊・四・未　助動・打・終
「人 は すべて、つくろふ ところ ある は わろし。」とて、眉 さらに 抜き たまは ず。歯黒め、
(姫君は)「人は総じて、取り繕うところがあるのはよくない。」と言って、眉毛はまったくお抜きにならない。お歯黒は、

副　ク・終　ク・終　格助　下二・用　補尊・四・未　助動・打・用　副　ナリ・用　四・用　接助　(代)　格助
「さらに うるさし、きたなし。」とて、つけ たまは ず、いと 白らかに 笑み つつ、こ の 虫ども
「いっそう煩わしい、汚い。」と言って、おつけにならず、たいそう(歯が)真っ白な様子で笑いながら、この虫たちを、

格助　格助　サ変・用　補尊・四・終　上二・用　接助　下二・已　接助　(代)　格助　係助　副　シク・用　係助(係)
を、朝 夕べ に 愛し たまふ。人々 怖ぢわび て 逃ぐれ ば、そ の 御方 は、いと あやしく なむ
朝夕にかわいがっていらっしゃる。人々(女房たち)が恐れ嘆いて逃げるので、その姫君は、たいそう異様(なほど)に(女房た

（四・用）ののしり（助動・過・体(結)）ける。（副）かく（上二・体）怖づる　人（格助）を（係助）ば、「（シク・未）けしから（助動・打・用）ず、（ナリ・終）はうぞくなり。」（格助）とて、（副）いと（ナリ・用）眉黒に（接助）て

ちを）大声で叱った。このように怖がる人（女房）を、「見苦しく、ぶしつけだ。」と言って、たいそう黒々とした眉で

（係助(結流)）なむ（四・用）にらみ（補尊・四・用）たまひ（助動・過・体）ける（接助）に、（副）いとど　心地（係助(係)）なむ（四・用）まどひ（助動・過・体(結)）ける。

おにらみになったので、（女房たちは）さらにいっそう途方に暮れるのだった。

語句の解説　1

教706 154ページ　教708 130ページ

1 **蝶《ちょう》めづる《ズ》**　蝶をかわいがる。

「めづ」は、「愛づ」と書く。ここでは「かわいがる、いとしく思う」の意。

1 **御《おん》むすめ**　下に「住みたまへり」などが省略されている。

1 **心《こころ》にくくなべてならぬさまに**　奥ゆかしく並々でない様子に。

「心にくし」は、ここでは「奥ゆかしい、心がひかれる」の意。「なべてならず」は、「並々でない、並ひととおりでない」。「に」は目的を表す格助詞と解釈する。断定の助動詞「なり」の連用形とする説もある。

2 **かしづき《ズ》たまふ《モウ》**　大切にお育てなさる。

「かしづく」は、ここでは「大切に養育する」の意。

3 **はかなくあやしけれ**　浅はかで不思議なことだ。

「はかなし」は、ここでは「浅はかだ、取るに足りない」の意。ほかに「ちょっとしたことだ」「幼い」の意もある。「あやし」は、ここでは「不思議だ、奇妙だ」の意。

4 **本地《ほんじ》たづね《ズ》たるこそ**　物の本体を究明してこそ。

「たづぬ」は、ここでは「究明する、明らかにする」の意。

4 **心《こころ》ばへ《エ》**　心のあり方。気立て。

1　この格助詞「の」の用法を説明してみよう。

答　同格。「いろいろな虫で、恐ろしそうな虫」と現代語訳できる。

5 **成《な》らむ《ン》さまを**　成長するような様子を。

「成る」は、ここでは「成長する、変わる」の意。

6 **入《い》れさせたまふ《モウ》**　入れさせなさる。

「させたまふ」は、「させ」が、使役の助動詞「さす」の連用形で、「お…(さ)せになる、…(さ)せなさる」の意。「たまふ」は、作者の姫君に対する敬意。

8 **まぼりたまふ《モウ》**　じっと見守りなさる。

「まぼる」は、「まもる(守る)」の変化した語。ここでは「じっと見る、見守る」の意。

9 **男《お》の童《わらわ》の、……言《い》ふ《ウ》かひ《イ》なきを**　男の童で、……身分の低い童を。

「の」は同格で、「言ふかひなき」の下に、「童」などを補う。「言ふかひなし」は、ここでは「身分が低い、取るに足りない」の意。

10 **いま**　副詞で、「さらに、その上」の意。

教706 155ページ　教708 131ページ

1つくろふ《ロウ》ところあるはわろし　取り繕うところがあるのはよくない。

つまり、自然のままがよいのだということ。「つくろふ」は、ここでは、化粧をしたり、着飾ったりして、見た目を取り繕うこと。

1さらに抜《ぬ》きたまは《ワ》ず　まったくお抜きにならない。

「さらに…(打消)」は、「まったく(…ない)、決して(…ない)」の意。

2うるさし　煩わしい。

ここでは「煩わしい、面倒だ」の意。現代語の「うるさい、やかましい」の意とは異なる。

2いと白《しろ》らかに笑《え》みつつ　たいそう(歯が)真っ白な様子で笑いながら。

お歯黒をつけていないので、笑うと白い歯が目立つのである。「白らかなり」は、真っ白な様子。白くはっきりしている様子。

答　かわいがる。

4その御方《おんかた》は、いとあやしくなむ《ン》ののしりける　その姫君は、たいそう異様(なほど)に(女房たちを)大声で叱った。

「あやし」は、ここでは「異様だ、普通でない」の意。「御方」を「(姫君の)部屋」と解釈し、「ののしる」を「大騒ぎする」とする説もある。

4怖《お》づ《ズ》る人《ひと》をば　怖がる女房を。

「をば」は、格助詞「を」+係助詞「は」の「をは」が濁音化したもの。動作・作用の対象を取り立てて示す意を表す。

5いと眉黒《まゆぐろ》にてなむ《ン》にらみたまひ《イ》けるに　たいそう黒々とした眉でおにらみになったので。

眉を抜かないので黒々としているのである。前出の、歯の「いと白らかに」と対応した表現。「なむ」の結びは、接続助詞「に」が付いて文が続いているので、流れている。

6いとど　さらにいっそう。ますますもって。

2　ここでの「愛す」はどのような意味か。

【大　意】　2　教706 156ページ1〜14行　教708 132ページ1〜14行

親たちは、風変わりで世間体も悪いからと諫《いさ》めるが、姫君は理屈を並べて真剣に反論するので、親たちは言い返すこともできず、あきれている。そんな姫君も、親たちと直接には対面せず、几帳《きちょう》を隔てて利口そうに理屈を並べるのだった。

【品詞分解／現代語訳】

親たち　は(係助)、「いと(副)　あやしく(シク・用)、さまことに(ナリ・用)　おはする(補尊・サ変・体)　こそ(係助(結略))。」　と(格助)　おぼし(四・用)　けれ(助動・過・已)　ど(接助)、「おぼし取り(四・用)　たる(助動・存・体)

親たちは、「とても見苦しく、風変わりでいらっしゃるのは(困ったことだ)。」とお思いになったが、「お悟りになっていることがあ

係助(係)　ラ変・未　助動・推・体(結)　間助　シク・体　係助　格助　四・用　接助　下二・体　係助　ク・用　副　下二・用

ことぞあらむや。『あやしきことぞ。』と思ひて聞こゆることは、深く、さ、いらへ

るのだろうよ。『見苦しいことだ。』と(親たちが)心に思って申し上げることには、真剣に、そのよう

補尊・四・已　接助　副　係助(係)　ク・体(結)　間助　格助　(代)　格助　係助　副　シク・終　格助　四・用　助動・存・終

たまへば、いとぞかしこきや。」と、これをも、いとはづかしとおぼしたり。

に、お答えなさるので、とても恐れ入ったことだなあ。」と、これ(＝姫君の考え方や理屈)をも、(世間に対して)たいそうきまりが悪いとお思いになっている。

副　係助　ラ変・終　接助　シク・終　間助　係助　シク・体　格助　係助(係)　四・体　助動・断・已(結)

「さはありとも、音聞きあやしや。人は、みめをかしきことをこそ好むなれ。

「そうであっても、外聞が悪いよ。人は、見た目の美しいことを好むのだ。

ナリ・体　格助　サ変・終　助動・伝・体　格助　格助　格助　四・未　助動・婉・体　係助　副　シク・終　格助　下二・用

『むくつけげなるかは虫を興ずなる。』と、世の人の聞かむも、いとあやし。」と聞こえ

『気味が悪い様子の毛虫を面白がっているそうだ。』と、世間の人の耳に入るのも、たいそうみっともない。」と申し上げな

補尊・四・已　接助　シク・未　助動・打・終　格助　格助　下二・用　接助　格助　上一・已　接助　係助(係)　係助

たまへば、「苦しからず。よろづのことどもをたづねて、末を見ればこそ、ことは

さると、(姫君は)「気にしません。全てのことを究明して、行く末を見るからこそ、物事は道理が

ラ変・已(結)　副　ク・体　助動・断・終　格助　格助　係助　四・体　助動・断・終　(代)　格助　格助　下二・体

ゆゑあれ。いと幼きことなり。かは虫の蝶とはなるなり。」そのさまのなり出づる

ある(とわかる)のです。(そんなことも理解できないなんて)とても幼稚なことです。毛虫が蝶となるのです。」(と、)その姿が成長する(＝毛虫が蝶になり変わる)

格助　下二・用　接助　下二・用　補尊・四・已(命)　助動・完・終

を、取り出でて見せたまへり。

ところを、(実物を)取り出してお見せになった。

格助　格助　上一・体　係助　格助　副　四・未　助動・打・体　格助　四・用　格助　四・用　助動・完・已　接助　副

「絹とて、人々の着るも、蚕のまだ羽つかぬにしいだし、蝶になりぬれば、いと

「絹といって、人々が着るものも、蚕がまだ羽のつかないうちに作り出して、蝶になってしまえば、ひどく

係助　格助　ナリ・用　四・用　助動・完・体　間助　間助　格助　四・体　接助　四・終　助動・可・用(音)　係助　補・ラ変・未　助動・打・用

もそでにて、あだになりぬるをや。」とのたまふに、言ひ返すべうもあらず、

おろそかに扱って、無用になってしまうのですよ。」とおっしゃるので、(親たちも)言い返すこともできず、

あさまし。さすがに、親たち に も さし向かひ たまは ず、「鬼 と 女 と は 人 に 見え ぬ
（シク・終／副／格助／係助／四・用／補尊・四・未／助動・打・用／格助／格助／係助／格助／下二・未／助動・打・体）
あきれている。（姫君は）そうはいってもやはり、親たちにも直接には対面なさらず、「鬼と女とは人に見られないのがよい。」と配慮なさっている。

ぞ よき。」と、案じ たまへ り。母屋 の 簾 を 少し 巻きあげ て、几帳 出で立て て、かく
（係助(係)／ク・体(結)／格助／サ変・用／補尊・四・已(命)／助動・存・終／格助／格助／副／下二・用／接助／下二・用／接助／副）
母屋の簾《すだれ》を少し巻き上げて、几帳を立てて（隔てとして）、このよ

さかしく 言ひいだし たまふ なり けり。
（シク・用／四・用／補尊・四・体／助動・断・用／助動・過・終）
うに利口ぶって（几帳の内から）おっしゃるのであった。

語句の解説 2

教706 156ページ　教708 132ページ

1 **おは《ワ》するこそ**　いらっしゃるのは。下に「あやしけれ」などの結びが省略されている。

1 **おぼしけれど**　お思いになったが。「おぼす」は、「思ふ」の尊敬語。作者の親たちへの敬意を表す。

2 **おぼし取《と》りたること**　お悟りになっていること。「おぼし取る」は、「お悟りになる、ご理解なさる」の意。

2 **あやしきことぞ**　普通でないことだ。見苦しいことだ。「ぞ」は、強調の係助詞。文末の終助詞的用法。

2 **聞《き》こゆること**　申し上げること。「聞こゆ」は、ここでは「言ふ」の謙譲語。親たちの姫君への敬意を表す。

3 「さ」とはどのようなことを指すか。

答 「おぼし取りたること」（姫君がお悟りになっていること）で、「人は、まことあり、本地たづねたるこそ、心ばへをかしけれ」706 154・4 708 130・4、「人はすべて、つくろふところあるはわろし」706 155・1 708 131・1など。

3 **かしこきや**　恐れ入ったことだなあ。「かしこし」は、ここでは「恐れ入る、恐れ多い」の意。

4 **はづ《ズ》かし**　ここでは「きまりが悪い、恥ずかしい」の意。

5 **音聞《おとぎ》き**　外聞。世間の評判。

5 **みめ**　ここでは「見た目、見た感じ」の意。

6 **むくつけげなるかは《ワ》虫《むし》**　気味が悪い様子の毛虫。「むくつけげなり」は、ここでは「気味が悪い様子だ」の意。「げ」は形容動詞を作る接尾語。「いかにも…の様子だ、そのように見える」の意を添える。

4 「末」とは何か。

答　行く末。

8 **いと幼《おさな》きことなり**　とても幼稚なことです。

「よろづのことどもを……ゆゑあれ」というのは初歩的な道理で、それが理解できないなんてとても幼稚なことだ、ということ。外聞や見た目を気にするのは、とても幼稚なことだ、とする説もある。

11 **あだになりぬるをや**　無用になってしまうのですよ。

「あだなり」は、ここでは「無用なさま、無益なさま」の意。

11 **言《い》ひ《イ》返《かえ》すべう《ビョウ》もあらず**　言い返すこともできない。

「べう」は、可能の助動詞「べし」の連用形「べく」のウ音便。

13 **人《ひと》に見《み》えぬぞよき**　人に見られないのがよい。

「見え」は下二段動詞「見ゆ」の未然形。「見ゆ」は、①「見える」、②「見られる」、③「見せる」の意があるが、ここでは②の意。

14 **さかしく**　利口ぶって。

「さかし」は、ここでは「利口ぶる、こざかしい」の意。

【大　意】　3　教706 156ページ15行～157ページ6行　教708 132ページ15行～133ページ6行

虫を捕まえた男の童には欲しがっている物を与えるので、童たちは恐ろしげな虫を採集してくる。姫君は、カマキリやカタツムリなどを採集させ、童たちに虫の歌を歌わせ、自分も大声で虫の出てくる詩歌の一節を歌われる。童たちにも虫の名をつけて、召し使っていた。

【品詞分解／現代語訳】

こ(代)　**の**〔格助〕　**虫ども**　**捕らふる**〔下二・体〕　**童部**　**に**〔格助〕　**は、**〔係助〕　**をかしき**〔シク・体〕　**もの、**　**かれ**(代)　**が**〔格助〕　**欲しがる**〔四・体〕　**もの**　**を**〔格助〕　**賜へ**〔四・已〕　**ば、**〔接助〕　**さまざまに**〔ナリ・用〕

この虫たちを捕まえる童には、いい物、彼が欲しがっている物をくださるので、(童たちは)いろ

恐ろしげなる〔ナリ・体〕　**虫ども**　**を**〔格助〕　**取り集め**〔下二・用〕　**て**〔接助〕　**奉る。**〔四・終〕

いろな恐ろしそうな虫たちを採集して(姫君に)差し上げる。

「かは虫　**は、**〔係助〕　**毛**　**など**〔副助〕　**は**〔係助〕　**をかしげなれ**〔ナリ・已〕　**ど、**〔接助〕　**おぼえ**〔下二・未〕　**ね**〔助動・打・已〕　**ば**〔接助〕　**さうざうし。」**〔シク・終〕　**とて、**〔格助〕　**いぼじり、**

「毛虫は、毛などはかわいらしいけれど、(毛虫に関した故事や古歌などを)思い出さないからもの足りない。」と言って、カマ

かたつぶり　**など**〔副助〕　**を**〔格助〕　**取り集め**〔下二・用〕　**て、**〔接助〕　**歌ひののしら**〔四・未〕　**せ**〔助動・使・用〕　**て**〔接助〕　**聞か**〔四・未〕　**せ**〔助動・使・用〕　**たまひ**〔補尊・四・用〕　**て、**〔接助〕　**我**(代)　**も**〔係助〕　**声**　**を**〔格助〕

キリ、カタツムリなどを採集して、(子供たちに)大声で歌わせてそれを(虫に)お聞かせになって、自分も声を張りあげて、

うちあげ(下二・用) て(接助)、「かたつぶり の(格助) お、つの の(格助)、争ふ(四・体) や(係助)、何ぞ(副)。」と(格助) いふ(四・体) こと を(格助)、うち誦じ(サ変・用) たまふ(補尊・四・終)。童部 の(格助) 名

「カタツムリのお、角の、争うのは、なぜか。」という句を、節をつけてお歌いになる。童の名は、

は(係助)、例 の(格助) やう なる(助動・断・体) は(係助) わびし(シク・終) とて(格助)、虫 の(格助) 名 を(格助) なむ(係助(係)) つけ(下二・用) たまひ(補尊・四・用) たり(助動・存・用) ける(助動・過・体(結))。

普通によくあるようなのはつまらないといって、虫の名をおつけになった。

けら を、ひきまろ、いなかたち、いなごまろ、あまひこ など(副助) なむ(係助(係)) つけ(下二・用) て(接助)、召し使ひ(四・用) たまひ(補尊・四・用) ける(助動・過・体(結))。

けらお、ひきまろ、いなかたち、いなごまろ、あまひこなどとつけて、お召し使いになった。

語句の解説 3

教706 156ページ　教708 132ページ

15 賜《たま》へ《エ》ば　くださるので。

「賜ふ」は、「与ふ」の尊敬語で、「くださる、お与えになる」。作者の姫君への敬意を表す。

16 奉《たてまつ》る　「贈る」の謙譲語で、「差し上げる」。作者の姫君への敬意を表す。

教706 157ページ　教708 133ページ

1 を《オ》かしげなれど　かわいらしいけれど。

「をかしげなり」は、ここでは「いかにもかわいらしい」の意。

1 さ《ソ》う《ウ》ざ《ゾ》う《ウ》し　「もの足りない、つまらない、もの寂しい」の意。

3 何《な》ぞ　なぜか。

「なにぞ」(代名詞「何」＋係助詞「ぞ」)の撥《はつ》音便「なんぞ」の撥音無表記。

【大　意】 4

教706 157ページ7行～158ページ14行　教708 133ページ7行～134ページ14行

ある上達部《かんだちめ》のご子息がへびに似せた仕掛けを袋に入れ、歌をつけて贈ってきた。開けるとへびが鎌首をもたげたので、女房たちは気が動転して大騒ぎをする。姫君は、初めは悠然としていたが、さすがに怖いらしく、落ち着かない。父君は事情を聞いて、「(姫君の)評判を聞いてこんなことをしたのだろう。早く返事をしてしまいなさい。」と言う。姫君は、ごわごわの無風流な紙に、片仮名で返歌をする。

【品詞分解／現代語訳】

かかる(ラ変・体) こと 世 に(格助) 聞こえ(下二・用) て(接助)、いと(副) うたて(副) ある(ラ変・体) こと を(格助) 言ふ(四・体) 中 に(格助)、ある(連体) 上達部

このようなことが世間で評判になって、(人々が)とてもけしからぬことを言う中に、ある上達部のご子息に、

の[格助] 御子、うちはやり[四・用] て[接助] もの怖ぢ せ[サ変・未] ず、[助動・打・用] 愛敬づき[四・用] たる[助動・存・体] あり。[ラ変・終] こ[(代)] の[格助] 姫君 の[格助]

気負い立ってものおじせず、明るく魅力的なご子息がいた。この姫君のことを聞いて、

こと を[格助] 聞き[四・用] て、[接助] 「さりとも、[副] これ[(代)] に[格助] は[係助] 怖ぢ[上二・用] な[助動・強・未] む。」[助動・推・終] とて、[格助] 帯 の[格助] 端 の、[格助] いと[副]

「いくらなんでも、これにはきっとおじ気づくだろう。」と言って、帯の端で、たいそ

をかしげなる[ナリ・体] に、[格助] くちなは の[格助] 形 を[格助] いみじく[シク・用] 似せ[下二・用] て、[接助] 動く[四・終] べき[助動・可・体] さま など[副助] しつけ[下二・用] て、[接助]

う立派なものを、へびの形にそっくりに似せて、動くような仕掛けにして、

いろこだち[四・用] たる[助動・存・体] 懸袋《かけぶくろ》 に[格助] 入れ[下二・用] て、[接助] 結びつけ[下二・用] たる[助動・存・体] 文 を[格助] 見れ[上一・已] ば、[接助]

うろこのような模様の懸袋に入れて(贈った)、結びつけてある手紙を(受け取った女房が)見ると、

はふ[四・体] はふ[四・体] も[接助] 君 が[格助] あたり に[格助] したがは[四・未] む[助動・意・終] 長き[ク・体] 心 の[格助] かぎりなき[ク・体] 身 は[係助]

這いながらも、あなたのおそばに付き従っておりましょう。いつまでも長く変わらないあなたを思う心を持っている私ですから。

と[格助] ある[ラ変・体] を、[格助] なに心なく[ク・用] 御前 に[格助] もて参り[四・用] て、[接助] 「袋 など[副助] 挙ぐる[下二・体] だに[副助] あやしく[シク・用] 重たき[ク・体] かな。」[終助]

とあったのを、(女房が)なにげなく姫君の御前にお持ちして、「袋など持ち上げるだけでも妙に重たいことだよ。」

とて、[格助] ひき開け[下二・用] たれ[助動・完・已] ば、[接助] くちなは 首 を[格助] もたげ[下二・用] たり。[助動・存・終] 人々、心 を[格助] まどはし[四・用] て[接助] ののしる[四・体] に、[接助]

と言って、(袋を)開けたところ、へびが鎌首をもたげている。女房たちは、気も動転して大騒ぎするが、

君 は[係助] いと[副] のどかに[ナリ・用] て、[接助] 「なもあみだ仏、なもあみだ仏。」 とて、[格助] 「生前 の[格助] 親 なら[助動・断・未] む。[助動・推・終]

姫君は少しも慌てずに、「南無阿弥陀仏《なむあみだぶつ》、南無阿弥陀仏。」と言って、「(私が)この世に生まれる前の親であろう。

な[副] 騒ぎ[四・用] そ。」[終助] と、[格助] うちわななかし、[四・用] 顔 外様 に、[格助] 「なまめかしき[シク・体] うち しも、[副助] 血縁 に[格助] 思は[四・未] む[助動・婉・体] ぞ、[係助(係)]

騒いではならない。」と、声を震わせて、顔をそむけて、「優美な姿をした時だけ、自分の縁つづきに思うというのは、

シク・体 助動・断・体(結) 間助 格助 四・用 接助 ク・用 下二・用 補尊・四・体 接助 副 シク・用
あやしき 心 なる や。」 と、 うちつぶやき て、 近く 引き寄せ たまふ も、 さすがに 恐ろしく
けしからぬ心であることよ。」と、 つぶやいて、 (へびを)近く引き寄せなさるものの、 やはり恐ろしく

下二・用 補尊・四・用 助動・過・已 接助 格助 助動・比・用 格助 四・体
おぼえ たまひ けれ ば、 立ちどころ 居どころ 蝶 の ごとく、 こゑ せみ声 に、 のたまふ 声
お思いになったので、 立ったり座ったり蝶が飛んだり止まったりするように落ち着かず、声はせみが鳴くような無理にしぼり出す声で、

格助 シク・用(音) シク・已 接助 カ変・用 接助 四・已 接助 副 格助 下二・終
の、 いみじう をかしけれ ば、 人々 逃げ去り来 て、 笑ひ入れ ば、 しかしか と 聞こゆ。
おっしゃる声が、とてもおかしいので、 女房たちは(御前から)逃げ去って、 笑っているので、 (父君に)これこれと申し上げる。

副 シク・用 ク・体 格助 係助 四・体 終助 連体 格助 ラ変・体 格助 (連語)
「いと あさましく、 むくつけき こと を も 聞く わざ かな。 さる もの の ある を 見る見る、
「なんとあきれはてた、 気味の悪いことを聞くものだよ。 そのようなものがあるのを見ていながら、

四・用 助動・強・終 助動・現推・体 係助(係) シク・体(結) 間助 格助 格助 下二・用 接助
みな 立ち ぬ らむ こと ぞ、 あやしき や。」 とて、 大殿、 太刀 を ひきさげ て、
(お前たちが)みな逃げてしまったということは、 けしからぬことだよ。」と言って、 大殿は、 太刀をひっさげて、

四・用 助動・完・終 副 上一・用 補尊・四・已 接助 シク・用(音) 副 下二・用 接助 四・用 補尊・四・已(命) 助動・存・用
もて走り たり。 よく 見 たまへ ば、 いみじう よく 似せ て 作り たまへ り
(姫君のもとに)走った。 よくご覧になると、 (へびに)非常によく似せてお作りになっていたので、

助動・過・已 接助 格助 四・用 接助 シク・用(音) 副 サ変・用 助動・過・体 終助 格助 四・用
けれ ば、 手 に 取り持ち て、 「いみじう、 物 よく し ける 人 かな。」 とて、 「かしこがり、
(へびの作り物を)手に取って、 「たいそう、 (作り)物をうまく作った人だな。」と言って、 「(あなたが)賢明

下二・用 補尊・四・終 格助 四・用 接助 サ変・用 助動・完・体 助動・断・体(音) 助動・定・体 格助 サ変・用 接助 ク・用
ほめ たまふ と 聞き て し たる な めり。 返り事 を し て、 早く
ぶって、(虫を)珍重なさると聞いて(悪さを)したのだろう。 返歌をして、 早く

四・用 補尊・四・用 助動・完・命 格助 四・用 補尊・四・用 助動・完・終
やり たまひ てよ。」 とて、 渡り たまひ ぬ。
始末をつけておしまいなさい。」と言って、 (父君は部屋に)お帰りになられた。

人々、	作り	たる	と	聞き	て、	「けしから	ぬ	わざ	し	ける	人	かな。」	と
	四・用	助動・存・体	格助	四・用	接助	シク・未	助動・打・体		サ変・用	助動・過・体		終助	格助

女房たちは、作り物（のへび）だったと聞いて、「失礼なことをする人だなあ。」と言って憎らしがり、

言ひにくみ、	「返り事	せ	ず	は、	おぼつかなかり	な	む。」	とて、	いと	こはく、
四・用		サ変・未	助動・打・用	係助	ク・用	助動・強・未	助動・推・終	格助	副	ク・用

「返歌をしなければ、（またそのことを悪く言われるだろうと）心配でしょう。」と言って、（姫君は）とてもごわ

すくよかなる	紙	に	書き	たまふ。	仮名	は	まだ	書き	たまは	ざり	けれ	ば、
ナリ・体		格助	四・用	補尊・四・終		係助	副	四・用	補尊・四・未	助動・打・用	助動・過・已	接助

ごわした、無風流な紙に（返歌を）お書きになる。平仮名はまだお書きにならなかったので、

片仮名	に、
	格助

片仮名で（書いた返歌）、

契り	あら	ば	よき	極楽	に	ゆきあは	む	まつはれにくし	虫	の	姿	は
	ラ変・未	接助	ク・体		格助	四・未	助動・意・終	ク・終		格助		係助

次の世で結ばれるという宿縁があったならば、上品《じょうぼん》の極楽でお会いしましょう。お側で親しむことができにくいですね、（そのような）へびの姿では。

語句の解説 4

教706 157ページ　教708 133ページ

5 「かかること」とはどのようなことか。

答 按察使《あぜち》の大納言の姫君が、毛虫など気味の悪い虫をかわいがっているということ。また、身だしなみに構わず、理屈っぽくて、普通の姫君とは違うということ。

7 **うたてあることを言《い》ふ《ウ》**　けしからぬことを言う。
「うたてあり」は、「うたて＋あり」で「情けない、不快だ」の意。副詞「うたて」は、ここでは「不快に」の意。姫君について、世間でけしからぬうわさをしているということ。

8 **愛敬《あいぎょう》づきたるあり**　明るく魅力的なご子息がいた。
「愛敬《あいぎやう》づく」は、ここでは「魅力がある、愛らしさがある」の意。「愛敬づきたる」の後に「御子」が省略されている。

9 **帯《おび》の端《はし》の、いとをかしげ《オ》なるに**　帯の端で、たいそう立派なものを。
「端の」の「の」は同格。「をかしげなる帯の端に」ということ。

12 **はふ《ウ》はふ《ウ》も**　這《は》いながらも。
この歌の「はふ」「長き」「かぎりなき」は、へびの縁語。

13 **挙《あ》ぐるだにあやしく重《おも》たきかな**　持ち上げるだけでも妙に重たいことだよ。
副助詞「だに」は、ここでは程度の類推を表す。「…さえ、…（だけ）

でも」と訳す。「あやし」は、ここでは「妙だ、不思議だ」の意。

16 **生前《そうぜん》の親《おや》ならむ《ン》。な騒《さわ》ぎそ**　(私が)この世に生まれる前の親であろう。騒いではならぬ。

仏教の輪廻転生《りんねてんしょう》の思想がある。へびは、生前の姫君の親の、今の姿であるということ。「な…そ」は、「…してくれるな」という禁止を表す。

教706 158ページ　教708 134ページ

6 姫君の様子を「蝶」や「せみ」にたとえているのはなぜか。

答 動揺する「虫めづる姫」の様子を、蝶やせみなどの虫にたとえて、皮肉交じりに描いている。

4 **しかしかと聞《き》こゆ**　これこれと申し上げる。

「聞こゆ」は謙譲語で、「申し上げる」。女房たちが、姫君の父の大納言に、事の次第を伝えたのである。

5 **いとあさましく、むくつけきこと**　なんとあきれはてた、気味の悪いこと。

「あさまし」は、古語では、良い意味でも悪い意味でも「驚きあきれたことだ」の意。「むくつけし」は、正体がつかめず「気味が悪い」の意。現代語の「むさくるしい」の意ではない。

7 「さるもの」とは何を指すか。

答 へび(くちなわ)。

6 **見《み》る見《み》る**　見ていながら。

上一段動詞「見る」の終止形を重ねている。動詞の終止形を重ねて動作の継続を表す副詞的用法。

6 **みな立《た》ちぬらむ《ン》ことぞ、あやしきや**　みな逃げてしまったということは、けしからぬことだよ。

「あやし」は、ここでは「きわめてけしからぬ」の意。

8 誰から誰への言葉か。

答 大殿《おとど》(姫君の父)から姫君への言葉。

9 **したるなめり**　(悪さを)したのだろう。

「なめり」は、「なるめり」→「なんめり」→「なめり」で、「なん」の撥音《はつ》無表記の形。

12 **おぼつかなかりなむ《ン》**　心配でしょう。

「おぼつかなし」は、ここでは「気がかりだ、不安だ」の意。「な(助動詞「ぬ」の未然形)+む(終止形)」の形は強調を表す。「人々」(女房たち)が、返歌をしなければ、しないといってまた悪く思われるのが心配でしょうと、姫君に返事を書くことを勧めている。

12 **いとこは《ワ》く、すくよかなる紙《かみ》に書《か》きたまふ《モウ》**　とてもごわごわした、無風流な紙にお書きになる。

当時、女性は美しい色合いの薄葉紙を用い、「女手《をんなで》」(平仮名)で書くのが一般であった。

9 返事の紙や文にこの姫君のどのような性格が表れているか。

答　当時の女性としての常識をもち合わせていない、風変わりな性格。

学習のポイント

1　**この姫君はどのような人物として描かれているか。その行動や発言を整理して考えてみよう。**

考え方

・「人は、まことあり、本地《ほんち》たづねたるこそ、心ばへをかしけれ。」706 154・4 708 130・4

物の本体を究明してこそ、人としての心のあり方が優れているのだと、いろいろな恐ろしそうな虫を採集し、虫籠に入れて観察する。毛虫を偏愛し、手のひらに載せてじっと見守る。男の童に箱の中の虫を取らせたり、名を尋ねたり、名をつけたりして面白がっている。

・「人はすべて、つくろふところあるはわろし。」706 155・1 708 131・1

眉毛を抜かず、歯を黒く染めず、素顔のままでいる。ひたすら虫をかわいがり、女房たちが恐れ逃げると激しく叱り、眉黒《まゆぐろ》の顔でにらみつける。

・「よろづのことどもをたづねて、末を見ればこそ、ことはゆゑあれ。」706 156・7 708 132・7

親たちの忠告にも、理屈で言い負かす。行く末を見るからこそ道理があるとわかるのだと、毛虫が蝶になるところを親に見せる。

・「歌ひののしらせて聞かせたまひて、我も声をうちあげて」706 157・2 708 133・2、「童部の名は、……虫の名をなむつけたまひたりける」706 157・4 708 133・4

男の童に虫に聞かせるため歌を歌わせ、自身もかたつむりの歌を大声で歌う。男の童にも虫の名をつけて呼び、面白がっている。

・「生前《さうぜん》の親ならむ。な騒ぎそ。」706 157・16 708 133・16、「なまめかしきうちしも、血縁《けちえん》に思はむぞ、あやしき心なるや。」706 157・16 708 133・16

へびの作り物に女房たちは恐れおののくが、このへびは、生前の親の、今の姿だと落ち着いている。

・「さすがに恐ろしくおぼえたまひければ、……いみじうをかしければ」706 158・2～4 708 134・2～4

虫をかわいがる姫君も、へびを引き寄せる折はさすがに恐ろしくて、立ったり座ったり、声は上ずる。

・「いとこはく、すくよかなる紙に書きたまふ。……片仮名《かたかんな》に」706 158・12～13 708 134・12～13

上達部の子息への返歌も、一般的な男女間の歌の贈答で使うことのない厚紙に、片仮名で書く。

2　**「人はすべて、つくろふところあるはわろし。」(706 155・1 708 131・1)とあるが、このことは、姫君のどのような態度に表れているか。**

考え方　「つくろふところ」とはどのようなところか。姫君はそれを拒否している。

解答例　眉毛をまったく抜かず、お歯黒は面倒で汚いと言ってせず、一人前の女性としての身だしなみを受け入れようとしない態度。

3　**二つの歌は「くちなは」に関連して詠まれているが、どのような表現上の工夫がみられるか。指摘してみよう。**

考え方　「くちなは」（へび）の縁語に注意する。

解答

・「はふはふも…」の歌（上達部の子息の歌）

へびが地上を這うことから「はふはふ」という語句を用い、長い姿から「長き心のかぎりなき身」と詠んだ。「はふはふ」「長き」「かぎりなき」は「へび」の縁語。

・「契りあらば…」の歌（姫君の返歌）

へびがからみつく様子を表して「まつはれ」が用いられている。「まつはれ」は「へび」の縁語。

4　**語句**　**次の傍線部の違いを説明してみよう。**

① むくつけげなるかは虫を興ずなる。（706 156・6 708 132・6）

② かは虫の蝶とはなる　なり。（706 156・8 708 132・8）

③ かくさかしく言ひいだしたまふなりけり。（706 156・14 708 132・14）

④ 生前《さうぜん》の親ならむ。（706 157・16 708 133・16）

考え方　「なる」「なり」の識別。伝聞推定の助動詞「なり」と断定の助動詞「なり」は、接続に注意する。

解答

① むくつけげなる…ナリ活用形容動詞「むくつけげなり」の連体形の活用語尾

興ずなる…伝聞の助動詞「なり」の連体形

② なる…ラ行四段活用の動詞「なる」の連体形

なり…断定の助動詞「なり」の終止形

③ 断定の助動詞「なり」の連用形

④ 断定の助動詞「なり」の未然形

5　**探究**　**姫君の返歌を受け取った上達部の御子は、次にどんな贈り物を姫に贈っただろうか。この物語の続きを考えて発表し合ってみよう。**

考え方　原文ではこの後、へびにも驚いた様子を見せず歌を返してきた姫君に興味をもった上達部の御子が、姫君と何度かやり取りをする様子が描かれる。そしてその後の二人については、「二の巻にあるべし。」とだけ述べられて終わっていて、読者の自由な受容や想像を許す。自由に考えてみよう。

大　鏡

教706 160〜171　教708 136〜141

●『大鏡』とは

平安時代後期の紀伝体による歴史物語。作者は未詳。二人の老翁——大宅《おおやけの》世継《よつぎ》・夏山《なつやまの》繁樹《しげき》と若侍の問答を筆録したという形で、藤原《ふじわらの》道長《みちなが》の栄華を描く。『大鏡』『今鏡』『水鏡』『増鏡』を四鏡《しきょう》という。

三船の才《ざえ》

※本教材は教708では学習しません。

【大　意】教706 160ページ1行〜161ページ1行

藤原道長《ふじわらのみちなが》が大井川で船遊びを催し、漢詩・音楽・和歌の船に分け、それぞれに優れた人を乗せた。藤原公任《きんとう》は和歌の船に乗り、みごとな歌を詠んだが、「漢詩の船に乗ってこの歌ほどの漢詩を作ったなら名声を博したろうに。」と言った。全てに優れているのは例のないことだ。

【品詞分解／現代語訳】

ひととせ、入道殿 の〔格助〕 大井川 に〔格助〕 逍遥せ〔サ変・未〕 させ〔助動・尊・用〕 たまひ〔補尊・四・用〕 し〔助動・過・体〕 に、〔格助〕 作文 の〔格助〕 船、管弦 の〔格助〕 船、和歌 の〔格助〕 船 と〔格助〕 分かた〔四・未〕 せ〔助動・尊・用〕 たまひ〔補尊・四・用〕 て、〔接助〕 そ〔(代)〕 の〔格助〕 道 に〔格助〕 堪へ〔下二・用〕 たる〔助動・存・体〕 人々 を〔格助〕 乗せ〔下二・未〕 させ〔助動・尊・用〕 たまひ〔補尊・四・用〕 し〔助動・過・体〕 に、〔接助〕 こ〔(代)〕 の〔格助〕 大納言殿 の〔格助〕 参り〔四・用〕 たまへ〔補尊・四・已(命)〕 る〔助動・存・体〕 を、〔接助〕 入道殿、「か〔(代)〕 の〔格助〕 大納言、いづれ〔(代)〕 の〔格助〕 船 に〔格助〕 か〔係助(係)〕 乗ら〔四・未〕 る〔助動・尊・終〕 べき。」〔助動・適・体(結)〕 と〔格助〕 のたまはすれ〔下二・已〕 ば、〔接助〕 「和歌 の〔格助〕 船 に〔格助〕 乗り〔四・用〕 はべら〔補丁・ラ変・未〕 む。」〔助動・意・終〕 と〔格助〕 のたまひ〔四・用〕 て、〔接助〕 詠み〔四・用〕 たまへ〔補尊・四・已(命)〕 る〔助動・完・体〕 ぞ〔係助〕 かし。〔終助〕

ある年、入道殿（藤原道長）が、大井川で船遊びを催された時に、漢詩（作り）の船、音楽の船、和歌の船と（三つの船に）お分けになって、それぞれの道に優れた人々をお乗せになりましたところ、この大納言殿（藤原公任）が参上なさっていたので、入道殿（道長）が、「あの大納言は、どの船にお乗りになるのがよいだろうか。」と仰せになったところ、（公任は）「和歌の船に乗りましょう。」とおっしゃって、（その船で）お詠みになった歌ですよ。

をぐら山あらしの風のさむければもみぢの錦きぬ人ぞなき
小倉山と嵐山の嵐のような風が寒いので、紅葉が散りかかり、錦の衣を着ない人はないことだ。

申しうけたまへるかひありてあそばしたりな。御みづからものたまふなるは、
(和歌の船を)自分からお願いなさったかいがあってみごとにお詠みになったものですな。(後で)ご自身もおっしゃったということには、

「作文のにぞ乗るべかりける。さて、かばかりの詩を作りたらましかば、名
「(あの時は)漢詩の船に乗ればよかったなあ。そして、この和歌ぐらいの(優れた)漢詩を作っていたら、名声

のあがらむこともまさりなまし。口惜しかりけるわざかな。さても、殿の、
もいっそう上がっていただろうに。残念なことをしたよ。それにしても、入道殿が、

『いづれにかと思ふ。』とのたまはせしになむ、我ながら心おごりせられ
『どの船に(乗ろう)と思うか。』とおっしゃったのには、自分ながら得意にならずにはいられなかった。」

し。」とのたまふなる。一事のすぐるるだにあるに、かくいづれの道も抜け出で
とおっしゃったそうです。一つのことに優れているだけでもめったにないのに、このようにどの道にも抜きんでていらっしゃった

たまひけむは、いにしへもはべらぬことなり。
ようなのは、昔にも例のないことです。

(太政大臣頼忠)

語句の解説

教706 160ページ

1**ひととせ**　ある年。
「一年」と書き、「一年間」の意もある。

1**逍遙《しょうよう》せさせたまひ《イ》しに**　船遊びを催された時に。
「逍遙す」は、気ままにぶらつくさま。ここでは船遊びのこと。「させたまふ」は敬語を重ねた最高敬語で、道長に対して用いている。

2**その道《みち》に堪《た》へ《エ》たる人々《ひとびと》**　それぞれの道に優れた人々。
「堪ふ」は、ここでは「優れる、能力をもつ」の意。

4**乗《の》るべき**　お乗りになるのがよいだろうか。
「る」は尊敬の助動詞。「べき」は適当の意。推量の意ととって、「お乗りになるだろうか」としてもよい。

6を《オ》ぐら山《やま》あらしの風《かぜ》のさむければ　小倉山と嵐山の嵐のような風が寒いので。

「あらし」は、対岸の「嵐山」と強い風の意味の「嵐」の掛詞《かけことば》。

7あそばしたりな　みごとにお詠みになったものですな。

「あそばす」は「遊ぶ」の尊敬語で、「詠ずる、演奏する」などの意だが、ここでは「詠む」の意。

8作文《さくもん》のにぞ乗《の》るべかりける　漢詩の船に乗ればよかったなあ。

「ぞ…ける」は、強意を表す係り結び。「べかり」は推量の助動詞「べし」の連用形で、ここでの意味は適当(…のがよい)。

8作《つく》りたらましかば、名《な》のあがらむ《ン》こともまさりなまし　作っていたら、名声もいっそう上がっていただろうに。

「ましかば…まし」は、反実仮想の形で「(もし)…だったら…だろう」の意味。

学習のポイント

1　「をぐら山…」の歌を、用いられている技巧に注意して現代語訳してみよう。

考え方　「あらし」が、「嵐」と「嵐山」(大堰《おおい》川を挟んで小倉山の対岸にある)の掛詞になっている。また、紅葉の色づいた美しさを錦《にしき》の織物に見立てている。

解答例　小倉山と嵐山の嵐のような風が寒いので、紅葉が散りかかり、錦の衣を着ない人はいないことだ。

2　本文では、公任はどのような才能をもった人物として描かれているか、考えてみよう。

答1　どうして「口惜し」いのか。

作文の船に乗って優れた漢詩を作っていれば、いっそう自分の名声が上がっていただろうから。

9いづ《ズ》れにかと思《おも》ふ《ウ》　どの船に(乗ろう)と思うか。

「いづれにか」の後に「乗らむ」が省略されている。

11一事《ひとこと》のすぐるるだにあるに　一つのことに優れているだけでもめったにないのに。

「だに」の下に「ありがたく」を補う。副助詞「だに」は、程度の軽いものを示して重いほうを類推させる用法。

11抜《ぬ》け出《い》でたまひ《イ》けむ《ン》は　抜きんでていらっしゃったようなのは。

「抜け出づ」は、「抜きんでている、ずばぬけている」の意。「けむ」は、ここは過去の伝聞・婉曲の意味。

考え方　道長が公任に対して、「かの大納言、いづれの船にか乗らるべき。」と質問している。

解答例　漢詩と和歌のいずれにおいても才能をもった人物。

3　語句「かばかりの詩を作りたらましかば、名のあがらむこともまさりなまし。」(706 160・8)を、傍線部に注意して現代語訳してみよう。

考え方　「ましかば…まし」は反実仮想を表す。

解答　この和歌ぐらいの優れた漢詩を作っていたら、名声もいっそう上がっていただろうに。

4 語句　地の文で道長と公任に使われている尊敬語を抜き出し、その違いを整理してみよう。

解答例　（——が尊敬語、‐‐‐が謙譲語）

▽道長に使われた敬語

「逍遥せさせ たまひしに」706 160・1　「分かたせ たまひて」706 160・2

「乗せさせ たまひしに」706 160・2　「のたまはすれば」706 160・4

▽公任に使われた敬語

「参り たまへるを」706 160・3

「のたまひて、詠みたまへる」706 160・4

「申しうけ たまへるかひありてあそばしたりな」706 160・7

「御みづからものたまふなるは」706 160・7

「せられし。』とのたまふなる」706 160・10

「いづれの道も抜け出でたまひけむ」706 160・11

『大鏡』の語り手、大宅世継《おおやけのよつぎ》は、道長に対しては「せたまふ」「させたまふ」「のたまはす」と最高敬語を用いている。動作の受け手が道長の場合に、公任の動作に謙譲語を用いている。

読み比べ　二つの教養

※本教材は教708では学習しません。

山本健吉　教706 162〜165

語句の解説

教706 162ページ

2 **挿話《そうわ》**　ある物事や人物に関する逸話（エピソード）。道長の挿話については、「肝だめし」706 166・1〜7参照。

4 **いかでかからん**　（公任《きんとう》は）どうしてこのよう（＝優れている）なのだろうか。

4 **わが子《こ》どもの、影《かげ》だに踏《ふ》むべくもあらぬこそ、口惜《くちお》しけれ**　私（兼家《かねいえ》）の子たち（道隆《みちたか》、道兼《みちかね》、道長）が、（公任の）影さえ踏めそうにない（ほど劣っている）のは、残念だ。「影を踏む」は、「その人の（影を踏むほど）近くにいる」という意味なので、「道隆たちは公任の足元にも及ばない」＝「比較にならないほど劣っている」ということ。「だに」は類推の意の副助詞。足元にさえ寄れないのだから、ましてや匹敵したり、超えたりすることなどあるはずがない、ということが含意される。

7 **面《つら》をやは踏《ふ》まぬ**　（公任の）顔を踏まないことがあろうか、いや、必ず踏んでやる。「やは」は、ここでは反語。自分（道長）が、公任より上位に立って、その「面」（顔＝面目）をつぶしてやる、ということ。

12 **行幸《ぎょうこう》**　「みゆき」とも読む。「帝《みかど》が宮中からお出ましになること」の意。

12 **詩《し》の舟《ふね》、歌《うた》の舟《ふね》、管弦《かんげん》の舟《ふね》の三《み》つに乗《の》り分《わ》けた**　このエピソードは『大鏡』でも、道長が主催した船遊びでの出来事として「三船の才《ざえ》」706 160〜161の章段で紹介されている。

教706 164ページ

13 **追従《ついしょう》**　人にこびへつらうこと。

肝だめし

【大　意】　1　教706 166ページ1〜7行　教708 136ページ1〜7行

藤原兼家《ふじわらのかねいえ》が、才能ある藤原公任《きんとう》にわが子たち（道隆《みちたか》、道兼《みちかね》、道長《みちなが》）はかなわないと言った。道長は、公任の面目を失わせると決意し、そのとおりとなる。

【品詞分解／現代語訳】

格助／副／係助／下二・用／ク・用／補尊・四・体／格助／副／係助(係)／ラ変・未
四条の大納言のかく何事もすぐれ、めでたくおはしますを、大入道殿、「いかでか、かから
四条大納言(公任)がこのように何事にも優れて、立派でいらっしゃるのを、大入道殿(兼家)が、「どうして、(公任は)あのよう

助動・推・体(結)／シク・用／係助／補・ラ変・体／終助／(代)／格助／格助／副助／四・終／助動・可・用／係助／補・ラ変・未／助動・打・体
む。うらやましくもあるかな。わが子どもの、影だに踏むべくもあらぬ
(＝諸芸に優れている)であろうか。羨ましいことだ。わが子たちが、(公任の)影さえ踏めそうもないのが、

係助(係)／シク・已(結)／格助／四・未／助動・尊・用／補尊・四・用／助動・過・已／接助／副助／係助／副／副／係助
こそ、口惜しけれ。」と申させたまひければ、中の関白殿、粟田《あわた》殿などは、げにさも
残念だ。」と(子供たちに)申されなさったところ、中の関白殿(道隆)、粟田殿(道兼)などは、本当に(父兼家は)

格助／係助(係)／四・終／助動・現推・体(結)／格助／ナリ・体／助動・断・用／接助／係助／四・未／助動・打・体／接助
とやおぼすらむと、恥づかしげなる御気色にて、ものものたまはぬに、
そのようにもお思いになっているのだろうと、恥ずかしそうなご様子で、ものもおっしゃらないのに、

(代)／格助／係助／副／ク・用／補尊・四・体／助動・断・用／接助／格助／係助／四・未／接助／格助／係助(係)
この入道殿は、いと若くおはします御身にて、「影をば踏まで、面をやは
この入道殿(道長)は、たいへん若くていらっしゃる身でありながら、「(公任の)影など踏まないで、顔を踏まないことが

四・未／助動・打・体(結)／格助／係助(係)／下二・未／助動・尊・用／助動・過・已(結)／副／係助(係)／副／四・終／助動・婉・已(結)
踏まぬ。」とこそ仰せられけれ。まことにこそさおはしますめれ。
あろうか(、いや、ない)。」とおっしゃられました。本当にその言葉のとおりになっていらっしゃるようです。

格助／副助／ク・用／接助／副／上一・用／補謙・四・用／補尊・四・未／助動・打・体／間助
内大臣殿をだに、近くてえ見たてまつりたまはぬよ。
(公任は)内大臣(教通《のりみち》)でさえも、近くにご対面申し上げなさらないことですよ。

語句の解説 1

教706 166ページ　教708 136ページ1〜7行

2 **いかでか、かからむ《ン》**　どうして、（公任は）あのようであろうか。「いかでか」は、ここでは「どうして」。一語の疑問の副詞としてもよい。「かから」（あのよう）は、公任が、「三船の才《ざえ》」などに描かれているように、諸芸に優れていることを指す。

4 **さもとやおぼすらむ《ン》**　そのようにもお思いになっているのだろう。「さ」（そのよう）とは、父、兼家の言葉を指す。

6 **面《つら》をやは《ワ》踏《ふ》まぬ**　顔を踏まないことがあろうか（、いや、ない）。「やは」は反語。その顔を踏んでやる、ということ。

1 **道長のどのような気持ちが表れているか。**

答　公任よりも上位に立って面目を失わせる、という決意。

6 **さおは《ワ》しますめれ**　その言葉のとおりになっていらっしゃるようです。「さ」は道長の言葉を指す。道長が公任の上位に立っているということ。「めり」は婉曲の意。

7 **内大臣殿《ないだいじんどの》をだに、近《ちか》くてえ見《み》たてまつりたまは《ワ》ぬよ**　内大臣（教《のり》通《みち》）でさえも、近くにご対面申し上げなさらないことですよ。公任は、自分の娘婿の教通は道長の子であるので、教通にさえ遠慮しているということ。「だに」は類推の副助詞。「え…ぬ（打消）」で不可能の意。

【大　意】 2　教706 166ページ8行〜167ページ16行　教708 136ページ8行〜138ページ3行

後年偉くなる人は、若い頃から胆力が強かったと思われる。花山院《かさんいん》の御代のある雨の夜に、帝《みかど》（花山天皇）が道隆・道兼・道長の三兄弟に肝だめしを命じた。道隆と道兼は顔色を変えたが、道長は証拠を残すための小刀を帝から借り、平然と出発した。兄二人も、しぶしぶ出かけて行った。

【品詞分解／現代語訳】

さる	べき	人	は、	とう	より	御心魂	の	たけく、
ラ変・体	助動・当・体		係助	ク・用（音）	格助		格助	ク・用

御守り	も	こはき	な	めり	と
	係助	ク・体	助動・断・体（音）	助動・婉・終	格助

そうなる（＝後年偉くなる）のが当然の人は、若い頃から胆力が強く、神仏のご加護も堅固でしっかりしているようだと思われますよ。

おぼえ	はべる	は。
下二・用	補丁・ラ変・体	終助

花山院	の	御時	に、	五月	しもつ闇	に、	五月雨	も	過ぎ	て、	いと	おどろおどろしく
	格助		格助			格助		係助	上二・用	接助	副	シク・用

花山院がご在位の時に、五月下旬の闇夜に、五月雨（の時期）も過ぎて、たいそう不気味に激しく雨が降る

かきたれ雨 の 降る 夜、帝、さうざうし と や おぼしめし けむ、殿上 に 出で させ
格助　四・体　シク・終　格助　係助(係)　四・用　助動・過推・体(結)　格助　下二・未　助動・尊・用
夜、帝は、もの足りないとお思いになられたのだろうか、清涼殿の殿上の間にお出ましになっ

おはしまし て、遊び おはしまし ける に、人々 物語 申し など し たまう て、昔 恐ろしかり
補尊・四・用　接助　四・用　補尊・四・用　助動・過・体　接助　四・用　副助　サ変・用　補尊・四・用(音)　接助　シク・用
て、管弦の遊びなどなさっていたところ、人々が世間話を申し上げなどなさって、昔恐ろしかったことな

ける ことども など に 申しなり たまへ る に、「今宵 こそ いと むつかしげなる 夜
助動・過・体　副助　格助　四・用　補尊・四・已(命)　助動・完・体　格助　係助(係)　副　ナリ・体
どを申し上げるようにおなりになった時に、(帝は)「今夜はひどく気味の悪い夜であるようだ。

な めれ。かく 人がちなる に だに、気色 おぼゆ。まして、もの離れ たる 所 など、
助動・断・体(音)　助動・定・已(結)　副　ナリ・体　格助　副助　下二・終　副　下二・用　助動・存・体　副助
このように人が多くいてさえ、不気味な感じがする。まして、(人気のない)遠く離れた所などは、

いかなら む。さ あら む 所 に、ひとり 往な む や。」と 仰せ られ ける に、「え
ナリ・未　助動・推・体　副　補・ラ変・未　助動・婉・体　格助　副　ナ変・未　助動・推・終　係助　格助　下二・未　助動・尊・用　助動・過・体　接助　副
どうであろうか。そんな所に、一人で行けるだろうか。」とおっしゃったところ、(皆は)

まから じ。」と のみ 申し たまひ ける を、入道殿 は、「いづく なり とも、まかり な
四・未　助動・打推・終　格助　副助　四・用　補尊・四・用　助動・過・体　接助　係助　(代)　助動・断・終　接助　四・用　助動・強・未
「とても参れないでしょう。」とばかり申し上げなさったのに、入道殿(道長)は、「どこへなりとも、参りましょう。」と申し上げなさったので、

む。」と 申し たまひ けれ ば、さる ところ おはします 帝 に て、「いと 興 ある こと
助動・意・終　格助　四・用　補尊・四・用　助動・過・已　接助　連体　四・体　助動・断・用　接助　副　ラ変・体
そのような(ことを面白がる)ところのおありになる帝で、「たいそう面白いことだ。

なり。さらば 行け。道隆 は 豊楽院、道兼 は 仁寿殿 の 塗籠、道長 は 大極殿 へ 行け。」と 仰せ
助動・断・終　接　四・命　係助　係助　格助　係助　格助　四・命　格助　下二・未
それならば行け。道隆は豊楽院、道兼は仁寿殿の塗籠《ぬりごめ》、道長は大極殿へ行け。」とおっしゃいましたので、

られ けれ ば、よそ の 君達 は、「便なき こと を も 奏し て ける かな。」と 思ふ。
助動・尊・用　助動・過・已　接助　格助　係助　ク・体　格助　係助　サ変・用　助動・完・用　助動・過・体　終助　格助　四・終
(命じられた三人以外の)他の君達《きんだち》は、「(入道殿は)都合の悪いことを申し上げたものだなあ。」と思う。

接　四・未　助動・尊・用　補尊・四・已(命)　助動・完・体　係助　四・用　接助　ク・終　格助　四・用　助動・存・体　接助
また、承らせたまへる殿ばらは、御気色変はりて、「益なし。」とおぼしたるに、
また、(帝の勅命を)お受けになられた(道隆・道兼の)殿方たちは、お顔の色が変わって、「困ったことだ。」とお思いになっているのに、

係助　副　連体　係助　ク・用　接助　(代)　格助　格助　係助　サ変・用　補丁・四・未　助動・打意・終　(代)　格助　格助
入道殿はつゆさる御気色もなくて、「私の従者をば具しさぶらはじ。この陣の
入道殿は少しもそんなご様子もなくて、「私の従者は連れて参りますまい。この近衛《このえ》の陣の吉上で

(連語)　(連語)　格助　副助　四・命　格助　四・命　(代)　格助　格助　係助
吉上まれ、滝口まれ、一人を『昭慶門まで送れ。』と仰せごと賜べ。それより内には、一人
も、滝口の武士でも、一人を(召して)『昭慶門まで送れ。』とご命令をお下しください。そこから内には、一人で

四・用　補丁・ラ変・未　助動・意・終　格助　四・用　補尊・四・已　接助　ク・体　格助　下二・未　助動・尊・体　接助　副　格助
入りはべらむ。」と申したまへば、「証なきこと。」と仰せらるるに、「げに。」とて、
入りましょう。」と申し上げなさると、「(大極殿まで行ったかどうか)証拠のないことだ。」とおっしゃいますので、(入道殿は)「なるほど。」と思って、

格助　四・未　助動・尊・用　補尊・四・已(命)　助動・存・体　四・用　接助　四・用　補尊・四・用　助動・完・終　副　係助
御手箱に置かせたまへる小刀申して、立ちたまひぬ。いま二ところも、
(帝が)お手箱に置いていらっしゃる小刀をいただいて、(座を)お立ちになった。もうお二人も、

副　副　サ変・用　助動・完・終
苦む苦むおのおのおはさうじぬ。
しぶしぶそれぞれお出かけになった。

語句の解説 2

教706 166ページ　教708 136ページ8行～137ページ3行

8 **こは《ワ》きなめり**　堅固でしっかりしているようだ。
「こはし」は、ここでは「堅固でしっかりしている、強い」の意。

10 **さうざう《ソウゾウ》しとや**　もの足りないと。
「さうざうし」は、ここでは「もの寂しい、もの足りない」の意。

11 **出《い》でさせおは《ワ》しまして**　お出ましになって。
「させおはします」は最高敬語。語り手の帝に対する敬意。

11 **遊《あそ》びおは《ワ》しましけるに**　管弦の遊びなどなさっていたところ。
「遊ぶ」は、ここでは「詩歌・管弦などをして楽しむ」の意。

12(1) **申《もう》しなりたまへ《エ》るに**　申し上げるようにおなりになった時に。
「申しなる」は、「言ひ成る」の謙譲語で、申し上げているうちに話題がその方面になる意。

13(2) **むつかしげなる夜《よ》なめれ**　気味の悪い夜であるようだ。
「むつかしげなり」は、ここでは「気味の悪いさま」の意。「なめれ」は、「なるめれ」の撥音《はつ》便「なんめれ」の撥音無表記。

教706 167ページ　教708 137ページ4行〜138ページ3行

2　どのような気持ちの表れか。

答　雨の降る不気味な夜に、恐ろしい話をしていて恐怖心が高まり、とても一人で出歩いたりできないという気持ち。

1(4)**えまからじ**　とても参れないでしょう。
「え…(打消)」は、不可能を表す。ここでは、打消推量の「じ」と呼応している。「まかる」は、「行く」の謙譲語。退出する場所やその場所の主を高める。殿上人《てんじょうびと》たちの帝に対する敬意。

4(10)**便《びん》なきことをも**　都合の悪いことを。
「便《びん》なし」は、ここでは「都合が悪い、具合が悪い」の意。

6(11)**承《うけたまわ》らせたまへ《エ》る殿《との》ばらは**　お受けになられた殿方たちは。
「承る」は「引き受ける」の意の謙譲語。「せたまふ」は最高敬語。語り手の道隆・道兼に対する敬意。「殿ばら」は、高貴な身分の男性たちの敬称。「ばら」は接尾語で複数を表す。

7(12)**「益《やく》なし。」とおぼしたるに**　「困ったことだ。」とお思いになっているのに。
「益なし」は、ここでは「困ったことだ、まずい」の意。

8(13)**つゆさる御気色《みけしき》もなくて**　少しもそんなご様子もなくて。
「つゆ…(打消)」は、「少しも(…ない)、まったく(…ない)」。ここでは「なし」と呼応している。

3　「さる御気色」とはどのような様子か。

答　帝の提案に困惑している様子。

11(16)**仰《おお》せごと賜《た》べ**　ご命令をお下しください。
「仰せごと」は、「(帝や貴人の)お言葉、ご命令」。「賜ぶ」は、「与ふ」「やる」の尊敬語。「お与えになる、くださる」の意。

12(1)**証《そう》なきこと**　証拠のないことだ。
「証」は、「証拠、確かなしるし」のこと。

4　どのようなことに対し「げに。」と答えたのか。

答　帝が、指定した場所へ本当に行ったかどうか証拠がない、と言ったことに対して。

15(3)**苦《にが》む苦《にが》む**　しぶしぶ。
同じ動詞の終止形を重ねて副詞となった語。

16(3)**おは《ワ》さう《ソウ》じぬ**　お出かけになった。
「おはさうず」は、ここでは(複数の人が)「行く」「来《く》」の尊敬語で、「いらっしゃる、おいでになる」の意。

【大　意】　3　教706 168ページ1行〜169ページ5行　教708 138ページ4行〜139ページ8行

中関白殿《なかのかんぱくどの》(道隆)と粟田殿《あわたどの》(道兼)は恐怖のため途中で引き返してきたが、入道殿(道長)は、行った証拠に高御座《たかみくら》の柱の削り屑《くず》を持ち帰り、帝をはじめ人々を感心させた。翌朝、帝が削り屑をもとの所にあてがわせてみると、ぴったり一致したのだった。

【品詞分解／現代語訳】

格助 サ変・用 接助 副 下二・未 助動・尊・用 サ変・体 格助 格助 係助 四・用 助動・完・用 助動・過推・終
「子四つ。」と奏してかく仰せられ議するほどに、丑にもなりにけむ。「道隆
(宿直の役人が)「子《ね》四つ。」と申し上げて(から)(帝が)このようにおっしゃって相談するうちに、丑《うし》の刻にもなっていたであろう。(帝は)

係助 格助 格助 下二・命 係助 格助 下二・命 格助 (代) 格助 副助 四・未 助動・尊・用
は、右衛門の陣より出でよ。道長は、承明門より出でよ。」と、それをさへ分かたせ
「道隆は、右衛門の陣から出よ。道長は、承明門から出よ。」と、それ(＝通って行く道)までもお分けなさったの

補尊・四・已 接助 副 四・已(命) 助動・完・体 接助 副助 サ変・用 接助 四・用 助動・完・体 接助
たまへば、しかおはしましあへるに、中の関白殿、陣まで念じておはしましたるに、
で、その(帝の勅命の)ようにお出かけになったが、中の関白殿は、(右衛門の)陣までは我慢していらっしゃったが、

格助 格助 (代) 格助 格助 係助 ク・体 格助 下二・体 接助 ク・用 接助 四・用 補尊・四・終
宴の松原のほどに、そのものともなき声どもの聞こゆるに、術なくて、帰りたまふ。
宴の松原の辺りで、なんとも得体の知れない声々が聞こえるので、どうしようもなくて、お帰りになる。

係助 格助 副助 副 サ変・用 助動・完・体 接助 格助 格助 格助
粟田殿は、露台の外まで、わななくわななくおはしたるに、仁寿殿の東面の砌のほど
粟田殿は、露台の外まで、ぶるぶる震えながらいらっしゃったが、仁寿殿の東側の軒下の石などを敷いた所の辺りに、

格助 格助 シク・体 格助 ラ変・体 助動・断・用 下二・用 補尊・四・用 助動・過・已 接助 係助 係助 下二・未 接助 格助
に、軒と等しき人のあるやうに見えたまひければ、ものもおぼえで、「身の
軒(の高さ)と同じくらいの人がいるようにお見えになったので、どうしてよいかわからず、「わが身が

四・未 接助 係助(係) 係助 四・未 助動・推・已(結) 格助 副 四・用 補尊・四・已(命) 助動・完・已
さぶらはばこそ、仰せごとも承らめ。」とて、おのおの立ち帰り参りたまへれ
(無事で)ありますればこそ、(帝の)ご命令もお受けできるだろう。」と思って、それぞれ引き返してこられなさったので、

接助 格助 四・用 接助 四・未 助動・尊・用 補尊・四・体 接助 係助 副 シク・用 下二・未 助動・尊・用 補尊・四・未
ば、御扇をたたきて笑はせたまふに、入道殿は、いと久しく見えさせたまは
(帝は)御扇をたたいてお笑いになりますが、入道殿は、たいそう長い間姿をお見せにならないので、

助動・打・体 接助 副 格助 四・体 格助 係助(係) 副 ク・用 助動・断・用 係助 ナリ・用
ぬを、「いかが。」とおぼしめすほどにぞ、いとさりげなく、ことにもあらずげに
「どうしたのか。」とお思いになるうちに、本当に何気なく、なんでもなさそうな様子で、

接助　四・未　助動・尊・用　補尊・四・已(命)　助動・完・体(結)　副　副　格助　四・未　助動・尊・用　補尊・四・已　接助　副

て、参らせたまへる。「いかに、いかに。」と問はせたまへば、いと

参上なさいました。(帝が)「どうした、どうした。」とお尋ねなさると、(入道

ナリ・用　格助　四・未　助動・尊・用　助動・完・体　格助　サ変・用　接助　四・未　助動・尊・用　補尊・四・体　接助　(代)　係助　(代)

のどやかに、御刀に、削られたる物をとり具して奉らせたまふに、「こは何

殿は)たいそう落ち着いて、御刀に、(刀で)削り取られた物を取り添えて(帝に)差し上げなさるので、(帝は)「これは何

係助　格助　下二・未　助動・尊・已　接助　ナリ・用　接助　四・用　接助　補丁・ラ変・未　助動・仮・体　係助　四・終　助動・打推・体　格助

ぞ。」と仰せらるれば、「ただにて帰り参りてはべらむは、証さぶらふまじきに

か。」とおっしゃると、(入道殿は)「何も持たないで帰って参りましたならば、証拠がございません(と思った)ので、

四・用　格助　格助　格助　格助　四・用　接助　四・体　助動・断・終　格助　ク・用　四・用　補尊・四・体　接助

より、高御座の南面の柱のもとを削りてさぶらふなり。」と、つれなく申したまふに、

高御座の南側の柱の下(の所)を削って参りました。」と、平然と申し上げなさるので、

副　シク・用　四・未　助動・尊・終　格助　係助　副　係助　副　四・未　接助　(代)　格助　格助

いとあさましくおぼしめさる。こと殿たちの御気色は、いかにもなほ直らで、この殿の

(帝は)たいそう驚きあきれたこととお思いになる。他の(お二方の)殿たちのお顔の色は、どうしてもやはり直らないで、この(入道)殿がこの

副　四・用　補尊・四・已(命)　助動・完・体　格助　格助　下二・用　四・未　助動・自・用　補尊・四・已　接助　シク・体

かくて参りたまへるを、帝よりはじめ感じののしられたまへど、うらやましき

ように(帰って)参られたのを、帝をはじめとして(皆は)思わず感心して褒めたたえなさったけれど、(中の関白殿と粟田

助動・断・用　係助(結略)　接　ナリ・体　助動・断・用　係助(結略)　係助　四・未　接助　係助(係)　四・用　補尊・四・用　助動・過・体(結)

にや、またいかなるにか、ものも言はでぞさぶらひたまひける。

殿は)羨ましいのだろうか、またどういうわけなのだろうか、ものも言わないでお控えになっていらっしゃいました。

副　シク・用　四・未　助動・尊・用　助動・過・已　接助　格助　格助　四・用　接助　補・上一・命

なほ疑はしくおぼしめされければ、つとめて、「蔵人《くろうど》して、削りくづをつがはしてみよ。」

(帝は)それでも疑わしくお思いになられたので、翌朝、「蔵人に命じて、削り屑を(もとの所に)あてがってみよ。」とご命令

格助　ラ変・用　助動・過・已　接助　四・用　接助　下二・用　接助　上一・用　補尊・四・用　助動・過・体　接助　副　四・未　助動・打・用

と仰せごとありければ、持て行きて、押しつけて見たうびけるに、つゆ違はざり

があったので、(蔵人が)持って行って、押しつけてご覧になったところ、少しも違わなかった。

助動・過・終　(代)　格助　係助　副　ナリ・用　接助　補丁・ラ変・体(音)　助動・婉・終
けり。 その 削り跡 は、 いと けざやかに て はべ めり。
その削り跡は、たいそうはっきりと残っているようです。

格助　係助　上一・体　係助
末の世 に も、 見る 人 は
のちの世にも、(それを)見る人は

副　シク・体　格助　係助(係)　四・用　助動・過・体(結)　終助
なほ あさましき こと に ぞ 申し し かし。
やはり驚きあきれることだと申したことですよ。

(太政大臣道長)

語句の解説 3

教706 168ページ　教708 138ページ4行～139ページ3行

5 **「それ」とは何を指すか。**

答 それぞれが通って行く道。

3(6)**しかおは《ワ》しましあへ《エ》るに**　そのようにお出かけになったが。「しか」は、「そのように」。ここは、帝の勅命のように、ということ。「おはしましあふ」は、「おはします」＋「あふ」(皆…し合う)の複合語。(複数の人が)「行く」「来《く》」の尊敬語。

3(6)**念《ねん》じておは《ワ》しましたるに**　我慢していらっしゃったが。「念ず」は、ここでは「我慢する」の意。怖いのを我慢して行った。

4(7)**そのものともなき声《こえ》ども**　なんとも得体の知れない声々。「そのものともなし」は、「得体の知れない、取り立ててこれだと言ってしまえない」の意。

5(8)**術《ずち》なくて**　どうしようもなくて。「術《ずち》なし」は、「どうしようもない、困った」の意。

7(10)**ものもおぼえで**　どうしてよいかわからず。「ものもおぼえず」は、慣用句で、「どうしてよいかわからない、無我夢中である」の意。

7(10)**身《み》のさぶらは《ワ》ばこそ、仰《おお》せごとも承《うけたまわ》らめ**　わが身が(無事で)ありますればこそ、(帝の)ご命令もお受けできるだろう。以下に、「無事でなくてはご命令をお受けすることもできない」の意の文が続くところ。

6 **誰のどのような態度を表しているか。**

答 帝の、道隆と道兼の臆病さを笑う態度。

10(13)**ことにもあらずげにて**　なんでもなさそうな様子で。

「ことにもあらず」は、「なんでもない、取るに足りない」の意。「げ」は、「いかにも…の様子だ」の意の形容動詞を作る接尾語。

11(14)**いとのどやかに**　たいそう落ち着いて。「のどやかなり」は、ここでは「ゆったり落ち着いている、くつろいでいる」の意。

11(14)**とり具《ぐ》して奉《たてまつ》らせたまふ《モウ》に**　取り添えて差し上げなさるので。「取り具す」は、「取り添える、取りそろえる」。「奉る」は、「贈る」の謙譲語。語り手の帝に対する敬意。「せたまふ」は、最高敬語。語り手の道長に対する敬意。

15(2)いかにもなほ《オ》直《なお》らで　どうしてもやはり直らないで。
「いかにも…(打消)」は、「どうしても(…ない)」。ここでは「で」(打消の接続助詞)と呼応している。

16(3)感《かん》じののしられたまへ《エ》ど　思わず感心して褒めたたえなさったけれど。
「感じののしる」は、「感心して褒めたたえる、しきりに褒める」。「れたまふ」の「れ」(助動詞「る」の連用形)は、ここでは自発。

16(3)うらやましきにや　羨ましいのだろうか。
下に「あらむ」が省略されている。

教706 169ページ　教708 139ページ4〜8行

1(4)いかなるにか　どういうわけだろうか。
ここも、下に「あらむ」が省略されている。

7 どのような気持ちか。

答 帝に褒められている道長を羨ましいとは思うものの、まだ恐怖心が抜けきらないという気持ち。

4(7)けざやかにてはべめり　はっきりと残っているようです。
「けざやかなり」は、「はっきりしている、明瞭だ」の意。「はべめり」は、「はべるめり」の撥《はつ》音便「はべんめり」の撥音無表記。

4(7)末《すえ》の世《よ》　ここでは、「のちの世、後世」の意。

学習のポイント

1 帝の命令に対する、道隆・道兼・道長三人の行動を、それぞれまとめてみよう。

解答例
道隆…命令に初めからしりごみしている。丑《うし》の刻頃に恐ろしさをこらえて右衛門《うえもん》の陣から出ていくが、宴の松原辺りで得体の知れない声が聞こえてきて、どうしようもなくなり帰ってきてしまう。
道兼…命令に初めからしりごみしている。丑の刻頃に震えながら露台まで行くが、仁寿殿の東側の軒下の敷石の辺りに軒《のき》まで届く巨人がいるように見えて、どうしてよいかわからず引き返してしまう。
道長…命令に困った様子もなく、証拠を持ち帰る方法まで考えて出発し、なんでもなかったような様子で帰ってくる。高御座《たかみくら》の柱の削り屑を証拠として差し出す。

2 語句　次の傍線部の意味の違いを説明してみよう。

① 私の従《ず》者《さ》をば具しさぶらはじ。(706 167・8 708 137・14)
② 証さぶらふまじきにより、(706 168・13 708 138・16)
③ ものも言はでさぶらひたまひける。(706 169・1 708 139・4)

考え方 「さぶらふ」には、おそばに仕える意の謙譲語、「行く」「来《く》」「あり」の謙譲語、「あり」の丁寧語、丁寧の意を表す補助動詞がある。

解答 ①丁寧の補助動詞。「…ます」の意。
②丁寧の動詞。「あり」の丁寧語で「ございます」の意。
③謙譲の動詞。「お仕えする、おそばに控える」の意。

3 語句　次の傍線部の違いを説明してみよう。

① 御守りもこはきなめりとおぼえはべるは。(706 166・8 708 136・8)

② さあらむ所に、ひとり往《い》なむや。(706 166・14 708 137・3)

③ いづくなりとも、まかりなむ。(706 167・1 708 137・4)

考え方 ①「なめり」のもとの形は「なるめり」。

解答例 ①断定の助動詞「なり」の連体形「なる」の撥《はつ》音便「なん」の「ん」の無表記。

②ナ行変格活用動詞「往ぬ」の未然形「往な」の活用語尾。

③強調の助動詞「ぬ」の未然形。

読み比べ ※教708では学習しません。

「二つの教養」(706 162ページ)で筆者が述べた「才《ざえ》」と「魂《たましひ》」は、「三船の才」(706 160ページ)と「肝だめし」ではどのような形で表れているか。公任と道長の言動をふまえて説明してみよう。

考え方

〈三船の才〉の公任

・道長に「いづれの船にか乗らるべき」と質問されている。漢詩、音楽、和歌のいずれにも抜きん出た才能があると見られていた。

・和歌の船を選んで見事な歌を詠むが、「かばかりの詩を作りたらましかば、名のあがらむこともまさりなまし」と言う。和歌より漢詩を作る才(漢才)を重視していた。

〈肝だめし〉の道長

・父の兼家が公任の才が優れていることを褒めた際、「影をば踏まで、面《つら》をやは踏まぬ」と、公任を凌駕するという心意気を見せる。

・帝が「不気味な夜、人気のない場所に一人で行けるか」と問うたのに対し、「どこへでも行きましょう」と答える。

・肝だめしに行くよう帝に命令され、場所まで指定されたが、冷静な態度でどうやって行くかという説明をする。

・肝だめしから平然と宮中に戻ったのみならず、証拠として、指定された場所(太極殿)にある高御座の柱の削り屑を持ち帰る。

解答例 「二つの教養」の筆者は、「才」を、人間にとって「必要ではあるが第二義的なもの」706 165・6、「大貴族に使われる事務官僚としては、必要な教養」706 164・10と定義している。公任は「三船の才」において、権力者である道長に一目置かれ、その期待に完璧に応えた上に、当時の貴族の男性が身につけるべき学問とされた「漢才」への自負心も見せている。政治の実権を握る側に「才」によって重用されるという形である。

一方で「魂」は、「人間にとって第一義的に必要なもの、すなわち真の教養」706 165・6で、「大貴族として、世間に生きて行く上で、事を判断し、処理して行く上での身にそなわった知恵」706 164・3とされている。道長は、「肝だめし」のなかで、ものに動じない豪胆さを見せつけて、冷静な判断力と大胆な行動力、すなわち「魂」をもった人物として描かれる。「魂」が、道長を天皇の外戚として政治の実権を握り、栄華を極めさせたということであろう。

鶯《あう》宿《しゆく》梅《ばい》

【大　意】 教706 170ページ1〜14行　教708 140ページ1〜14行

村上《むらかみ》天皇の御代に清涼殿の御前の梅が枯れ、夏山繁樹《なつやまのしげき》が替わりを探すことになった。よい木を見つけて掘り取ったところ、家の女主人が歌を結び付けて差し出した。帝《みかど》が誰の家か調べさせると、それは紀貫之《きのつらゆき》の娘の家で、帝はひどくきまり悪がられた。繁樹も一生涯の恥辱であったと述懐する。

【品詞分解／現代語訳】

「いと をかしう あはれに はべり し こと は、 こ の 天暦 の 御時 に、 清涼殿 の 御前 の

副　シク・用(音)　ナリ・用　補丁・ラ変・用　助動・過・体　係助　(代)　格助　格助　格助　格助　格助

「たいそう興味深くしみじみと感じましたことは、この村上天皇の御代に、清涼殿の御前の(庭の)梅の木が

梅 の 木 の 枯れ たり しか ば、 求め させ たまひ し に、 なにがしぬし の 蔵人

格助　格助　下二・用　助動・完・用　助動・過・已　接助　下二・未　助動・使・用　補尊・四・用　助動・過・体　接助　格助

枯れてしまったので、(帝が替わりを)探させなさったところ、誰それというお方が蔵人《くろうど》でいらっ

に て いますがり し 時、 承り て、『若き 者ども は え 見知ら じ。 きむぢ 求めよ。』 と

助動・断・用　接助　補尊・ラ変・用　助動・過・体　四・用　接助　ク・体　係助　副　四・未　助動・打推・終　(代)　下二・命　格助

しゃった時、(仰せを)お受けして、『若い者どもは(どんな木がよいか)見分けられないだろう。おまえ(夏山繁樹)が探

のたまひ しか ば、 一京 まかり歩き しか ども、 はべら ざり し に、 西 の 京 の

四・用　助動・過・已　接助　四・用　助動・過・已　接助　ラ変・未　助動・打・用　助動・過・体　接助　格助　格助

してくれ。』とおっしゃったので、京中を歩き回りましたけれども、ございませんでしたので、西の京のどこそこにあ

そこそこ なる 家 に、 色 濃く 咲き たる 木 の、 様体 うつくしき が はべり し を、 掘り取り

(代)　助動・在・体　格助　ク・用　四・用　助動・存・体　格助　シク・体　格助　ラ変・用　助動・過・体　格助　四・用

る家に、色濃く咲いている(梅の)木で、姿の立派なのがございましたのを、掘り取ったと

しか ば、 家あるじ の、『木 に これ 結ひつけ て 持て参れ。』 と 言は せ たまひ しか ば、

助動・過・已　接助　格助　格助　(代)　下二・用　接助　四・命　格助　四・未　助動・使・用　補尊・四・用　助動・過・已　接助

ころ、(その)家の主人が、『木にこれを結び付けて持って参上しなさい。』と(召し使いに)言わせなさったので、

ラ変・体 係助(結略) 係助 格助 四・用 接助 四・用 助動・過・体 接助 (代) 係助 格助 サ変・用 助動・過・已 接助
ある やう こそ は とて、持て参り て さぶらひ し を、『何 ぞ。』とて 御覧じ けれ ば、女
何かわけがあるのだろうと思って、(内裏《だいり》に)持って参上して控えておりましたが、『何か。』とおっしゃって(帝が)ご覧になったところ、女

格助 格助 四・用 接助 補丁・ラ変・用 助動・過・体
の 手 にて 書き て はべり ける、
の筆跡で書いてございました(歌には)、

助動・断・已 接助 副 係助 ク・終 格助 係助 格助 四・未 接助 副 下二・未 助動・意・体
勅 なれ ば いと も かしこし 鶯 の 宿 は と 問は ば いかが 答へ む
勅命ですから実におそれ多いことです。(この木は献上いたします。しかし)鶯《うぐいす》が、(自分の)宿は(どうなったのか)と尋ねたならば、どう答えましょうか。

格助 ラ変・用 助動・過・体 接助 シク・用 四・用 接助 格助 係助 格助 下二・未 助動・使・用 補尊・四・用 助動・過・已
と あり ける に、あやしく おぼしめし て、『何者 の 家 ぞ。』と たづね させ たまひ けれ
とあったので、(帝は)不思議にお思いになられて、『何者の家か。』と(おっしゃって)お調べさせになったところ、

接助 格助 格助 格助 四・体 助動・断・用 助動・詠・終 格助 格助 格助 係助 サ変・用 助動・完・用 助動・過・体
ば、貫之 の ぬし の 御女 の 住む 所 なり けり。『遺恨 の わざ を も し たり ける
貫之殿の娘(紀内侍《きのないし》)の住む所であったのですよ。(帝は)『長く悔いの残ることをしてしまったものだなあ。』とおっしゃっ

終助 格助 下二・用 補尊・四・用 助動・過・体 格助 係助 (代) 係助(係) ラ変・用 助動・過推・体(結)
かな。』とて、あまえ おはしまし ける。 繁樹 今生 の 辱号 は、これ や はべり けむ。
て、きまり悪がっていらっしゃいました。 繁樹の一生の恥辱は、このことでございましたでしょうか。

接 四・体 助動・断・体 四・用 助動・完・終 格助 下二・未 助動・受・用 助動・完・用 助動・過・体 係助 ク・用 四・用
さるは、『思ふ やう なる 木 持て参り たり。』とて、衣 かづけ られ たり し も、辛く なり
というのは、(帝が)『思いどおりの木を持参した。』とおっしゃって、ほうびの衣類を頂戴したことも、つらくなって

助動・完・用 助動・過・終 格助 ナリ・用 四・終
に き。」とて、こまやかに 笑ふ。
しまいました。」と言って、(繁樹は)感慨深げににこやかに笑う。

(太政大臣道長)

語句の解説

教706 170ページ 教708 140ページ

2 **蔵人《くろうど》にていますがりし時《とき》** 蔵人でいらっしゃった時。
「いますがり」は、尊敬の補助動詞。「…でいらっしゃる」の意。

3 **え見知《みし》らじ** 見分けられないだろう。
「え…(打消)」は、不可能を表す。

4まかり歩《あり》きしかども　歩き回りましたけれども。

「まかり歩く」は、「まかる」と「歩く」の複合語。「まかる」は改まった言い方にする丁寧語。

1　**何が「はべらざりし」なのか。**

答　枯れてしまった清涼殿の梅の木に替わる梅の木。

4西《にし》の京《きょう》　平安京の西半分。人家もまばらな隠遁の地であった。

5そこそこなる　どこそこにある。

「そこそこ」は、指示代名詞で「どこそこ、しかじかの所」の意。

6持《も》て参《まい》れ　持って参上しなさい。

「持て参る」は、「持て行く」「持て来《く》」の謙譲語。「持って参上する、持参する」の意。

7持《も》て参《まい》りてさぶらひ《イ》しを　持って参上して控えておりましたが。

「さぶらふ」は謙譲語としたが、丁寧の補助動詞として「参上いたしましたが」でもよい。

9かしこし　おそれ多い。

ここでは「畏し」と書いて、「おそれ多い、もったいない」の意。

2　**なぜ「あやしくおぼしめし」たのか。**

答　寂しい西の京の家から掘り取ってきた梅の木に、女性の筆跡で見事な歌が付けられていたから。

10たづ《ズ》ねさせたまひ《イ》ければ　お調べさせになったところ。

「たづぬ」は、ここでは「調べる、詮索する」の意。

11遺恨《いこん》のわざ　長く悔いの残ること。

優美な歌を作るような人の庭から、無粋にも梅の木を取り去ったことを、命じた帝の立場で後悔している。

13さるは　接続詞。ここは順接の意で、「というのは」と訳す。

14辛《から》くなりにき　つらくなってしまいました。

「辛《から》し」は、ここでは「つらい、切ない、うらめしい」の意。

3　**どうして「辛く」なったのか。**

答　帝にきまりが悪い思いをさせたのに、ほうびをいただいてしまったから。

14こまやかに笑《わら》ふ《ウ》　感慨深げににこやかに笑う。

「こまやかなり」は、ここでは、感慨がこもっているさまを表す。

学習のポイント

1　**「勅なれば…」の歌には、梅の木の持ち主のどのような気持ちが込められているか、考えてみよう。**

考え方　大事にしてきた梅の木を、勅命だからと掘り取られたのである。梅の木の持ち主は、鶯《うぐいす》の質問に何と答えたらよいのか、と詠んで、木に添えた。

解答例　勅命だから仕方がないけれど、人の家の梅の木を掘り取るとは少し強引ではないのかと、やんわりと抗議する気持ち。

2 **『大鏡』が、老人たちの思い出話を書き取るという形式で書かれていることがわかる箇所を、指摘してみよう。**

考え方 会話は「　」でくくられている。

解答例 冒頭「いとをかしうあはれに……」から「……辛《から》くなりにき。」(706 170・14 708 140・14)までが「　」でくくられていて、語り手の老人、夏山繁樹の言葉であることがわかる。この後の「とて、こまやかに笑ふ。」だけが地の文である。

また、会話に使われる丁寧語「はべり」や自分の直接体験を表す助動詞「き」が多く使われている。

3 **語句** **次の傍線部は誰から誰への敬意を表しているか、説明してみよう。**

① **木にこれ結《ゆ》ひつけて持て参れ。**(706 170・6 708 140・6)

② **思ふやうなる木持て参りたり。**(706 170・13 708 140・13)

考え方 「持て参る」は謙譲語。①は家あるじ(女)の発言で、持って行くのは帝のもと。②は帝の発言で、持ってきたのは帝のもと。

解答

①家あるじ(女)から、動作の相手である帝への敬意を表す。

②帝が、動作の相手である自分への敬意を表す。高貴な人が自分を高める敬語を用いる自敬表現。

4 **探究** **『拾遺和歌集』(雑下)にも「勅なれば…」の歌がある。その詞書《ことばがき》の内容と、この『大鏡』の話とを比較してみよう。**

考え方 『拾遺和歌集』には「詠み人知らず」として、次のようにある。

「内より人の家に侍《はべ》りける紅梅を掘らせ給《たま》ひけるに、鶯《うぐひす》の巣くひて侍りければ、家あるじの女まづかく奏せさせ侍りける

勅なればいともかしこし鶯の宿はと問はばいかが答へむ

かく奏せさせければ、掘らずなりにけり。」

以上の、和歌の前後の詞書の内容をとらえ、『大鏡』の内容と比較検討する。

解答例 『大鏡』によると、掘り取られた紅梅の木の枝に「勅なれば…」の歌が添えられており、それを目にした帝が「無風流なことをしてしまった」と後悔する内容であるが、『拾遺和歌集』の詞書によると、紅梅が掘り取られようとした際に、まずこの歌を帝に献上したことによって、掘り取られなくて済んだ、という内容である。梅の木が、家あるじのもとから奪われたかどうかの違いはあるものの、どちらの話も「鶯の宿る梅の木を大事に思う風流さ」を中心とした内容であることに違いはない。

4日記

蜻《かげ》蛉《ろふ》日記

藤《ふぢ》原《はらの》道《みち》綱《つな》の母

教706 172〜175　教708 142〜144

●『蜻蛉日記《かげろう》』とは

平安時代中期の日記。作者は藤原道綱《ふじわらのみちつな》の母。歌人としても知られている。夫、藤原兼家《かねいえ》との二十一年間の結婚生活を自叙伝風に回想したもので、一夫多妻社会で苦悩する作者の内面が詳細に描かれている。その写実性・心理描写に着目したい。上中下の三巻から成る。

町の小路《こうぢ》の女

【大意】 1 教706 172ページ4〜9行 教708 142ページ4〜9行

九月頃、作者は、夫兼家がほかの女に送ろうとした手紙を見つけた。あきれた作者は、手紙を見たことを兼家に悟らせる和歌を書き添えた。十月の末頃、兼家が三晩続けて姿を見せない時があったが、兼家は、来ると素知らぬ様子で思わせぶりなことを言うのだった。

【品詞分解／現代語訳】

さて、九月　ばかり　に　なり　て、出で　に　たる　ほど　に、箱　の　ある　を　手まさぐり　に

接　副助　格助　四・用　接助　下二・用　助動・完・用　助動・存・体　格助　格助　ラ変・体　格助　格助

さて、　九月頃になって、　(夫兼家が家を)出ていって留守の時に、　(私は)文箱《ふばこ》があるのを(見つけて)何の気なしに

開け　て　見れ　ば、人　の　もと　に　遣ら　む　と　し　ける　文　あり。あさましさ　に、「見

下二・用　接助　上一・已　接助　格助　格助　四・未　助動・意・終　格助　サ変・用　助動・過・体　ラ変・終　格助　上一・用

開けて見ると、　ほかの女の人のところに送ろうとした手紙がある。　思いがけないことにあきれ、「せ

て　けり　と　だに　知ら　れ　む。」と　思ひ　て、書きつく。

助動・完・用　助動・過・終　格助　副助　四・未　助動・受・未　助動・意・終　格助　四・用　接助　下二・終

めて見たということだけでも(兼家に)知られよう。」と思って、　書き添える。

疑はし ほか に 渡せ る 文 見れ ば ここ や とだえ に なら む と す らむ

シク・終　格助　四・已(命)　助動・完・体　上一・已　接助　(代)　係助(係)　格助　四・未　助動・推・終　格助　サ変・終　助動・現推・体(結)

疑わしいことだ。ほかの女の人に送ろうとする手紙を見ると、こちらへのおいでは途絶えてしまうのでしょうか。

など 思ふ ほど に、むべなう、十月 つごもりがた に、三夜 しきり て 見え ぬ 時 あり。つれなう て、「しばし こころみる ほど に。」など、気色 あり。

副助　四・体　格助　ク・用(音)　格助　四・用　接助　下二・未　助動・打・体　ラ変・終　ク・用(音)　接助　副　上一・体　格助　副助　ラ変・終

などと思う間に、案の定、十月の末頃に、三晩続けて（兼家が）姿を見せない時がある。（兼家は、来ると）素知らぬ様子で、「しばらくあなたの気持ちを試しているうちに（日が過ぎてしまった）。」などと、思わせぶりなことを言う。

語句の解説 1

教706 172ページ　教708 142ページ

4 手《て》まさぐりに開《あ》けて見《み》れば　何の気なしに開けて見ると。

「手まさぐり」は、手先でいじること。開けようという意思があったわけではなく、手に取った箱を無造作に扱う感じを表す。

5 あさましさに　思いがけないことにあきれ。

「あさましさ」は、形容詞「あさまし」からできた名詞。「あさまし」は、意外で驚きあきれる感じを表す。

5 見《み》てけりとだに知《し》られむ　せめて見たということだけでも知られよう。

副助詞「だに」は、下に意志・希望・命令・仮定を表す語がある場合は、「せめて…だけでも」の最低限の限定の意。

7 疑《うたが》はし…　（歌）疑わしいことだ。ほかの女の人に送ろうとする手紙を見ると、こちらへのおいでは途絶えてしまうのでしょうか。

「疑はし」に「橋」を、「文」に「踏み」を掛ける。「渡せる」「踏み」「とだえ」は、「橋」の縁語。

8 むべなう《ノウ》　案の定。

形容詞「むべなし」の連用形「むべなく」のウ音便。肯定できないことを予想し、それが当たったという意。

9 気色《けしき》あり　思わせぶりなことを言う。

「気色《けしき》」は、①「自然の様子」、②「人の様子」、③「兆し」、④「機嫌」、⑤「考え、意向」の意がある。「気色あり」で、「趣がある」「あやしげだ」の意を表すが、ここは、兼家の素知らぬ様子があやしげで、思わせぶりなことを言っているということ。

【大　意】　2　教706 172ページ10行〜173ページ13行　教708 142ページ10行〜143ページ13行

兼家のあとをつけさせると、町の小路《こうじ》のある所で車を止めたと言う。たいそうつらく思っているうち夜明け前に門をたたく音がした。兼家が来たようだが門を開けさせないでいると、例の家と思われる所へ行ってしまった。翌朝、独り寝を嘆く歌を、色の褪《あ》せ始めた菊に差し挟んで兼家のもとに送ったが、兼家は言い訳の返事をしてくる。素知らぬ顔をして女のもとに通う兼家に、作者は不愉快な思いを抱く。

【品詞分解／現代語訳】

これ より、夕さりつかた、「内裏 に のがる まじかり けり。」 とて 出づる に、心得 で、人 を つけ
(代)　格助　格助　下二・終　助動・不・用　助動・詠・終　格助　下二・体　接助　下二・未　接助　格助　下二・用
ここから、夕方、「宮中に抜けられない用事があるのだった。」と（兼家が）言って出ていくので、納得がいかず、人にあとをつけさせ

て 見すれ ば、「町 の 小路 なる そこそこ に なむ とまり たまひ ぬる。」 とて 来 たり。
接助　下二・已　接助　格助　助動・在・体　(代)　格助　係助(係)　四・用　補尊・四・用　助動・完・体(結)　格助　カ変・用　助動・完・終
て（様子を）見させたところ、（その者が）「町の小路にあるどこそこに、（兼家の車が）おとまりになりました。」と言って帰ってきた。

「されば よ。」 と、「いみじう 心憂し。」 と 思へ ども、言は む やう も 知ら で ある ほど に、
感　間助　格助　シク・用(音)　ク・終　格助　四・已　接助　四・未　助動・婉・体　係助　四・未　接助　ラ変・体　格助
「やっぱり。」と、「たいそうつらい。」と思うけれども、どう言ってやるかというようなすべもわからないでいるうちに、

二、三日 ばかり あり て、あかつきがた に 門 を たたく 時 あり。「さ な めり。」 と 思ふ
副助　ラ変・用　接助　格助　格助　四・体　ラ変・終　副　助動・断・体(音)　助動・婉・終　格助　四・体
二、三日ほどあって、夜明け前に門をたたく時がある。「（兼家が）来たようだ。」と（私は）思うけれども、

に、憂く て、開け させ ね ば、例 の 家 と おぼしき 所 に ものし たり。つとめて、「なほ
接助　ク・用　接助　下二・未　助動・使・未　助動・打・已　接助　格助　格助　シク・体　格助　サ変・用　助動・完・終　副
つらくて、（門を）開けさせないでいると、（兼家は）例の（女の）家と思われる所へ行ってしまった。翌朝、「やはり

も あら じ。」 と 思ひ て、
係助　ラ変・未　助動・打意・終　格助　四・用　接助
このままにしておくわけにもいくまい。」と思って、

嘆き つつ ひとり 寝る 夜 の あくる ま は いかに 久しき もの と かは 知る
四・用　接助　副　下二・体　格助　下二・体　係助　副　シク・体　格助　係助(係)　四・体(結)
嘆きながら一人寝る夜の明けるまでの間がどんなに長いものか、わかりますか（、いや、門を開ける間も待てないあなたには、わからないでしょう）。

と、例 より は ひきつくろひ て 書き て、移ろひ たる 菊 に さし たり。返り事、

（格助／格助／係助／四・用／接助／四・用／接助／四・用／助動・完・体／格助／四・用／助動・完・終）

と、いつもよりは改まって書いて、色変わりした菊に差し挟んだ（ものを兼家のもとへ持たせた）。返事は、

「あくる まで も こころみ む と し つれ ど、とみなる 召使 の 来合ひ たり つれ
（下二・体／副助／係助／上一・未／助動・意・終／格助／サ変・用／助動・完・已／接助／ナリ・体／格助／四・用／助動・完・用／助動・完・已）
「夜が明けるまで、いや、門が開くまで様子を見ようとしたけれど、急用の役人が来合わせてしまったので。

ば なむ。いと ことわりなり つる は。

（接助／係助（結略）／副／ナリ・用／助動・完・体／終助）

（お怒りは）まことにもっともだよ。


げに や げに 冬 の 夜 なら ぬ 真木 の 戸 も おそく あくる は わびしかり けり」

（副／間助／副／格助／助動・断・未／助動・打・体／格助／係助／ク・用／下二・体／係助／シク・用／助動・詠・終）

本当に本当に（冬の夜はなかなか明けずつらいけれども）、冬の夜ではないが、真木の戸もすぐに門を開けてくれないのはつらいものだよ。」


さても、いと あやしかり つる ほど に、事なしび たる。しばし は、忍び たる さま に、

（接／副／シク・用／助動・完・体／格助／上二・用／助動・存・体／副／係助／上二・用／助動・存・体／助動・断・用）

それにしても、まったく不思議だと思えるほどに、素知らぬ顔をしていることよ。しばらくは、気づかれないようにしている様子で、

「内裏 に。」など 言ひ つつ ぞ ある べき を、いとどしう 心づき なく 思ふ こと ぞ、

（格助／副助／四・用／接助／係助（結流）／ラ変・体／助動・当・体／接助／シク・用（音）／ク・用／四・体／係助（係））

「宮中に。」などと言っているのが当然なのに、いっそう不愉快に思うことは、

かぎりなき や。

（ク・体（結）／間助）

このうえない。

語句の解説 2

教706 172ページ　教708 142ページ

10 **これより**　ここから。
この場合の「これ」は、場所（作者の家）を指している。

教706 173ページ　教708 143ページ

2 **されば よ**　やっぱり。
感動詞「されば」＋間投助詞「よ」で、「やっぱり、思ったとおり」の意。

4 **さなめり**　（兼家が）来たようだ。
「なめり」は、「なるめり」→「なんめり」→「なめり」（撥《はつ》音無表記）。助動詞「めり」は婉曲の意。

1 「例の」とは何を指しているか。

答 兼家が通っていると思われる町の小路の女。

5ものしたり　行ってしまった。
「ものす」は、「居る・来る・行く・言う・食う」などの意味で用いられる。文脈から何を意味するか判断する。

6ひとり寝《ぬ》る夜《よ》のあくるま　一人寝る夜の明けるまでの間。
「あくる」は「(夜が)明ける」と「(戸を)開ける」を掛ける。

7例《れい》よりは　いつもよりは。
「例」は、ここでは「いつものこと」の意。

2 **どのような気持ちを込めたのか。**

答 色変わりした菊に、夫兼家の心がほかの女へ移ってしまったのでしょう、という気持ちを込めた。

8とみなる召使《めしつかい》の来合《きあイ》ひたりつればなむ《ン》　急用の役人が来合わせてしまったので。
「とみなり」は形容動詞で「至急である」の意。「なむ」の下に「帰りし」などの結びの語が省略されている。

9いとことわりなりつるは　(お怒りは)まことにもっともだよ。
「ことわりなり」は形容動詞で、「当然だ、もっともなことだ」の意。「は」は詠嘆の意を表す終助詞。

10げにやげに　本当に本当に。
「げに」は、「なるほど、本当に」の意の副詞。

11事《こと》なしびたる　素知らぬ顔をしていることよ。
「事なしぶ」は、形容詞「事なし」に接尾語「ぶ」が付いた動詞。
「何でもないふりをする」の意。

12言《いイ》ひつつぞあるべきを　言っているのが当然なのに。
「ぞ」の結びは、「を」が付いて文が続いているので、流れている。

12いとどしう《シュウ》心《こころ》づきなく思ふ《おもウ》ことぞ　いっそう不愉快に思うことは。
「いとどしう」は、形容詞「いとどし」の連用形「いとどしく」のウ音便。「心づきなし」は、「気に食わない、心がひかれない」の意。

学習のポイント

1 **次の場面で作者はそれぞれどう対応したか、整理してみよう。**

① **「人のもとに遣《や》らむとしける文《ふみ》」(706 172・5 708 142・5)を見つけた時**
② **「内裏《うち》にのがるまじかりけり。」(706 172・10 708 142・10)と言って、兼家が外出した時**
③ **「あかつきがたに門《かど》をたたく」(706 173・3 708 143・3)音がした時**

解答例
①驚きあきれ、せめて手紙を見たことだけでも知らせようと、「疑はし…」の歌を書き添えた。
②不審に思い、兼家のあとをつけさせた。町の小路の女の家に行ったことがわかり、つらく思ったが、どう言ってやればよいのかわからなかった。
③つらくて兼家に会う気にもならず、門を開けさせなかった。翌朝、

「嘆きつつ…」の歌を、色変わりした菊に差し挟んで贈った。

2 **「疑はし…」「嘆きつつ…」の歌の修辞をそれぞれ指摘してみよう。**

解答例

・「疑はし…」の歌…「疑はし」の「はし」に「橋」、「文」に「踏み」を掛けている。「渡せる」「踏み」「とだえ」が「橋」の縁語。

・「嘆きつつ…」の歌…「あくる」に「夜が明くる」と「戸を開くる」の意味を掛けている。

3 **「嘆きつつ…」の歌と、その返し「げにやげに…」の歌を通して、作者と兼家の心情について考え、話し合ってみよう。**

考え方 作者は「移ろひたる菊」に差し挟んで「嘆きつつ…」の歌を贈るなど、真剣に悲痛な思いを訴えているのに、兼家は「げにやげに」と茶化したような表現で返し、作者の傷心を深刻に受け止めようとする気がないようである。

4 **語句** **「ここやとだえにならむとすらむ」（706 172・7 708 142・7）の傍線部の違いを説明してみよう。**

考え方 「らむ」が一語か、「む」が付いた形か判別する。

解答

・「ならむ」…四段活用動詞「なる」の未然形の活用語尾＋推量の助動詞「む」の終止形

・「すらむ」…現在推量の助動詞「らむ」の連体形（係助詞「や」の結び）

鷹《たか》

※本教材は教708では学習しません。

【大意】 教706 174ページ1行〜175ページ9行

夫兼家の不実を嘆く作者は、早く死んでしまいたいと思うが、一人残る子供の道綱《みちつな》のことを思うと、やはり死にがたいと思い返すのだった。いっそ尼になろうかと道綱に話すと、自分も法師になると言う。鷹を飼わないでいいのかと言うと、道綱は飼っていた鷹を放つ。その姿に女房も涙をこらえきれない。その日の夕方、兼家から手紙が届いたが、気分が悪いからといって使者を帰した。

【品詞分解／現代語訳】

つくづくと　思ひつづくる　こと　は、「なほ　いかで　心　と　し　て　死に　も　し　にしがな。」と　思ふ

副／下二・体／係助／副／副／格助／サ変・用／接助／係助／サ変・用／終助／格助／四・体

しみじみと思い続けることは、「やはり何とかして自分の思い通りに死んでしまいたいものだなあ。」と思うよりほかのこともないが、

より　ほか　の　こと　も　なき　を、ただ　こ　の　一人　ある　人　を　思ふ　に　ぞ、いと　悲しき。「人　と

格助／格助／係助／ク・体／接助／副／（代）／格助／ラ変・体／格助／四・体／格助／係助（係）／副／シク・体（結）／格助

ただこの一人ある人（道綱）のことを思うと、たいそう悲しい。「（この子を）

四・用 接助 ク・未 助動・婉・体 副助 格助 下二・用 接助 係助(係) 係助 ク・未 助動・推・終 格助 係助 四・用
なして、後ろやすからむ妻などに預けてこそ、死にも心やすからむとは思ひ
一人前にして、信頼できる妻などに(世話を)まかせてこそ、死ぬことも心配ないだろうと思ったけれど、

助動・過・已(結) ナリ・体 サ変・用 接助 下二・未 助動・推・終 助動・現推・終 格助 四・体 接助 副 副 ク・終
しか、いかなる心地してさすらへむずらむ。」と思ふに、なほいと死にがたし。
(もし私が死んだら道綱は)どんな気持ちで頼るところもなく暮らしていくだろう。」と思うと、やはりとても死ぬことはできない。

副 係助 サ変・未 助動・意・体 格助 下二・用 接助 格助 下二・終 係助 格助 上一・未 助動・意・終 格助 四・已
「いかがはせむ。かたちを変へて、世を思ひ離るやと試みむ。」と語らへ
「どうしようか。尼になって、世の中のことを思い切れるかどうか試してみようか。」と(道綱に)話すと、

接助 副 ク・用 係助 補・ラ変・未 助動・打・体 助動・断・已 接助 シク・用(音) 係助 副 四・用 接助 副 四・用 補尊・四・未
ば、まだ深くもあらぬなれど、いみじうさくりもよよと泣きて、「さなりたまは
まだ子供で、深い事情などはわからないのだけれども、たいそうしゃくりあげて激しく泣いて、「そのように(尼に)おなり

接助 (代) 係助 格助 四・用 接助 係助(係) ラ変・未 助動・意・已(結) (代) サ変・未 助動・推・体 格助 係助(係) 格助 係助
ば、まろも法師になりてこそあらめ。なにせむにかは、世にも
になるのならば、私も法師になって生きましょう。何のために、世間に交わって

四・未 助動・意・体(結) 格助 シク・用 副 四・已 接助 (代) 係助 副 下二・未 助動・打・已 接助 格助
まじらはむ。」とて、いみじくよよと泣けば、われもえせきあへねど、いみじさに、
(暮らして)いきましょうか。」と言って、たいそう激しく泣くので、私も(涙を)こらえきれないけれど、(あまりの)深刻さに、

格助 四・未 助動・意・終 格助 接 四・未 接助 係助 副 サ変・用 補尊・四・未 助動・意・体 格助 四・用
たはぶれに言ひなさむとて、「さて、鷹飼はではいかがしたまはむずる。」と言ひ
冗談として言い紛らわそうと思って、「それでは、鷹を飼わないではどのようにお暮らしになるおつもりですか。」と言ったところ、

助動・完・已 接助 副 四・用 接助 下二・用 助動・存・体 格助 四・用 四・用 助動・完・終 上一・体 係助 下二・未
たれば、やをら立ち走りて、し据ゑたる鷹を握り放ちつ。見る人も涙せきあへ
おもむろに立ち上がり走って(行って)、つないで止まらせてある鷹をつかんで放ってしまった。見ている女房も涙をこらえきれず、

助動・打・用 副 ク・終 格助 下二・体
ず、まして、日暮らしがたし。心地におぼゆるやう、
まして(私は)、一日中悲しい。心に思われることは、

あらそへ（四・已）　ば（接助）　思ひ　に（格助）　わぶる（上二・体）　あま雲　に（格助）　まづ（副）　そる（四・体）　鷹　ぞ（係助（係））　悲しかり（シク・用）　ける（助動・詠・体（結））

（夫との仲が）うまくいかないので、つらい思いに耐えられないで、いっそ尼にでもなろうかと話すと、それを聞いた子が自分の鷹をまず放って、剃髪（＝出家）の決意を示すとは、なんと悲しいことだなあ。

と（格助）　ぞ（係助（結略））。

と（詠んだ）。

語句の解説

教706 174ページ

1 **つくづくと**　しみじみと。

ほかに「ぼんやりと」「よくよく」の意もある。

1 **いかで心《こころ》として死《し》にもしにしがな**　何とかして自分の思い通りに死んでしまいたいものだなあ。

「いかで…（願望・意志）」は、「何とかして…たい」。「にしがな」は、願望の終助詞。願望の終助詞「にしが」＋詠嘆の終助詞「な」が一語化したもの。「…たいものだなあ」の意。

3 **人《ひと》となして**　一人前にして。

「人」は、ここでは「一人前の人、大人、成人」の意。

3 **後《うし》ろやすからむ《ン》妻《め》など**　信頼できる妻など。

「後ろやすし」は、「先々心配ない、あとあと安心だ」の意。

3 **死《し》にも心《こころ》やすからむ《ン》**　死ぬことも心配ないだろう。

「心やすし」は、ここでは「心配ない、気楽だ」の意。

4 **さすらへ《エ》む《ン》ずらむ《ン》**　頼るところもなく暮らしていくだろう。

「さすらふ」は、「頼るところがなくなる、落ちぶれる」の意。「らむ」は、ただの推量の意と考えてもよい。

教706 175ページ

1 **死《し》にがたし**　死ぬことはできない。

「がたし」は、「なかなか…できない、…しにくい」の意を添える接尾語。

1 **いかがは《ワ》せむ《ン》**　どうしようか。

「いかが」は、「いかにか」の転。「どう…か、どのように…か」。

1 **かたちを変《か》へ《エ》て**　尼になって。

「かたちを変ふ」は、「出家する、剃髪《ていはつ》する」の意を表す。

2 **いみじう《ジュウ》**　たいそう。

「いみじう」は「いみじく」のウ音便。

2 **さなり**　そのように。

「さ」は、作者の尼になろうという言葉を指す。

1 **「さなりたまはば」とは誰がどうなることか。**

答　作者が出家して、尼となること。

3 **法師《ほうし》になりてこそあらめ**　法師になって生きましょう。

「あり」は、ここでは「生きる、暮らす」の意。

3 なにせむ《ン》にかは《ワ》、世《よ》にもまじらはむ《ワン》　何のために、世間に交わって(暮らして)いきましょうか。
「まじろふ」は、ここでは「仲間に入る、交際する」の意。

4 えせきあへ《エ》ねど　(涙を)こらえきれないけれど。
「え…(打消)」は、不可能を表す。「せきあふ」は、「我慢する、こらえきる」の意。

4 いみじさ　深刻さ。
接尾語「さ」が付いて名詞化した語。「いみじ」は、文脈から適当な語を補って訳す場合もあるので注意。ここでは道綱のたいそう切実で深刻な様子を表す。

6 やを《オ》ら　おもむろに。そっと。

7 おぼゆるやう《ヨウ》　思われることは。
「おぼゆ」は、ここでは「自然に思われる」の意。

8 思ひ《イ》にわぶる　つらい思いに耐えられない。
「わぶ」は、ここでは「つらく思う」の意。

答 2

この歌の掛詞《かけことば》を二つ挙げてみよう。

・「あま雲」の「あま」が、「天《あま》」と「尼」を掛けた掛詞。
・「そる」が、鷹が飛び去る意味の「逸《そ》る」と「剃《そ》る」を掛けた掛詞。

9 とぞ　と(詠んだ)。
下に「ぞ」の結びの語「詠みける」などが省略されている。

学習のポイント

1

なぜ「なほいと死にがたし。」(706 174・4)なのか、簡潔に説明してみよう。

考え方　この前に「いかなる心地してさすらへむずらむ」とある。

解答例　自分が死んだら、一人息子の道綱はどんな気持ちで身寄りもなく暮らしていくだろうと考え、死ぬことはできないと思ったから。

2

「かたちを変へて、世を思ひ離る」(706 175・1)の「かたちを変へ」るとは、具体的にどうすることか。また、これと同じ意味の表現を探してみよう。

解答　出家して尼になること。
同じ意味の表現としては、「姿変ふ」「様《さま》変ふ」「頭《かしら》おろす」「御髪《みぐし》おろす」「世を出《い》づ」「世を背く」「世を捨つ」「世を離る」など。

3

「やをら立ち走りて、し据《す》ゑたる鷹を握《にぎ》り放ちつ。」(706 175・6)とあるが、誰がどのような気持ちで鷹を放ったのか、説明してみよう。

解答例　子の道綱が、母が尼になるならば自分も出家すると言った、その決意を表すために鷹を放った。

4

語句　「なほいかで心として死にもしにしがな。」(706 174・1)を、傍線部に注意して現代語訳してみよう。

考え方　「にしがな」は願望の終助詞。

解答例　やはり何とかして思い通りに死んでしまいたいものだなあ。

薫《かを》る香《か》に　〔和泉《いづみ》式《しき》部《ぶ》日記〕

教706 176〜178　教708 145〜147

【大　意】　1　教706 176ページ1〜5行　教708 145ページ1〜5行

作者（和泉《いずみ》式部）が、生い茂る木々を見て、亡き宮（為尊親王《ためたか》）を思って悲しんでいたところに、宮様に仕えていた小舎人童《こどねりわらわ》がやって来た。

【品詞分解／現代語訳】

夢　より⟨格助⟩　も⟨係助⟩　はかなき⟨ク・体⟩　世の中　を、⟨格助⟩　嘆きわび⟨上二・用⟩　つつ⟨接助⟩　明かし暮らす⟨四・体⟩　ほど　に、⟨格助⟩　四月　十余日　に⟨格助⟩　も⟨係助⟩　なり⟨四・用⟩

夢よりもはかない男女の仲（為尊親王とのこと）を、嘆き悲しみ続けて日々を過ごすうちに、四月一〇日過ぎにもなってしまったので、

ぬれ⟨助動・完・已⟩　ば、⟨接助⟩　木の下　くらがり⟨四・用⟩　もてゆく。⟨四・終⟩　築地《ついじ》　の⟨格助⟩　上　の⟨格助⟩　草　あをやかなる⟨ナリ・体⟩　も、⟨係助⟩　人　は⟨係助⟩　ことに⟨副⟩　目　も⟨係助⟩

木の下も次第に暗くなっていく。築地の上の草が青々としている様子も、（ほかの）人は特に目も留めないけ

とどめ⟨下二・未⟩　ぬ⟨助動・打・体⟩　を、⟨接助⟩　あはれ⟨ナリ（語幹）⟩　と⟨格助⟩　ながむる⟨下二・体⟩　ほど　に、⟨格助⟩　近き⟨ク・体⟩　透垣　の⟨格助⟩　もと　に⟨格助⟩　人　の⟨格助⟩　けはひ　すれ⟨サ変・已⟩　ば、⟨接助⟩　たれ⟨（代）⟩

れど、（私は）しみじみともの思いにふけりながら見つめていたその時、近くの透垣《すいがい》のところに人の気配がするので、誰で

なら⟨助動・断・未⟩　む⟨助動・推・体⟩　と⟨格助⟩　思ふ⟨四・体⟩　ほど　に、⟨格助⟩　故宮　に⟨格助⟩　さぶらひ⟨四・用⟩　し⟨助動・過・体⟩　小舎人童　なり⟨助動・断・用⟩　けり。⟨助動・詠・終⟩

あろうと思っていると、故宮（為尊親王）にお仕えしていた小舎人童であったよ。

語句の解説 1

教706 176ページ　教708 145ページ

1 **夢《ゆめ》よりもはかなき世《よ》の中《なか》**　夢よりもはかない男女の仲。

「世の中」は、ここでは「男女の仲」の意。

2 **木《こ》の下《した》くらがりもてゆく**　木の下も次第に暗くなっていく。

木の下が暗くなっていくのは、葉が生い茂り、影ができるからである。「もてゆく」は、「次第に…していく」の意。

---

2 **築地《ついひじ》の上《うえ》の草《くさ》あを《オ》やかなるも**　築地の上の草が青々としている様子も。

「築地《ついひぢ》」は「ついぢ」ともいう。貴族の邸宅などの周囲に作られた土の塀《へい》。「あをやかなる」は連体形。「さま」などの名詞が省略されているので、補って訳す。

3 **あは《ワ》れとながむるほどに**　しみじみともの思いにふけりながら見つめていたその時。

「ながむ」は、ここでは「もの思いにふけりながらぼんやり見る」の意。時節が来れば草木は再び茂るのに、亡き宮は再びかえらないことを思っている。

4けはひ《ワイ》　気配。
「けはひ」は他に、「様子」「雰囲気」「態度」「品位」「ゆかり」「化粧」など、さまざまな意味をもつ。

【大　意】　2　教706 176ページ6行〜177ページ16行　教708 145ページ6行〜146ページ16行

小舎人童は、新しい主《あるじ》の帥宮《そちのみや》（敦道《あつみち》親王）から橘《たちばな》の花をことづかってきた。橘の花を見た作者は、橘の花にかこつけるのではなく、帥宮と直接話をしたいという歌を詠んだ。その歌を受け取った帥宮は、亡き兄宮と同じ思いを抱いているという返歌を詠んだが、あまりに好色めいているという理由で、小舎人童に口止めをした。その返歌を見た作者は、今度は返事をしなかった。

【品詞分解／現代語訳】

ナリ・用　格助　下二・体　格助　カ変・用　助動・完・已　接助　副　シク・用　下二・未　助動・打・用　助動・完・体
あはれに　もの　の　おぼゆる　ほど　に　来　たれ　ば、「などか　久しく　見え　ざり　つる。
しみじみともの思いが感じられる時に来たので、「どうして長らく姿を見せなかったのか。

四・体　格助　格助　係助　四・体　間助　副助　四・未　助動・使・已　接助　(代)　格助　格助　四・未　接助　係助
遠ざかる　昔　の　なごり　に　も　思ふ　を。」など　言は　すれ　ば、「そ　の　こと　と　さぶらは　で　は、
遠ざかる過去の（故宮様の思い出の）よすがに（しよう）とも思うのに。」などと（取り次ぎに）言わせたところ、「これといった用事がございませんことには、

シク・体　助動・断・用　係助(結略)　格助　シク・用(音)　補丁・四・体　格助　係助　格助　四・用
なれなれしき　さま　に　や　と、つつましう　さぶらふ　うち　に、日ごろ　は　山寺　に　まかりありき
（お伺いするのも）慣れ慣れしいことであろうかと、遠慮しておりますうちに、（ごぶさたしてしまいました。）近ごろは山寺に出歩き申し上げておりま

接助　係助(結略)　副　ク・用　ナリ・用　四・用　補謙・下二・未(音)　助動・自・已　接助　格助　係助　上一・用
て　なむ。いと　たよりなく、つれづれに　思ひ　たまう　らるれ　ば、御代はり　に　も　見
した。まったく頼みとするところもなく、心細く思われ申し上げますので、（故宮様の）お身代わりとしてもお世話

補謙・四・未　助動・意・終　格助　係助(係)　格助　四・用　接助　四・体(結)　格助　四・終　副　ク・体　助動・断・用　係助(係)
たてまつら　む　とて　なむ、帥宮　に　参り　て　さぶらふ。」と　語る。「いと　よき　こと　に　こそ
申し上げようと思って、帥宮様のところに参上してお仕えしております。」と話す。「たいそうよいことであるようだね。

補・ラ変・体(音)　助動・定・已(結)　(代)　格助　係助　副　ナリ・用　シク・用(音)　補尊・四・終　助動・伝・体　終助　格助　助動・断・用
あ　なれ。そ　の　宮　は、いと　あてに　けけしう　おはします　なる　は。昔　の　やう　に
その宮様は、たいそう上品で近づきがたくていらっしゃるそうだよ。亡き為尊親王のようには

係助 副 副助 補・ラ変・未 助動・打推・終 副助 四・已 接助 副 四・已 接助 副 ク・用 補尊・四・用 接助 副 四・終
はえしもあらじ。」など言へば、「しかおはしませど、いとけ近くおはしまして、『常に参る
おありにならないでしょう。」などと言うと、「そうではいらっしゃるけれど、たいそう親しみやすくていらっしゃって、『いつも(和泉式

係助 格助 四・未 助動・尊・用 補尊・四・用 接助 四・用 補丁・ラ変・終 格助 四・用 補丁・四・用 助動・完・已 接助 (代) 四・用 接助
や。』と問はせおはしまして、『参りはべり。』と申しさぶらひつれば、『これもて参りて、
部のもとに)参上するのか。』とお尋ねになられて、『参上いたします。』と申し上げましたところ、『これを持参して、

副 上一・用 補尊・四・体 格助 四・未 助動・使・命 格助 下二・用 助動・完・体 格助 格助 格助 下二・用
いかが見たまふとて奉らせよ。』とのたまはせつる。」とて、橘の花を取り出で
どのようにご覧になるかと(侍女に)差し上げさせよ。』とおっしゃった。」と言って、橘の花を取り出したので、

助動・完・已 接助 格助 格助 格助 四・未 助動・自・用 接助 接 四・用 助動・強・未 助動・意・終 副 下二・終
たれば、「昔の人の」と言はれて、「さらば参りなむ。いかが聞こえさす
「昔の人の」と自然と口をついて出て、「それでは(帥宮様の下へ)参りましょう。(お返事は)どのように申し

助動・適・体 格助 四・已 接助 格助 下二・未 助動・婉・体 係助 ク・用 接助 副 シク・用
べき。」と言へば、ことばにて聞こえさせむもかたはらいたくて、「なにかは。あだあだしく
上げればよいでしょうか。」と言うので、文章で申し上げるようなのもきまりが悪くて、「いやなに。浮気であるとも

係助 副 下二・用 補尊・四・未 助動・打・体 接助 ク・体 格助 係助 格助 四・用 接助
もまだ聞こえたまはぬを。はかなき言をも。」と思ひて、
まだ噂《うわさ》されていらっしゃらないのだから。とりとめのない和歌でも(差し上げよう)。」と思って、

四・体 格助 下二・体 格助 係助 四・未 終助 シク・体 係助(係) サ変・用 助動・存・体(結) 格助
薫る香によそふるよりはほととぎす聞かばやおなじ声やしたると
(昔の人を思い出させるという橘の花の)立ちこめる香りにかこつけてしのぶよすがとしますよりは、ほととぎす(あなた)の声を聞きたいものです。
(故宮様と)同じ声がしているかどうかと。

格助 下二・用 助動・使・用 助動・完・終
と聞こえさせたり。
と申し上げさせた。

副 格助 四・用 助動・過・体 格助 (代) 格助 格助 格助 四・用 助動・過・体 格助
まだ端におはしましけるに、この童、隠れのかたに気色ばみけるけはひを
(帥宮様が)まだ縁側にいらっしゃった時に、この小舎人童が、物陰のほうでそれとなく合図をする様子をお見つけになられて、

下二・用　接助　副　格助　四・未　助動・尊・用　補尊・四・体　接助　格助　下二・用　助動・完・已　接助　サ変・用　接助
御覧じつけ　て、「いかに。」と　問は　せ　たまふ　に、御文　を　さし出で　たれ　ば、御覧じ　て、
「どうであったか。」とお尋ねになられたので、小舎人童がお返事を差し出したところ、（帥宮様はそれを）ご覧になって、

シク・体　格助　四・用　接助　ラ変・用　助動・過・体　係助　四・未　助動・打・体　格助　四・未　助動・打・終　係助
おなじ　枝　に　鳴き　つつ　をり　し　ほととぎす　声　は　変はら　ぬ　もの　と　知ら　ず　や
（私と故宮は）同じ枝に鳴きながらとまっていたほととぎす（同じ母から生まれ、いつも一緒にいた兄弟）であるよ。（二人の）声は変わらないものだと知らないのだろうか。

格助　四・未　助動・尊・用　補尊・四・用　接助　四・終　格助　ラ変・体　副　格助　四・終　終助　シク・体
と　書か　せ　たまひ　て、賜ふ　とて、「かかる　こと、ゆめ　人　に　言ふ　な。すきがましき　やう
とお書きになって、（小舎人童に）お与えになろうとして、「このようなことを、決して他の人に言うな。好色めいているようだ。」

助動・断・終　格助　四・未　助動・尊・用　補尊・四・用　助動・完・終　カ変・用　助動・完・已　接助　シク・終　格助　上一・已　接助　係助　格助
なり。」とて、入ら　せ　たまひ　ぬ。もて来　たれ　ば、をかし　と　見れ　ど、常　は　とて
と言って、（建物の奥に）お入りになった。（小舎人童がその手紙を）持ってきたので、興味深く見るけれど、いつも返事をするのは

下二・未　助動・打・終
御返り　聞こえさせ　ず。
（いかがなものか）と思って返歌を差し上げることはしなかった。

語句の解説 2

教706 176ページ　教708 145ページ

6 **などか久《ひさ》しく見《み》えざりつる**　どうして長らく姿を見せなかったのか。

「などか」は疑問の副詞。「つる」は完了の助動詞「つ」の連体形。疑問や反語を表す副詞が文中にある場合は、連体形で結ぶ。

1　**「遠ざかる昔」とはどのようなことか。**

答　（作者が愛していた）亡き為尊親王の思い出。

7 **昔《むかし》のなごり**　過去の（思い出の）ようすが。

「なごり」は、過ぎ去った後まで影響を残す物事や感情。余韻。

7 **など言《い》はすれ《ワ》ば**　などと（取り次ぎに）言わせたところ。

「すれ」は使役の助動詞「す」の已然形。この当時、貴族の女性は直接相手に声を聞かせず、侍女などの取り次ぎ役を介して言葉を伝えるのが普通であった。

8 **なれなれしきさまにやと**　なれなれしいことであろうかと。

「にや」は、断定の助動詞「なり」の連用形＋係助詞「や」。結びが省略されているので、「あらむ」などを補って訳す。

9 **まかりありきてなむ《ン》**　出歩き申し上げておりました。

「なむ」は強調の係助詞。結びが省略されているので、「はべる」「さぶらふ」などを補って訳す。

9**思《おも》ひ《イ》たまう《モウ》らるれば**　思われ申し上げますので。
「たまう」は謙譲の補助動詞「たまふ」の未然形「たまへ」のウ音便。補助動詞「たまふ」は、尊敬の意味で用いる時は四段活用、謙譲の意味で用いる時は下二段活用なので注意する。

11**いとよきことにこそあなれ**　たいそうよいことであるようだね。
「あなれ」は、「あるなれ」→「あんなれ」→「あなれ」(撥《はつ》音無表記)。「アンナレ」と読む。

教706 177ページ　教708 146ページ

1**えしもあらじ**　おありにならないでしょう。
「え」は呼応の副詞で、下に「ず」「で」「じ」「まじ」を伴って不可能の意味を表す。

2**問《と》は《ワ》せおは《ワ》しまして**　お尋ねになって。
「せ」は尊敬の助動詞「す」の連用形、「おはしまし」は尊敬の補助動詞「おはします」の連用形。最高敬語(二重敬語)で、帥宮に対する敬意を表す。

2　**誰がどこに参るのか。**

答　小舎人童が作者のもとを退出し、帥宮のもとへ参る。

5**いかが聞《き》こえさすべき**　どのように申し上げればよいでしょうか。
「聞こえさす」は、「聞こゆ」に使役の助動詞「さす」が付いて一語になったもの。「聞こゆ」よりも敬意が高い。「いかが」に呼応して「べき」は連体形である。

6**かたは《ワ》らいたくて**　きまりが悪くて。
「かたはらいたし」には、①「はらはらする」、②「気の毒である」、③「きまりが悪い」の意味がある。中世以降は、④「笑止である」の意味でも用いられる。ここでは③の意味。

6**なにかは《ワ》**　いやなに。
副詞だが感動詞的に用いられている。帥宮への返事を「いやなに、かまうものか、文章でなく和歌で返そう」ということ。

6**あだあだしくもまだ聞《き》こえたまは《ワ》ぬを**　浮気であるともまだ噂《うわさ》されていらっしゃらないのだから。
「あだあだし」は、「移り気だ、浮気っぽい、誠意がない」の意。この「聞こゆ」は謙譲語ではなく、「うわさされる、評判になる」の意。

8**よそふ《ウ》る**　かこつける。
「よそふ」には「装ふ」と「比ふ」がある。「装ふ」は四段活用で「衣服を整える、用意をする」の意味、「比ふ」は下二段活用で「なぞらえる、かこつける」の意味。ここでは、連体形が「よそふる」であることから、「比ふ」である。

13**おなじ枝《え》に鳴《な》きつを《オ》りしほととぎす**　同じ枝に鳴きながらとまっていたほととぎす。
「おなじ枝に」は、同母の兄弟を示す。中国では兄弟を「連枝同本」という。自分と故宮は同じ母から生まれ、いつも一緒にいた兄弟だということ。

14**ゆめ人《ひと》に言《い》ふ《ウ》な**　決して他の人に言うな。
「ゆめ(…な)」は、「決して(…するな)、絶対に(…するな)」の意。
「な」は、禁止の意の終助詞。

学習のポイント

1 「小舎人童」が和泉式部を訪ねてきた事情について、説明してみよう。

解答例 お仕えしていた故宮（為尊《ためたか》親王）が亡くなり、代わりに帥宮に仕えることになったが、その帥宮から和泉式部への求愛の橘の花をあずかってきた。

2 登場人物の関係を考えながら、場面の移り変わりを整理してみよう。

考え方 第一段落〜第三段落でまとめてみよう。

解答例

・第一段落…和泉式部が、為尊親王の亡き後、ひっそりと生活しているところへ、故親王の使用人であった小舎人童が来訪する。
・第二段落…小舎人童が自分の現在の状況と故親王の弟帥宮の様子を語るが、実は、帥宮の和泉式部に対する求愛の橘の花を届けに来たのだった。和泉式部は返歌を託した。
・第三段落…小舎人童は帥宮の屋敷に帰り、和泉式部の返歌を渡す。帥宮は先の歌よりもいっそう求愛の情を込めた歌を、再び和泉式部のもとに持って行かせた。和泉式部はそれを読んだが、二重のお返しになると思って、再度の返歌はしないことにした。

3 語句　次の傍線部の違いを説明してみよう。

① つれづれに思ひたまうらるれば、（706 176・9　708 145・9）
② ……と書かせたまひて、賜《たま》ふとて、（706 177・14　708 146・14）

考え方 ①「たまう」は「たまへ」のウ音便で、下に「らる」の已然形「らるれ」が付いているので未然形。「たまへ」が未然形であるのは下二段活用。②「たまひ」は連用形なので、四段活用の「たまふ」。「賜ふ」は「与ふ」の尊敬語で、「お与えになる、くださる」の意。

解答 ①謙譲の補助動詞（下二段活用）
②たまひ…尊敬の補助動詞（四段活用）
賜ふ…尊敬の動詞

紫式部日記

紫式部

教706 178~181
教708 148~149

●『紫式部日記《むらさきしきぶにっき》』とは

作者は紫式部。寛弘《かんこう》五（一〇〇八）年から寛弘七（一〇一〇）年正月までの、宮廷生活の詳細な記録を記した部分と、同時代の宮廷女房たちに対する批判や自己に対する厳しい省察を述べた随想的部分から成る。日記全編を通して、紫式部の外界への鋭い観察力と、自己の内面への深い洞察力がうかがわれる。

土《つち》御《み》門《かど》邸の秋

※本教材は教708では学習しません。

【大意】教706 178ページ1行～179ページ7行

秋が深まる頃、中宮彰子《しょうし》は出産のため土御門殿《つちみかど》（父藤原道長《ふじわらのみちなが》の邸宅）へ里下がりしていた。邸宅の素晴らしい風情の中で、不断の読経《どきょう》の声がいっそうしみじみと感じられる。そんな中、出産を間近にひかえた中宮の立派な様子に感心し、普段の沈みがちな気持ちも忘れられるのだった。

【品詞分解／現代語訳】

秋／の（格助）／けはひ／入りたつ（四・体）／まま／に（格助）、／土御門殿／の（格助）／ありさま、／言は（四・未）／む（助動・婉・体）／かた／なく（ク・用）／をかし（シク・終）。／池／の（格助）

秋の気配が深まるにつれて、土御門邸の様子は、言いようもなく趣がある。池の周辺

わたり／の（格助）／梢ども、／遣水／の（格助）／ほとり／の（格助）／くさむら、／おのがじし（副）／色づきわたり（四・用）／つつ（接助）、／おほかた／の（格助）／空／も（係助）

の梢《こずえ》などや、遣水《やりみず》のほとりの草むらは、それぞれに一面に色づいて、一帯の（夕映えの）空も優美で

艶なる（ナリ・体）／に（格助）、／もてはやさ（四・未）／れ（助動・受・用）／て（接助）、／不断／の（格助）／御読経／の（格助）／声々、／あはれ／まさり（四・用）／けり（助動・過・終）。／やうやう（副）／涼しき（シク・体）

あるのに、引き立てられて、（安産祈禱《きとう》の）絶え間ない御読経の声々は、いっそうしみじみと感じられた。しだいに涼しくなる

風／の（格助）／けはひ／に（格助）、／例／の（格助）／絶えせ（サ変・未）／ぬ（助動・打・体）／水／の（格助）／おとなひ、／夜もすがら（副）／聞きまがはさ（四・未）／る（助動・自・終）。

風の気配に、いつもの途切れることのない遣水の音が、一晩中（読経の声と）入り交じって区別がつかないように聞こえる。

格助 係助 ク・用(音) 四・体 ク・体 サ変・体 格助 四・用 接助 シク・用(音) 補尊・四・終
御前 に も、近う さぶらふ 人々、はかなき 物語 する を 聞こしめし つつ、なやましう おはします
中宮様に(おかれて)も、おそば近くお仕えする女房たちが、何ということもない話をするのをお聞きになりながら、(身重のため)お苦しくていらっしゃ

助動・推・体(音) 助動・定・体 接助 ク・用 四・未 助動・尊・用 補尊・四・已(命) 助動・存・体 副助 格助
べか める を、さりげなく もて隠さ せ たまへ る 御有様 など の、
るにちがいないようなのに、さりげなくそっとお隠しになっていらっしゃるご様子などが、

副 ナリ・体 助動・断・已 接助 格助 格助 係助 ラ変・体 格助 係助(係) 四・終
いと さらなる こと なれ ど、憂き世 の なぐさめ に は、かかる 御前 を こそ たづねまゐる
(ご立派なことは)本当に今さら言うまでもないことだが、つらいこの世の慰めとしては、このような中宮様をこそ探してお仕え申すべきであったの

助動・当・用 助動・詠・已(結) 格助 格助 係助 下二・用 ク・用 四・未 助動・自・体 係助 副
べかり けれ と、うつし心 を ば ひきたがへ、たとしへなく よろづ 忘ら るる も、かつは
だなあと、普段の(沈みがちな)心とはうって変わって、たとえようもないほど全て(の憂い)が自然に忘れられるのも、一方では

シク・終
あやし。
不思議なことだ。

語句の解説

教706 178ページ

1 **入《い》りたつままに**　深まるにつれて。
「入りたつ」は、ここでは「深く入る、入りこむ」の意。

1 **言《い》はむ《ワン》かたなくを《オ》かし**　言いようもなく趣がある。
「言はむかたなし」は、「言いようもない、この上ない」の意。

2 **遣水《やりみず》**　寝殿造りの庭に水を導き入れて流れるようにしたもの。

2 **おのがじし**　それぞれに。

2 **色《いろ》づきわたりつつ**　一面に色づいて。
「色づきわたる」は、「色づく」＋「わたる」の複合語。「わたる」は、動詞の連用形に付いて、「一面に…する、広く…する」の意。

3 **艶《えん》なるに**　優美であるのに。
「艶《えん》なり」は、ここでは「優美なさま、しっとりと風情のあるさま」の意。

3 **もてはやされて**　引き立てられて。
「もてはやす」は、ここでは「引き立てる、映えさせる」の意。

教706 179ページ

1 **例《れい》の絶《た》えせぬ水《みず》のおとなひ《イ》**　いつもの絶えることのない遣水の音。
「例の」は、ここでは「いつもの、普段の」の意。「絶えす」はサ変動詞で、「中途で切れる」の意。「おとなひ」は、ここでは「音、響き」の意。

2 **聞《き》きまがはさ《ワ》る**　入り交じって区別がつかないように聞こえる。

「まがはす」は、入り乱れて区別がつかないこと。

1 **何が何と「聞きまがはさる」のか。**

答 遣水の音が読経の声と入り交じって区別がつかないように聞こえる。

3 はかなき物語《ものがたり》する　何ということもない話をする。
「はかなし」は、ここでは「何ということもない、たわいもない」の意。

5 さらなることなれど　今さら言うまでもないことだが。
「さらなり」は、「言へばさらなり」「言ふもさらなり」の「言へば」「言ふも」が略されたもので、「今さら言うまでもない、もちろんだ」の意。中宮様の素晴らしさは今さら言うまでもないということ。

5 憂《う》き世《よ》　つらいこの世。
悲しみや苦しみに満ちたこの世。作者は夫と死別している。

6 うつし心《ごころ》をばひきたがへ《エ》　普段の心とはうって変わって。
「うつし心」は「現《うつ》し心」で、「現実の心、日常の心」のこと。「ひきたがふ」は、ここでは「これまでとうって変わる」の意。

6 たとしへ《エ》なく　たとえようもないほど。

7 かつはあやし　一方では不思議なことだ。
「かつは」は副詞で、「一方では」の意。

学習のポイント

1 **土御門邸の秋の様子がどのように描かれているか、順を追ってまとめてみよう。**

考え方　第一段落から、視覚的、聴覚的に描かれている様子を読み取る。

解答例　池の周辺の梢《こずえ》や遣水のほとりの草むらなどが一面に色づいて、夕映えの空の美しさに引き立てられている様子が視覚的に描かれ、日が暮れてからは、遣水の音や読経の声が入り交じって聞こえてくる様子が聴覚的に描かれている。

2 **「かつはあやし。」(706 179・7)とあるが、どのようなことを「あやし」と言っているのか、説明してみよう。**

考え方　忘れられることが不思議だと言っている。何が何を忘れさせるのか、を考える。

解答例　中宮様のご様子を見ていると、普段の自分(作者)の沈みがちな心とはうって変わって、憂鬱な気持ちが自然に忘れられることが不思議だということ。

3 **語句**　**次の傍線部の違いを説明してみよう。**

① **夜もすがら聞きまがはさる。(706 179・2)**

② **さりげなくもて隠させたまへる御有様《みありさま》などの、(706 179・4)**

考え方　①は未然形に接続している。②は已然形(命令形)に接続している。

解答　①自発の助動詞「る」の終止形
②存続の助動詞「り」の連体形

和泉《いづみ》式部と清少納言

【大意】 1 教706 180ページ1〜8行 教708 148ページ1〜8行

和泉《いずみ》式部は、手紙と和歌の才能があり、気楽な走り書きや、口にまかせて詠んだ歌に趣が感じられる。しかし歌の知識や理論についてはあやしく、こちらが引け目を感じるほどの歌人ではない。

【品詞分解／現代語訳】

格助　四・体　係助(結略)　ク・用(音)　四・用　助動・過・体　接　係助　シク・未　助動・打・体
和泉式部 と いふ 人 こそ、おもしろう 書きかはし ける。されど、和泉 は けしから ぬ かた
和泉式部という人は、趣のある手紙をやりとりした(人です)。そうではあるが、和泉には(日常生活で)感心しない一面がある。

係助(係)　ラ変・已(結)　下二・用　接助　四・用　助動・完・体　格助　(代)　格助　格助　ラ変・体　ク・体(音)
こそ あれ。うちとけ て 文 はしり書き たる に、そ の かた の 才 ある 人、はかない 言葉
気軽に手紙をすらすらと書き流した時には、その方面(＝文章)の才能のある人で、ちょっとした言葉の、

格助　係助　下二・用　補丁・ラ変・体　助動・婉・終　係助　副　シク・体　格助
の、にほひ も 見え はべる めり。歌 は、いと をかしき こと。ものおぼえ、歌 の ことわり、
気品も見えるようです。和歌は、たいそう興味深いこと(ですよ)。古歌についての知識や、歌の理論・批評は、

格助　助動・断・用　係助(係)　補丁・ラ変・未　助動・打・体(音)　助動・婉・已(結)　格助　下二・用　助動・完・体
まこと の 歌詠みざま に こそ はべら ざ めれ、口 に まかせ たる ことども
本当の歌人のようではないようですが、口から出るにまかせて詠んだ歌などに、

格助　副　シク・体　格助　格助　四・体　下二・用　補丁・ラ変・終　(代)　副助　格助　四・用　助動・完・未
に、かならず をかしき 一ふし の、目 に とまる 詠みそへ はべり。それ だに、人 の 詠み たら
必ず趣のある一節の、目に留まるものが詠み添えてあります。それほどの(歌)人でさえ、人が詠んだ歌を、

助動・婉・体　サ変・用　四・用　上一・用　助動・存・未　助動・婉・体　係助　感　副　副助　係助　下二・未　助動・打推・終　格助
む 歌、難じ ことわり ゐ たら む は、いでや さ まで 心 は 得 じ、口 に
非難し批評していたような時には、さあそれほどまで和歌の道に精通してはいないだろう、口先です

副　格助　四・未　助動・自・体　助動・断・体(音)　助動・婉・終　格助　係助(係)　下二・用　助動・完・体　助動・断・用　補丁・ラ変・体(結)　終助
いと 歌 の 詠ま るる な めり と ぞ、見え たる すぢ に はべる かし。
らすらと自然に歌が詠み出されるのであるようだと、すぐにわかってしまうようなたぐいの人でございますよ。

恥づかしげ	の	歌詠み	や	と	は	おぼえ	はべら	ず。
ナリ(語幹)	格助		間助	格助	係助	下二・用	補丁・ラ変・未	助動・打・終

こちらが恥ずかしくなるほど優れている歌人だなあとは思われません。

語句の解説 1

教706 180ページ　教708 148ページ

1おもしろう書《か》きかは《ワ》しける　趣のある手紙をやりとりした(人です)。「おもしろう」は「おもしろく」のウ音便。「ける」の下に「人なれ」(「こそ」の結びで已然形)などが省略されている。「おもしろし」は、ここでは「趣深い、興趣がある」の意。

2文《ふみ》はしり書《か》きたるに　手紙をすらすらと書き流した時には。「はしり書く」は、「すらすらと文字を書く、すらすらと書き流す」。

2そのかた　ここでは文章の方面ということ。

2才《ざえ》　ここでは「才能」の意。

3にほ《オ》ひ《イ》　気品。魅力。「つやのある美しさ」が原義。「色つや」「生き生きとした美しさ」「香り」「栄華」の意もある。

1　**「にほひ」とはどのような意味か。**

答　言葉から感じられる華やかな美しさ。

3見《み》えはべるめり　見えるようです。「はべり」は、丁寧の補助動詞。「…です、…ます」と訳す。

3いとを《オ》かしきこと　たいそう興味深いこと(ですよ)。

4まことの歌詠《うたよ》みざまにこそはべらざめれ　本当の歌人のようではないようですが。「歌詠みざま」は、「歌人のよう、歌人のありさま」の意。「ざま」は、「…のよう、…のありさま」の意を表す接尾語。「こそ…(已然形)」が、文の途中にある場合は、「…けれど、…が」と逆接で訳す。「はべり」は、丁寧の補助動詞。「ざめり」は、「ざるめり」の撥《はつ》音便「ざんめり」の撥音無表記。

6それだに　それほどの(歌)人でさえ。「だに」は、程度の軽いものをあげて重いものを類推させる副助詞。

6難《なん》じことわりゐ《イ》たらむ《ン》は　非難し批評していたような時には。「難ず」は、「非難する」、「ことわる」は、ここでは「批評する、判定する」の意。

6いでや　さあ。さてさて。

6さまで　それほどまで。

7恥《は》づ《ズ》かしげの歌詠《うたよ》み　こちらが恥ずかしくなるほど優れている歌人。「恥づかしげなり」は、ここでは「(こちらが恥ずかしくなるほど)素晴らしい、優れている」の意。

2　**「恥づかしげの歌詠み」とはどのような人か。**

答　こちらが恥ずかしくなるような優れた歌人。

【大意】 2 教706 180ページ9行〜181ページ2行 教708 148ページ9行〜149ページ5行

清少納言は、得意顔をして偉そうにしていた人だ。利口ぶって漢字を書き散らしているが不十分なことが多い。人より優れていたいと思い望む人の将来は悪いばかりで、風流ぶってむやみに感動したように振る舞ううちに、自然と誠意のない態度になるのだろう。

【品詞分解／現代語訳】

清少納言 こそ〔係助(結略)〕、したり顔に〔ナリ・用〕 いみじう〔シク・用(音)〕 はべり〔補丁・ラ変・用〕 ける〔助動・過・体〕 人。さばかり〔副〕 さかしだち〔四・用〕、真名 書きちらし〔四・用〕 て〔接助〕

清少納言は、得意顔でひどく偉そうにしておりました人(です)。あれほど利口ぶって、漢字を筆にまかせて書いてお

はべる〔補丁・ラ変・体〕 ほど も〔係助〕、よく〔副〕 見れ〔上一・已〕 ば〔接助〕、まだ〔副〕 いと〔副〕 足ら〔四・未〕 ぬ〔助動・打・体〕 こと 多かり〔ク・終〕。かく〔副〕、人 に〔格助〕 異なら〔ナリ・未〕 む〔助動・意・終〕

ります程度も、よく見ると、まだたいそう足りないことが多い(のです)。このように、人より特別優れていたいと思い

と〔格助〕 思ひ〔四・用〕 このめ〔四・已(命)〕 る〔助動・存・体〕 人 は〔係助〕、かならず〔副〕 見劣りし〔サ変・用〕、行く末 うたて〔副〕 のみ〔副助〕 はべれ〔補丁・ラ変・已〕 ば〔接助〕、艶に〔ナリ・用〕 なり〔四・用〕 ぬる〔助動・完・体〕

望んで(振る舞って)いる人は、必ず見劣りし、将来は悪くなるばかりでございますから、風流ぶることが身についてし

人 は〔係助〕、いと〔副〕 すごう〔ク・用(音)〕 すずろなる〔ナリ・体〕 折 も〔係助〕、もののあはれ に〔格助〕 すすみ〔四・用〕、をかしき〔シク・体〕 こと も〔係助〕 見すぐさ〔四・未〕 ぬ〔助動・打・体〕

まった人は、たいそうもの寂しく何ということもない折も、しみじみと感動しているように振る舞い、風流なことも見過ごさないうちに、

ほど に〔格助〕、おのづから〔副〕 さる〔ラ変・体〕 まじく〔助動・打当・用〕 あだなる〔ナリ・体〕 さま に〔格助〕 も〔係助〕 なる〔四・体〕 に〔助動・断・用〕 はべる〔補丁・ラ変・体〕 べし〔助動・推・終〕。そ〔(代)〕 の〔格助〕

自然とそうあってはならない誠意のない態度にもなるのでしょう。その誠意の

あだに〔ナリ・用〕 なり〔四・用〕 ぬる〔助動・完・体〕 人 の〔格助〕 果て、いかで〔副〕 かは〔係助(係)〕 よく〔ク・用〕 はべら〔補丁・ラ変・未〕 む〔助動・推・体(結)〕。

なくなってしまった人の最後は、どうしてよいことがありましょうか、いや、よいはずはありません。

語句の解説 2

教706 180ページ 教708 148ページ9行〜149ページ3行

9 したり顔《がお》に 得意顔で。
形容動詞「したり顔なり」の連用形。

9 いみじう《ジュウ》はべりける人《ひと》 ひどく偉そうにしておりました人(です)。
「人」の下に断定の助動詞「なれ」(「こそ」の結び)が省略されている。「いみじう」は「いみじく」のウ音便。「いみじ」は、善悪に関係なく、程度のはなはだしいことを表す語。ここでは前後の

文脈から、「ひどく偉ぶっている、とても鼻持ちならない」の意。

9さかしだち　利口ぶって。
「さかしだつ」は、「利口ぶる、賢そうに振る舞う」。「だつ」は、「ふりをする」の意をもつ接尾語。

10真名《まな》書きちらしてはべるほど　漢字を筆にまかせて書いております程度。
「真名《まな》」は漢字のことで、対義語は「仮名」。「書きちらす」は、「筆にまかせて書く、気軽に書く」。

11(1)人《ひと》に異《こと》ならむ《ン》　人より特別優れていたい。
「に」は、比較の基準を表す格助詞。「異なり」は、ここでは「特別優れている、格別だ」の意。

11(1)うたてのみはべれば　悪くなるばかりでございますから。
「うたて」は、ここでは「嘆かわしく、情けなく」の意の副詞。

12(2)すごうすずろなる折《おり》　もの寂しく何ということもない折。
「すごう」は「すごし」の連用形「すごく」のウ音便。「すごし」は、ここでは「もの寂しい」の意。「すずろなり」は、ここでは「何ということもない」の意。

13(3)さるまじく　そうあってはならない。
「さるまじ」は、ここでは「そうあってはならない、不適当だ」の意。「さる」はラ変動詞「さり(然り)」の連体形。「まじ」は打消当然・不適当の助動詞。

13(3)あだなるさま　誠意のない態度。
「あだなり」は、ここでは「誠意がない、浮ついている」の意。

教706 181ページ　教708 149ページ4～5行

1(4)いかでかは《ワ》よくはべらむ《ン》　どうしてよいことがありましょうか、いや、よいはずはありません。
「かは」は、疑問・反語の係助詞。ここでは反語を表す。「いかでかは」を一語の副詞とするものもある。

学習のポイント

1　和泉式部はどのような人物として述べられているか、まとめてみよう。

解答例　日常生活では感心しない一面がある。言葉に気品も見えるが、古歌の知識や歌の批評では本当の歌人とは言えない。歌の道に精通していず、すらすらと自然に詠み出されるようだとすぐにわかる人で、こちらが恥ずかしくなるような優れた歌人ではない。

2　清少納言のどのような点について批判しているか、整理してみよう。

解答例　漢字の才が足りないにもかかわらず、得意顔で漢字を書き散らし、人より優れようと意識して振る舞っている点。どのような時にも風流を気取ろうとするのは、将来を悪くする。

3　本文で「はべり」が文末に多く使われているのはなぜか、考えてみよう。

考え方　補助動詞の「はべり」は丁寧の意を表す。

解答例　「はべり」は、会話や手紙文など特定の相手に語り伝える文章に多く用いられる。本文は作者自身の考え方を聞き手に伝える内容の文章なので、聞き手への敬意を表す「です」「ございます」の意の丁寧語として多く使われている。

4 **語句** 次から助動詞を抜き出し、それぞれの意味を確認してみよう。

① まことの歌詠みざまにこそはべらざめれ、（教706 180・4 教708 148・4）

② 難じことわりゐたらむは、いでやさまで心は得じ、（教706 180・6 教708 148・6）

③ さるまじくあだなるさまにもなるにはべるべし。（教706 180・13 教708 149・3）

考え方 ①「ざめれ」は「ざるめれ」の撥《はつ》音便「ざんめれ」の「ん」の無表記。①・③「に」は体言に接続しているので、断定「なり」の連用形。③「まじく」は「そうあるべきではない」の意なので、打消当然。

解答例

① ざまにこそはべらざめれ
に…断定　ざ…打消　めれ…婉曲

② ゐたらむは　心は得じ
たら…存続　む…婉曲　じ…打消推量

③ さるまじく　なるにはべるべし
まじく…打消当然・不適当　に…断定　べし…推量

読み比べ　紫式部のこと

無《む》名《みやう》草《ざう》子《し》　教706 182〜183　教708 150〜151

【大意】 教706 182ページ1行〜183ページ8行　教708 150ページ1行〜151ページ8行

紫式部が上東門院《じょうとうもんいん》の命を受けて『源氏物語』を作ったというのは、実にうらやましく、すばらしい。実家にいた時に『源氏物語』を作り、それにちなんで紫式部という名をつけたともいうが、どちらが本当なのだろうか。紫式部の日記にも、「出仕した初めの頃は、つきあいにくいだろうと他の女房に思われていたが、ぼんやりしていたので意外に思われた。」などと書かれている。道長公や皇太后宮《こうたいこうぐう》についても書き表されている。

【品詞分解／現代語訳】

「繰り言　の（格助）　やうに（助動・比・用）　は（係助）　はべれ（補丁・ラ変・已）　ど、（接助）　つき（上二・用）　も（係助）　せ（サ変・未）　ず（助動・打・用）　うらやましく（シク・用）　めでたく（ク・用）　はべる（補丁・ラ変・体）

「同じことを繰り返すようですけれど、尽きることもなくうらやましくすばらしゅうございますのは、

係助 格助 格助 四・用 助動・強・終 助動・推・体 係助(係) 四・体(結) 格助 下二・用
は、大斎院 より 上東門院 へ、『つれづれ 慰み ぬ べき 物語 や さぶらふ。』と、尋ね
大斎院から上東門院へ、『退屈が慰められるような物語はございますか。』と、お尋ね申し上げなさった時に、

補謙・下二・未 助動・尊・用 補尊・四・已(命) 助動・完・用 助動・過・体 格助 格助 四・用 接助 (代) 格助 係助(係) 下二・終 助動・適・体(結)
参らせ させ たまへ り ける に、紫式部 を 召し て、『何 を か 参らす べき。』
(上東門院が)紫式部をお呼びになって、『何を差し上げるべきか。』とおっしゃっ

格助 下二・未 助動・尊・用 助動・過・已 接助 シク・体 係助 (代) 係助(係) ラ変・体 助動・推・体(結) シク・用 四・用 接助 下二・用
と 仰せ られ けれ ば、『珍しき もの は、何 か はべる べき。新しく 作り て 参らせ
たので、(紫式部が)『目新しいものは、何かございますでしょうか(、いいえ、ございません)。新しく作って差し上げな

補尊・四・命 終助 格助 四・用 助動・過・已 接助 四・命 格助 下二・未 助動・尊・用 助動・過・体 格助 四・用 接助 格助 四・用
たまへ かし。』と 申し けれ ば、『作れ。』と 仰せ られ ける を 承り て、『源氏』を 作り
さいませ。』と申し上げたところ、『(お前が)作りなさい。』とおっしゃったのを(紫式部が)承って、『源氏物語』を作ったと

助動・完・用 助動・過・体 格助 係助(係) シク・用 ク・用 補丁・ラ変・已(結) 格助 四・体 ラ変・已 接助 接 副
たり ける と こそ、いみじく めでたく はべれ。」と 言ふ 人 はべれ ば、また、「いまだ
いうのは、たいそうすばらしゅうございます。」と言う人がいますと、また、(もう一人の人

係助 サ変・未 接助 格助 ラ変・用 助動・過・体 ラ変・体 下二・用 助動・完・用 助動・過・体 格助 四・用 接助
宮仕へ も せ で 里 に はべり ける 折、かかる もの 作り出で たり ける に より て、
が)「まだ宮仕えもせず実家におりました時、このようなもの(『源氏物語』)を作り出したことによって、

下二・未 助動・受・用 接助 (代) 格助 四・体 係助 下二・用 助動・完・終 格助 係助 四・体 係助 (代) 係助(係)
召し出で られ て、それ ゆゑ 紫式部 と いふ 名 は つけ たり と も 申す は、いづれ か
(出仕するように)召し寄せられて、そのため紫式部という名をつけたとも申すのは、どちらが本当なので

助動・断・用 接助 補丁・ラ変・未 助動・推・体(結) (代) 格助 格助 格助 四・体 上一・用 補丁・ラ変・用 助動・過・体 格助
まこと に て はべら む。その 人 の 日記 と いふ もの 見 はべり し に
しょうか。その人の日記というものを見ました時にも、

係助 四・用 助動・過・体 副助 シク・用(音) 係助 ク・用 係助 接 シク・用(音) 係助 補・ラ変・未 助動・推・終
も、『参り ける 初め ばかり、恥づかしう も 心にくく も、また、そひ苦しう も あら むず
『(上東門院に)出仕した初めの頃は、(私のことを)恥ずかしくなるほど立派でもあり奥ゆかしくもあり、また、つき合いにくくもあるだろうと、

助動・現推・終　格助　副　四・已(命)　助動・存・用　助動・過・体　格助　副　ナリ・用　四・用　ナリ・用　接助
らむ と、おのおの 思へ り ける ほど に、いと 思はずに ほけづき、かたほに て、一文字
(他の女房が)それぞれ思っていたところに、(私が)まったく意外なことにぼんやりしていて、未熟で、一という

格助　副助　四・未　助動・打・体　助動・断・用　助動・過・已　接助　副　四・未　助動・打・終　格助　四・未　助動・受・終　副助
を だに 引か ぬ さま なり けれ ば、かく 思は ず と 友達ども 思は る。』など
漢字すら書かない様子だったので、こうとは思わなかったと友達たちに思われた。』などと見えています。

係助(係)　下二・用　接助　補丁・ラ変・已(結)　格助　副助　格助　係助　シク・用　ク・用　四・用　補謙・下二・用
こそ 見え て はべれ。君 の 御ありさま など を ば、いみじく めでたく 思ひ きこえ
道長公のご様子などを、素晴らしく結構なことに思い申し上げながらも、

接助　副　副助　係助　シク・用　格助　下二・未　助動・打・体　係助　シク・用　接
ながら、つゆ ばかり も かけかけしく 慣らし顔 に 聞こえ出で ぬ ほど も いみじく、また、
少しも思いをかけたようになれなれしい態度で書いてはいないところも素晴らしく、また、

格助　格助　ク・用　ク・用　下二・体　格助　下二・用　接助　係助　四・用　シク・用　四・用
皇太后宮 の 御事 を 限りなく めでたく 聞こゆる に つけ て も、愛敬づき なつかしく さぶらひ
皇太后宮の御事をこの上なく結構なものとして書き申し上げるにつけても、(自分が皇太后宮に対して)愛らしい女房として

助動・過・体　格助　係助　格助　係助　シク・用　シク・用　補尊・四・用　助動・過・体　副助
ける ほど の こと も、君 の 御ありさま も なつかしく いみじく おはしまし し など
慣れ親しんでお仕えしたあたりのことも、道長公のご様子も(皇太后宮に対して)親しみ深く素晴らしくいらっしゃったことなど書き表し申し上げているの

四・用　助動・存・体　係助　格助　上一・未　助動・打・体　助動・断・用　接助　補・ラ変・体(音)　助動・婉・体　副　副
聞こえ表し たる も、心 に 似 ぬ 体 に て あ める。かつは また 御心柄
も、(紫式部の慎み深い)心には似つかわしくないようであるようです。(しかしこれは)一方ではまた

助動・断・体　助動・推・終　副助　四・終
なる べし。」など 言ふ。
(道長や彰子の)お人柄によるものなのでしょう。」などと言う。

語句の解説

教706 182ページ　教708 150ページ

1 **繰《く》り言《ごと》のやう《ヨウ》にははべれど**　同じことを繰り返すようですけれど。
『無名草子』は、女房たちが物語や歌集、女性歌人について語るのを、老尼が聞くという形式である。繰り返し『源氏物語』を礼賛している。

2 **尋《たず》ね参《まい》らせさせたまへ《エ》りけるに**　お尋ね申し上げなさった時に。
「参らす」は謙譲の補助動詞。語り手から上東門院への敬意を表している。二重敬語「させたまふ」が付くことによって、この動作主の大斎院《おおさいいん》を尊敬する表現になっている。

3 **紫式部《むらさきしきぶ》を召《め》して**　紫式部をお呼びになって。
主語は上東門院。「つれづれ慰みぬべき物語やさぶらふ。」と大斎院に尋ねられた上東門院が、紫式部を呼んだのである。

3 **何《なに》をか参《まい》らすべき**　何を差し上げるべきか。
ここの「参らす」は「与ふ」「遣《や》る」の謙譲語。上東門院から大斎院への敬意を表している。

4 **何《なに》かはべるべき**　何かございますでしょうか(、いいえ、ございません)。
「はべり」は「あり」の丁寧語。「あります、ございます」の意。
係助詞「か」は反語。

4 **参《まい》らせたまへ《エ》かし**　差し上げなさいませ。
「参らす」は謙譲の動詞で、紫式部から大斎院への敬意を、尊敬の補助動詞「たまふ」は、紫式部から上東門院への敬意を表している。

5 **「作《つく》れ。」と仰《おお》せられける**　「(お前が)作りなさい。」とおっしゃった。
「仰す」は「言ふ」の尊敬語。「られ」は尊敬の助動詞「らる」の連用形。ともに上東門院への敬意を表している。上東門院が紫式部に、大斎院の退屈を紛らすのによい物語を新しく作れと命じた。

8 **それゆゑ《エ》紫式部《むらさきしきぶ》といふ《ウ》名《な》はつけたり**　そのため紫式部という名をつけた。
『源氏物語』の若紫にちなんで、紫式部と名づけたということ。

1　「その人の日記」とは何を指すか。

答　『紫式部日記』。

教706 183ページ　教708 151ページ

1 **かたほにて**　未熟で。
「かたほなり」は、形容動詞で「未熟だ、不完全だ」の意。

5 **愛敬《あいぎょう》づきなつかしくさぶらひ《イ》けるほど**　愛らしい女房として慣れ親しんでお仕えしたあたりのこと。
「愛敬《あいぎやう》づく」は、表現や態度が愛らしく、魅力がある様子。「なつかし」は、ここでは「親しみがもてる」意。「さぶらふ」は謙譲語で、「貴人のおそばにお仕えする」。紫式部が中宮彰子《しょうし》に仕えたことをさす。

7 **心《こころ》に似《に》ぬ体《てい》にてあめる**　心には似つかわしくないようであるようです。
「あめる」は、「あるめる」の撥《はつ》音便化した「あんめる」の撥音無表記の形。助動詞「めり」は婉曲の意。

学習のポイント

1 **右の文章では、『源氏物語』はどのようにして作り出されたと考えられているか、整理してみよう。**

考え方 二つの考え方が書かれている。

解答例 ・大斎院からのお尋ねによって、上東門院が紫式部に「作れ」と命じ、新しく書かれた。

・紫式部の宮仕え以前に書かれた。評判になり、それが縁で宮仕えに出ることになり、「紫式部」という名も生まれたとする。

2 **「参りける初めばかり、……思はる。」（706 182・9〜183・2 708 150・9〜151・2）という日記の引用文に見える紫式部像について、考えてみよう。**

考え方 引用文では、紫式部は、才気ある『源氏物語』の作者であるにもかかわらず、ぼんやりとしていて、未熟で、一という漢数字すら書かない人と描かれている。才をひけらかすことなく、万事につけて控え目な人物像がうかがわれる。

読み比べ

「和泉式部と清少納言」（706 180ページ 708 148ページ）と、「紫式部のこと」を読んで、紫式部が同時代の人に対して行った評価と、後世の人が紫式部に対して行った評価に共通点や相違点があるか、考えてみよう。

考え方 ・「和泉式部と清少納言」で紫式部が行った評価

和泉式部に関しては、同時期に同じ主人に仕えていたこともあり、直接見聞きした言動から性格についての批判、歌人としての評価などを行っているが、特に歌人としての和泉式部に関し、同じく和歌に優れた資質をもつ紫式部だからこその細かい評価を行っている。

清少納言については、出仕の時期がずれているため、当時評判になっていた『枕草子』からの評価が中心と考えられる。漢文についてなど、紫式部本人の資質あっての評価も含まれるが、人物に関しては相当に個人的な価値観を投影した厳しいものである。紫式部が仕える中宮彰子と、清少納言が仕えた中宮定子《ていし》が帝の寵を争ったという当時の状況や、紫式部の立場も留意しなければならない。

・「紫式部のこと」で後世の人が行った評価

紫式部が名作『源氏物語』を書いたことについて手放しで賞賛し、その性格や言動に関しては、本人の書いた日記の叙述をそのまま受け取り、好意的な評価を下している。

〈共通点〉「和泉式部と清少納言」と「紫式部のこと」のいずれも当人たちが残した作品と、彼らの人物像について言及しており、それらは当人たちが残した作品からの推測が中心である。

〈相違点〉「和泉式部と清少納言」の評言は紫式部本人の資質や価値観あってこそのものであり、当時の状況や作者の立場、また作者自身の人物像まで生き生きと伝えるが、「紫式部のこと」の評言は『源氏物語』について後世での評価にしたがったものに過ぎず、既に固まった評価を覆すようなものではないため、作者の価値観や人物像などは表れていない。

5 物語（二）

源氏物語　紫式部

教706 184〜211　教708 152〜175

●『源氏物語』とは

平安時代中期頃の物語。作者は一条天皇の中宮彰子《しょうし》に仕えた紫式部《しきぶ》。五四帖《じょう》からなる。第一部「桐壺《きりつぼ》〜藤裏葉《ふじのうらば》」は光源氏《ひかるげんじ》の出生から栄華を極める前半生、第二部「若菜上《わかな》〜幻《まぼろし》」は紫《むらさき》の上の死で出家を考えるまでの後半生、第三部「匂宮《におうのみや》〜夢浮橋《ゆめのうきはし》」は光源氏の死後、薫《かおる》や匂宮と女性たちの恋が描かれる。平安文学の完成形とされる。

葵《あふひ》の上と物《もの》の怪《け》

〔御息所のもの思い〕【大　意】　教706 184ページ10行〜185ページ14行　教708 152ページ10行〜153ページ14行

葵《あおい》の上は物の怪にひどく苦しんでいた。六条の御息所《みやすどころ》は、自分の生き霊《りょう》が葵の上を苦しめているという覚えはないが、御禊《ごけい》の際の、牛車《ぎっしゃ》の場所争いの後は心が収まらず、自分の身を抜け出した魂が葵の上のもとに行っているのかと、わが身の罪深さを思い、光《ひかる》源氏をどうにかして忘れようと思う。

【品詞分解／現代語訳】

大殿	に	は、	御物の怪	いたう	起こり	て	いみじう	わづらひ	たまふ。	「こ	の	御生霊、	故父大臣	の
	格助	係助		ク・用（音）	四・用	接助	シク・用（音）	四・用	補尊・四・終	（代）	格助			格助

左大臣邸（葵の上）には、御物の怪がひどく起こってたいそうお苦しみになる。（六条の御息所は）「（物の怪が）ご自分の生き霊だとか、故父大臣の

御霊	など	言ふ	もの	あり。」	と	聞き	たまふ	に	つけ	て、	おぼしつづくれ	ば、	身ひとつ	の	うき	嘆き
	副助	四・体		ラ変・終	格助	四・用	補尊・四・体	格助	下二・用	接助	下二・已	接助		接助	ク・体	

死霊だとか噂《うわさ》する者がいる。」とお聞きになるにつけて、あれこれとお考えになると、我が身の（光源氏から顧みられない）

より	ほか	に	人	を	あしかれ	など	思ふ	心	も	なけれ	ど、	もの思ひ	に	あくがる	なる	魂	は、
格助		格助		格助	シク・命	副助	四・体		係助	ク・已	接助		格助	下二・終	助動・伝・体		係助

つらい嘆き以外に他人に対し悪《あ》しかれと願う気持ちもないけれども、思い悩んだあげく、身体から抜け出すといわれている魂は、

副　係助　係助(係)　ラ変・未　助動・推・体(結)　格助　四・未　助動・自・体　係助　ラ変・終　副　四・体
さ も や あら む と おぼし知ら るる こと も あり。 年ごろ、 よろづに 思ひ残す こと
そういうこともあろうかとお思いになることもある。　数年来、　あれやこれやと物思いの限りを

ク・用　四・用　助動・完・已　接助　副　副助　下二・未　助動・打・体　接助　ク・体　格助　格助　格助
なく 過ぐし つれ ど かう しも 砕け ぬ を、 はかなき こと の 折 に、 人 の
尽くしてきたけれど　こんなにも思い乱れなかったのに、　ちょっとした事件（賀茂での牛車の場所争い）の折に、　あちら

四・用　ク・体　格助　四・体　助動・断・用　助動・過・体　格助　格助　下二・用
思ひ消ち、 無き もの に もてなす さま なり し 御禊 の 後、 一ふし に おぼし浮かれ
の方が自分を軽蔑し、無視した態度をとるように見えたあの御禊の日以来、　あの一件ゆえに浮かされたように

助動・完・用　助動・過・体　ク・用(音)　四・未　助動・自・体　助動・断・用　係助(結略)　副　四・用
に し 心 鎮まりがたう おぼさ るる け に や、 少し うちまどろみ
落ち着かない心が収まりそうになくお思いになるせいなのか、　ほんの少しうとうとされた

補尊・四・体　格助　係助　(代)　格助　格助　シク・体　格助　副　ナリ・用　接助　ラ変・体　格助　四・用　接助
たまふ 夢 に は、 か の 姫君 と おぼしき 人 の いと 清らに て ある 所 に 行き て、
夢の中では、　あの姫君（葵の上）と思われる人がたいへん気品があって美しい姿でいる所へ出向いて行って、

副　四・用　格助　係助　上一・未　助動・打・用　ク・用　ク・体　カ変・用　接助　四・体
とかく 引きまさぐり、 現 に も 似 ず、 猛く 厳き ひたぶる心 出で来 て、 うちかなぐる
あちこちと引き回し、　正気の時とは違って、　荒々しく激しい思いつめた心が生じて、　乱暴に揺すぶったり

副助　下二・用　補尊・四・体　四・用　助動・完・用　助動・過・終　感　ク(語幹)　間助　副　格助　下二・用
など 見え たまふ こと たび重なり に けり。 「あな 心憂 や、 げに 身 を 棄て
するのをご覧になることが度重なったのだった。　「ああ、　情けないことよ、　なるほど魂が我が身を捨てて

接助　係助(係)　ナ変・用　助動・過推・体(結)　格助　助動・断・未　助動・打・用　下二・用　補尊・四・体　係助　ラ変・已　接助
て や 往に けむ。」 と、 うつし心 なら ず おぼえ たまふ 折々 も あれ ば、
行ってしまったのだろうか。」と、　正気の心でなくお思いになることもしばしばあるので、

副　助動・断・未　助動・打・体　副助　格助　格助　係助　ナリ(語幹)　格助　格助　副助　下二・未　助動・打・体
「さ なら ぬ こと だに、 人 の 御ため に は、 よさま の こと を しも 言ひ出で ぬ
「それほどのことでなくてさえ、　他人のこととなると、　良い様子は噂に言い出さない世間であるので、

助動・断・已 接助 副 (代) 係助 副 副 四・用 助動・強・終 助動・可・体 助動・断・終 格助
世 なれ ば、まして これ は いと よう 言ひなし つ べき たより なり。」 と
なおさらこれはどのようにでも事実らしく言い立てることのできそうな機会なのだ。」とお考えになるにつけ、

四・体 接助 副 シク・用(音) 副 格助 ク・用 四・用 接助 格助 四・体 係助 格助 格助
おぼす に、いと 名立たしう、「ひたすら 世 に 亡く なり て 後 に 怨み 残す は 世 の 常 の
ひどく噂になりそうで、「死んでしまった後にいつまでも怨念を残すのはありがちなことだ。

助動・断・終 (代) 副助 格助 格助 係助 ク・用(音) シク・体 接助 格助 (代) 格助 接助
こと なり。それ だに 人 の 上 にて は、罪 深う ゆゆしき を、現 の 我 が 身 ながら
それでさえ他人の身の上として聞く場合には、罪深く忌まわしく思われるのに、現に生きている我が身でありながら

連体 シク・体 格助 下二・未 助動・受・体 格助 ク・体 副 ク・体 格助 副
さる うとましき こと を 言ひつけ らるる、宿世 の 憂き こと。すべて つれなき 人 に いかで
そのような嫌なことを言いふらされるのは、前世の因縁のなんと情けないことよ。もういっさい薄情な方(光源氏)にどうあろうと

係助 下二・用 補謙・下二・未 助動・打意・体 格助 四・已 接助 四・体 係助 格助 助動・断・終
心 も かけ きこえ じ。」 と おぼし返せ ど、「思ふ も ものを」 なり。
思いをおかけ申すまい。」とあらためてご決心なさるが、「思うまいと思うことが物思いをしていることにほかならない」のである。

語句の解説

教706 184ページ 教708 152ページ

10 **物《もの》の怪《け》** 人にとりついて、病気などのたたりをするという生き霊・死霊の類。

10 **いたう《トウ》起《お》こりて** ひどく起こって。「いたう」は、形容詞「いたし」の連用形「いたく」のウ音便。「ひどく、はなはだしく」の意。

12 **身《み》ひとつのうき嘆《なげ》き** 我が身のつらい嘆き。光源氏に顧みられることのないつらさをいう。

教706 185ページ 教708 153ページ

1 **あくがるる魂《たましい》** 身体から抜け出すといわれている魂。「あくがる」は、ここでは「心がもともといるべき所を離れてさまよう」という意。現代語の「憧れる」の意はない。

1 **さもやあらむ《ン》** そういうこともあろうか。副詞「さ」は、自分の生き霊が葵の上のもとへ出向いたことを指す。

2 **年《とし》ごろ** 数年来。長年の間。

3 **かう《コウ》しも砕《くだ》けぬを** こんなにも思い乱れなかったのに。

3 **思《おも》ひ《イ》消《け》ち、無《な》きものにもてなす** 軽蔑し、無視した態度をとる。

4 **御禊《みそぎ》** 斎院の禊《みそぎ》。斎院に選ばれると、賀茂《かも》川で禊をする。禊とは、罪や穢《けが》れがある時や、神事の前などに、水辺に出て身を洗い浄《きよ》めること。

4 一《ひと》ふしにおぼし浮《う》かれにし心《こころ》　あの一件ゆえに浮かされたように落ち着かない心。

「一ふし」は「一件」の意。ここでは、牛車の場所争いの一件のこと。それ以来、御息所の気持ちは落ち着かず乱れている。

4 おぼさるるけにや　お思いになるせいなのか。

「け」は「故《け》」で、「ため、ゆえ」の意。原因・理由を表す。係助詞「や」の結びは、「あらむ」「ありけむ」などの語が省略されている。

1 **「かの姫君」とは誰か。**

答 葵の上。

6 **清《きよ》らにて**　気品があって美しい姿で。

「清らなり」はナリ活用形容動詞で、「気品があって美しい」の意。あり得る最高の美を表す言葉。

6 **現《うつつ》にも似《に》ず**　正気の時とは違って。

「現《うつつ》」は、ここでは「正気」の意で、意識が確かなこと。

6 **猛《たけ》く厳《いか》きひたぶる心《こころ》**　荒々しく激しい思いつめた心。

「厳し」は「いか(し)」と読んで、「荒々しい」の意。「ひたぶる心」は、ここでは「一途《いちず》な心、ひたむきな心」の意。

7 **うちかなぐる**　乱暴に揺すぶる。

「うち」は接頭語。「かなぐる」は「荒々しく動かす」の意。

7 **あな心憂《こころう》や**　ああ、情けないことよ。

「心憂」は、形容詞「心憂し」の語幹。感動詞「あな」には、下に形容詞の語幹が付くのが通例。

8 **げに**　なるほど。ほんとうに。

8 **身《み》を棄《す》てて往《い》にけ《ン》む**　魂が我が身を捨てて行ってしまったのだろうか。

『古今集』の「身を捨ててゆきやしにけむ思ふよりほかなるものは心なりけり」をふまえた表現とされている。

9 **さならぬことだに**　それほどのことでなくてさえ。

副詞「さ」は、自分の生き霊が身を捨てて葵の上のもとに赴くようなことを指す。「だに」は副助詞で程度の類推(…さえ)。

10 **いとよう言《い》ひ《イ》なしつべきたよりなり**　どのようにでも事実らしく言い立てることのできそうな機会なのだ。

「言ひなす」は、ここでは「事実らしく言いたてる、巧みに言う」の意。「たより」は、ここでは「機会、ついで」の意。はなはだしく悪評をたてることができそうな手がかり、ということ。

13 **さるうとましきこと**　そのような嫌なこと。

六条の御息所の生き霊が物の怪となってとりついたという噂《うわさ》。

13 **言《い》ひ《イ》つけらるる**　(他人に)言いふらされる。噂される。

13 **宿世《すくせ》**　宿命。宿縁。前世の因縁。

13 **つれなき人《ひと》にいかで心《こころ》もかけきこえじ**　薄情な方(光源氏)にどうあろうと思いをおかけ申すまい。

「じ」は打消意志の助動詞「じ」で、「いかで」に呼応して連体形。「いかで」は、下に願望・意志の表現を伴って、「どうにかして」という強い願望の意を表す。

2 「つれなき人」とは誰か。

答 光源氏。

【病床の葵の上】【大意】 教706 185ページ15行～186ページ16行 教708 153ページ15行～154ページ16行

葵の上は急に産気づき苦しみ、験者《げんざ》が祈禱《きとう》を行って物の怪を調伏《ちょうぶく》する。光源氏は、臨終の葵の上の寝姿を美しくいたわしいと思う。光源氏は妻の手を取って涙し、葵の上も涙にあふれる目で見上げる。

【品詞分解／現代語訳】

「まだ	さる	べき	ほど	に	も	あら	ず。」	と	みな人	も	たゆみ	たまへ
副	ラ変・体	助動・当・体		助動・断・用	係助	補・ラ変・未	助動・打・終	格助		係助	四・用	補尊・ラ変・已(命)

「まだ出産があるはずの時ではない。」と 誰も油断していらっしゃると、

る	に、	にはかに	御気色	あり	て	悩み	たまへ	ば、	いとどしき	御祈禱	数	を	尽くし	て
助動・存・体	接助	ナリ・用		ラ変・用	接助	四・用	補尊・四・已	接助	シク・体			格助	四・用	接助

(葵の上は)急に産気づかれてお苦しみになるので、 ますます効験のあるご祈禱をあらん限りおさせになるけれど、

せ	させ	たまへ	れ	ど、	例	の	執念き	御物の怪	一つ	さらに	動か	ず。
サ変・未	助動・使・用	補尊・四・已(命)	助動・完・已	接助		格助	ク・体			副	四・未	助動・打・終

いつもの執念深い御物の怪の一つがまったく離れない。

やむごとなき	験者ども、	めづらかなり	と	もて悩む。	さすがに	いみじう	調ぜ	られ	て、	心苦しげに
ク・体		ナリ・終	格助	四・終	副	シク・用(音)	サ変・未	助動・受・用	接助	ナリ・用

優れた僧侶たちも、 珍しいことだともてあましている。 それでもさすがに(物の怪は)手厳しく調伏されて、 痛々しい様子で

泣きわび	て、	「少し	ゆるべ	たまへ	や。	大将	に	聞こゆ	べき	こと	あり。」	と	のたまふ。
上二・用	接助	副	下二・用	補尊・四・命	間助		格助	下二・終	助動・意・体		ラ変・終	格助	四・終

泣き苦しんで、 「(祈禱を)少し緩めてください。 大将(光源氏)に申し上げたいことがあります。」とおっしゃる。

「され	ば	よ。	ある	やう	あら	む。」	とて、	近き	御几帳	の	もと	に	入れ	たてまつり
ラ変・已	接助	間助	ラ変・体		ラ変・未	助動・推・終	格助	ク・体		格助		格助	下二・用	補謙・四・用

(女房たちは、)「やっぱり。何かわけがあるのでしょう。」と、 (葵の上に)近い御几帳《きちょう》のところに(光源氏を)お入れ申し上げた。

助動・完・終　副　格助　助動・断・用　補・サ変・用　補尊・四・体　接助　四・未　助動・希・体　係助

たり。　むげに　限り　の　さま　に　ものし　たまふ　を、「聞こえ置か　まほしき　こと　も

（葵の上は）まったくもうご臨終のご様子でいらっしゃるので、「（光源氏に）申し上げておきたいことでも

サ変・体　助動・断・用　係助(結略)　格助　係助　係助　副　四・用　補尊・四・已(命)　助動・完・終　格助

おはする　に　や。」　とて、　大臣　も　宮　も　少し　退き　たまへ　り。　加持　の　僧ども

おありなのか。」と思って、（葵の上の父の）左大臣も（母の）大宮も少しお退きになった。加持の僧侶たちが

下二・用　接助　格助　四・用　助動・存・体　シク・用(音)　ク・終　格助　下二・用　接助　上一・用

声　静め　て　法華経　を　読み　たる、　いみじう　尊し。　御几帳　の　帷子　ひき上げ　て　見

声を低めて法華経を読んでいるのが、たいそう尊い。御几帳の帷子《かたびら》を引き上げて（女君を）お見申し上げると、

補謙・四・用　補尊・四・已　接助　副　ナリ・用　接助　係助　シク・用(音)　ク・用(音)　接助　四・用　補尊・四・已(命)　助動・存・体

たてまつり　たまへ　ば、　いと　をかしげに　て、　御腹　は　いみじう　高う　て　臥し　たまへ　る

たいそう美しいお姿で、お腹がひどく高くなって伏していらっしゃるお姿は、

副助　上一・用　補謙・四・未　助動・仮・体　接助　下二・用　助動・強・終　助動・推・終　副　シク・用(音)

さま、　よそ人　だに　見　たてまつら　む　に　心　乱れ　ぬ　べし。　まして　惜しう

関係のない人でもこれを拝見したら心が乱れるにちがいない。まして（光源氏が）もった

シク・用(音)　四・体　ナリ・終　ク・体　格助　副　ナリ・用　接助　格助　副　ク・用(音)　ク・体

悲しう　おぼす、　ことわりなり。　白き　御衣　に、　色あひ　いと　華やかに　て、　御髪　の　いと　長う　こちたき

いなく悲しくお思いになるのは、もっともである。白いお召し物に、（黒々とした）色合いも実に鮮やかに、御髪がたいそう長く豊かなのを

格助　四・用　接助　下二・用　助動・存・体　係助　副　係助(係)　ナリ・用　四・用　助動・存・体　四・用　接助

を　ひき結ひ　て　うち添へ　たる　も、「かうて　こそ、　らうたげに　なまめき　たる　方　添ひ　て

引き束ねて添えてあるのも、「こうであってこそ、いたわしげでしっとりしたところも加わって

シク・用　助動・詠・已(結)　格助　下二・終　格助　下二・用　接助　感　シク(語幹)　ク・体　格助　下二・用

をかしかり　けれ。」　と　見ゆ。　御手　を　とらへ　て、「あな　いみじ。　心憂き　め　を　見せ

美しいのだなあ。」と（光源氏には）見えた。（光源氏は葵の上の）お手を取って、「ああ、ひどいこと。（この私に）つらい思いをおさせにな

補尊・四・体　終助　格助　係助　下二・用　補尊・四・未　助動・打・用　四・用　補尊・四・已　接助　係助　副

たまふ　かな。」　とて、　もの　も　聞こえ　たまは　ず　泣き　たまへ　ば、　例　は　いと

るのですね。」とおっしゃって、あとは何も申し上げられずにお泣きになるので、（葵の上は）いつもはと

（シク・用(音)）わづらはしう （ナリ・体）恥づかしげなる 御まみ （格助）を、（副）いと （ナリ・用）たゆげに （下二・用）見上げ （接助）て （四・用）うちまもり （補謙・下二・用）きこえ （補尊・四・体）たまふ

てもうっとうしく気づまりに感じられる目もとを、たいそうだるそうに見上げて(光源氏を)じっと見つめ申し上げていらっしゃるうちに、

（格助）に、涙 （格助）の （下二・体）こぼるる さま （格助）を （上一・用）見 （補尊・四・体）たまふ （係助）は、（副）いかが あはれ （格助）の （ク・未）浅から （助動・推・体）む。

涙のこぼれる(葵の上の)ご様子を(光源氏が)ご覧になっては、どうして(夫婦の)愛情が浅かろうか(、いや、浅くはない)。

語句の解説

教706 185ページ　教708 153ページ

15 **たゆみたまへ《エ》るに**　油断していらっしゃると。
「たゆむ」は、ここでは四段活用の自動詞で「油断する、気が緩む」の意。下二段活用の他動詞は「油断させる」の意になる。

16 **いとどしき御祈禱《おおんいのり》**　ますます効験のあるご祈禱。
「いとどし」は、ここでは「ますますはなはだしい」の意。

教706 186ページ　教708 154ページ

2 **調《ちょう》ぜられて**　(物の怪は)調伏されて。
「調ず」はサ変動詞で、ここでは「祈り伏せる、調伏する」の意。

3 **少《すこ》しゆるべたまへ《エ》や**　(祈禱を)少し緩めてください。
物の怪が、葵の上の口を借りて言っている。

3 **聞《き》こゆべきことあり**　申し上げたいことがあります。
「聞こゆ」は、ここでは「言ふ」の謙譲語。

4 **さればよ**　やっぱり。
予想が的中した時に用いる慣用句。ラ変動詞「さり」の已然形に、接続助詞「ば」、間投助詞「よ」が付いたもの。

4 **あるやう《ヨウ》あらむ《ン》**　何かわけがあるのでしょう。
「やう」は、「わけ、事情」の意。

5 **むげに限《かぎ》りのさまにものしたまふ《モウ》**　まったくもうご臨終のご様子でいらっしゃる。
副詞「むげに」は、ここでは「まったく、全然」の意。「限り」は、ここでは「臨終、危篤」の意。「ものしたまふ」は、「(…で)おありになる、(…て)いらっしゃる」の意。

3 「限りのさま」とは誰のどのような様子のことか。

答 葵の上の臨終の様子。

6 **おはする《ワ》にや**　おありなのか。
係助詞「や」の結びの語(「あらむ」など)は省略されている。

7 **帷子《かたびら》**　几帳の横木から垂らした布。

9 **よそ人《びと》だに**　関係のない人でも。
副助詞「だに」は次文の「まして」と呼応する。

10 **色《いろ》あひ《イ》いと華《はな》やかにて**　色合いも実に鮮やかに。
白衣に対して葵の上の黒髪が際立つさまをいう。

11 **いと長《なご》う《ウ》こちたきを**　たいそう長く豊かなのを。
「こちたし」は、数量や程度が度を越しているさま。ここでは葵の上の髪が豊かな様子を表す。

11 かう《コウ》てこそ　こうであってこそ。
「かうて」は「かくて」の音便形。こういう病床にあって繕わないでいてこそ、ということ。

11 らう《ロウ》たげになまめきたる方《かた》　いたわしげでしっとりしたところ。
「らうたし」は、「かわいい、いたわってやりたい」の意。「なまめく」は、「みずみずしく美しい」の意。

14 例《れい》はいとわづ《ズ》らはしう《ワシュウ》恥づ《ズ》かしげなる御《おおん》まみ　いつもはとてもうっとうしく気づまりに感じられる(葵の上の)目もと。
「例は」は「いつもは」。「わづらはし」「恥づかし」は、ともに光源氏の側から葵の上を意識した言い方である。

15 うちまもりきこえたまふ《モウ》に　じっと見つめ申し上げていらっしゃるうちに。
「うち」は接頭語。「まもる」は「目守る」で、「じっと見つめる、見守る」の意。「きこゆ」は謙譲の補助動詞で、光源氏への敬意を表す。「たまふ」は尊敬の補助動詞で、葵の上への敬意を表す。

15 いかがあは《ワ》れの浅《あさ》からむ《ン》　どうして愛情が浅かろうか(、いや、浅くはない)。
「いかが」は反語の呼応の副詞で、文末の「む」は連体形になる。

〈物の怪の出現〉【大　意】 教706 187ページ1〜15行　教708 155ページ1〜15行

光源氏があまりに激しく泣く葵の上を慰めると、調伏が苦しいので祈禱を緩めてほしいと言う。歌をつぶやく声や様子は、葵の上ではなく御息所に変わっている。光源氏は生き霊が御息所と知り、驚きあきれはてる。

【品詞分解／現代語訳】

あまり(副) いたう(ク・用(音)) 泣き(四・用) たまへ(補尊・四・已) ば、(接助) 「心苦しき(シク・体) 親たち の(格助) 御こと を(格助) おぼし、(四・用) また(接) かく(副) 見(上一・用) たまふ(補尊・四・体)
(葵の上が)あまり激しくお泣きになるので、(光源氏は)「(この世に残してゆく)気の毒な父母たちのことをお思いになり、またこうして(自分を)ご覧になる

に(格助) つけ(下二・用) て(接助) 口惜しう(シク・用(音)) おぼえ(下二・用) たまふ(補尊・四・体) に(助動・断・用) や。」(係助(結略)) と(格助) おぼし(四・用) て、(接助) 「何ごと も(係助) いと(副) かう(副(音)) な(副)
につけて名残惜しくお思いなのだろうか。」とお考えになって、「何事もひどくそうまで思いつめなさるな。

おぼし入れ(下二・用) そ。(終助) さりとも(接) けしう(シク・用(音)) は(係助) おはせ(補尊・サ変・未) じ。(助動・打推・終) いかなり(ナリ・終) とも(接助) 必ず(副) 逢《あ》ふ(四・体) 瀬 あ(ラ変・体(音))
それにしても(命にかかわるような)大変なことはないでしょう。たとえどうなるにしても必ず(来世で)逢う機会があるという

なれ(助動・伝・已) ば、(接助) 対面 は(係助) あり(ラ変・用) な(助動・強・未) む。(助動・推・終) 大臣、宮 など(副助) も、(係助) 深き(ク・体) 契り ある(ラ変・体) 仲 は、(係助)
から、対面はきっとありましょう。父大臣・母大宮なども、深い前世からの縁のある仲は、

四・用 接助 係助 下二・未 助動・打・体(音) 助動・伝・已 接助 上一・体 ラ変・用 助動・強・未 助動・推・終 格助 四・命
めぐり て も 絶え ざ なれ ば、あひ見る ほど あり な む と おぼせ。」
生まれ変わってもつながりは切れないということですから、きっと再び会う折があるとお思いください。」

格助 下二・用 補尊・四・体 接助 感 ラ変・未 助動・打・終 間助 格助 格助 副 シク・体 接助 副 下二・用
と 慰め たまふ に、「いで、あら ず や。身 の 上 の いと 苦しき を、しばし やすめ
とお慰めになると、「いえ、ちがいますよ。この身が(調伏されて)たいそう苦しいので、(祈禱を)しばらくおやめ

補尊・四・命 格助 下二・未 助動・意・終 格助 係助(結略) 副 カ変・未 助動・意・終 格助 係助 副 四・未 助動・打・体 接助
たまへ と 聞こえ む とて なむ。かく 参り来 む と も さらに 思は ぬ を、
くださいと申し上げようと存じまして。このように(生き霊となって)参上しようなどとは少しも思いませんのに、

四・体 格助 係助 副 下二・体 助動・断・用 係助(係) 補・ラ変・用 助動・詠・体(結) 格助 ナリ・用
もの 思ふ 人 の 魂 は げに あくがるる もの に なむ あり ける。」と なつかしげに
もの思いに苦しむ者の魂はなるほど身から抜け出してしまうものでした。」と いかにも親しげに

四・用 接助
言ひ て、
言って、

上二・用 格助 下二・体 (代) 格助 格助 下二・命 格助
「なげきわび 空 に 乱るる わ が 魂 を 結びとどめよ 下交ひ の つま」
「嘆き悲しんで身から抜け出し宙に迷い出た私の魂を、結びとどめてください。魂結びのまじないの下前の褄を結んで。」

格助 四・体 (代) 格助 助動・断・用 係助 補・ラ変・未 助動・打・用 四・用 補尊・四・已(命) 助動・存・終 副
と のたまふ 声、けはひ、その 人 に も あら ず 変はり たまへ り。いと
とおっしゃる声も、様子も、葵の上その人でなくすっかり変わっていらっしゃる。たいそ

シク・終 格助 四・体 接助 副 (代) 格助 助動・断・用 助動・詠・終 シク・用(音) 格助 副
あやし と おぼしめぐらす に、ただ か の 御息所 なり けり。あさましう、人 の とかく
う不思議なことよとあれこれお思い合わせになると、ただもうあの御息所であった。あきれはてて、(これまでは)人が何かと

四・体 格助 ク・未 助動・打・体 格助 下二・体 格助 ク・用 四・用 接助 四・体 接助
言ふ を、よから ぬ 者ども の 言ひ出づる こと と 聞きにくく おぼし て のたまひ消つ を、
噂するのを、身分の低い者たちが言い出すことだと聞くに堪えないと思って打ち消しておられたのに、

目 に 見す見す、世 に は かかる こと こそ は あり けれ と、うとましう なり ぬ。

（に＝格助／見す見す＝副／に＝格助／は＝係助／かかる＝ラ変・体／こそ＝係助(係)／は＝係助／あり＝ラ変・用／けれ＝助動・詠・已(結)／と＝格助／うとましう＝シク・用(音)／なり＝四・用／ぬ＝助動・完・終）

現に見ているうちに、世間にはこういうこともあったのかと、嫌な思いがするのだった。

（葵）

語句の解説

教706 187ページ　教708 155ページ

1 **心苦《こころぐる》しき親《おや》たち**　気の毒な父母たち。
「心苦し」は、「気の毒だ、やりきれない」の意。葵の上がこの世に残していく親たちのこと。

2 **口惜《くちお》しう《シュウ》おぼえたまふ《モウ》にや**　名残惜しくお思いなのだろうか。
「口惜しう」は「口惜しく」のウ音便。係助詞「や」の結びの語(「あらむ」など)は省略されている。

3 **いとかう《コウ》なおぼし入《い》れそ**　ひどくそうまで思いつめなさるな。
「いと」は副詞で「おぼし入れ」を修飾している。「かう」は副詞「かく」のウ音便。「な(副詞)…そ(終助詞)」は禁止表現。

3 **さりとも**　それにしても。
今はそんなふうに苦しんでいても、という意。

3 **けしう《シュウ》はおは《ワ》せじ**　(命にかかわるような)大変なことにはならないでしょう。
「けしう」は「けし」の連用形「けしく」のウ音便。「けし(異し・怪し)」は、「異様だ、よくない」の意。助動詞「じ」は打消推量。

4 **逢《あ》ふ《ウ》瀬《せ》あなれば**　逢う機会があるというから。
夫婦は死後に三途《さんず》の川で逢えると信じられていた。「あなれ」の「あ」は、ラ変動詞「あり」の連体形「ある」の撥《はっ》音便「あん」の撥音「ん」の表記されない形。助動詞「なり」は伝聞。

5 **絶《た》えざなれば**　つながりは切れないということですから。
「ざなれ」は「ざるなれ」の撥音便「ざんなれ」の撥音「ん」の表記されない形。

6 **いで、あらずや**　いえ、ちがいますよ。
「いで」は感動詞で、ここでは他者の言動に対し否定する気持ちを表す。

6 **身《み》の上《うえ》のいと苦《くる》しきを**　この身が(調伏されて)たいそう苦しいので。
六条の御息所の生き霊が葵の上の体を借りて話している。

7 **聞《き》こえむ《ン》とてなむ《ン》**　申し上げようと存じまして。
「聞こえ」は「言ふ」の謙譲語「聞こゆ」の未然形。強調の係助詞「なむ」の下に、「呼びたてまつりし」(お呼び申し上げた)などが省略されている。

11 **のたまふ《モウ》声《こえ》、けはひ《ワイ》**　おっしゃる声も、様子も。
「けはひ」は、「様子、雰囲気」。聴覚的にとらえた全体的な雰囲気をいう。「けしき(気色)」は物事を視覚的にとらえた様子。

4 **「その人」とは誰か。**

答　葵の上。

13 **のたまひ《イ》消《け》つを**　打ち消しておられたのに。

光源氏は、「よからぬ者ども」（身分の低い者たち）が、生き霊は御息所だなどと噂していたのを否定していたということ。

14 世《よ》にはかかることこそは《ワ》ありけれ　世間にはこういうこともあったのかと。「かかること」は、目の前で物の怪が正体を現したことを指す。「ありけれ」の「けり」は詠嘆で、光源氏の驚きや気づきを表す。

学習のポイント

1 「御物《もの》の怪《け》」（706 184・10　708 152・10）の正体は何か。また、それはどの部分でわかるか。

解答例 六条の御息所の生き霊。泣き悲しむ葵の上を光源氏が慰めた時に生き霊が現れ、「いで、あらずや。……もの思ふ人の魂はげにあくがるるものになむありける。」706 187・6〜8　708 155・6〜8と親しそうに言い、「なげきわび…」の歌706 187・10　708 155・10を詠んだ声や様子が葵の上ではなく、「ただかの御息所なりけり。」706 187・12　708 155・12とある。

2 「なげきわび…」の歌は、誰のどのような気持ちを述べたものか。

解答例 下前の褄《つま》を結んで、嘆きのあまりに身を抜け出てさまよっている私の魂を引きとどめてほしいという、六条の御息所の、光源氏に対する未練の気持ち。

3 次の各文を、傍線部に注意して説明してみよう。

① さもやあらむとおぼし知らるることもあり。（706 185・1　708 153・1）

② さならぬことだに、（706 185・9　708 153・9）

③ 「かうてこそ、らうたげになまめきたる方《かた》添ひてをかしかりけれ。」（706 186・11　708 154・11）

④ 世にはかかることこそはありけれと、（706 187・14　708 155・14）

考え方 ①②「さ」は副詞。③「かうて」は「かくて」のウ音便。④「かかる」は「かく＋あり」が変化したラ変動詞「かかり」の連体形。

解答 （傍線部の意味を記す。）

① 抜け出た魂が葵の上にとりついたことを指す。

② 自分の生き霊が葵の上にとりつくことを指す。

③ 眼前の葵の上の様子を指す。

④ 物の怪が正体を現したことを指す。

4 物の怪が出現した様子を『源氏物語』の「夕顔」や「御法」などから探し、読み比べてみよう。

考え方 「夕顔」

宵過ぐるほど、少し寝入り給《たま》へるに、御枕上《まくらがみ》にいとをかしげなる女居《ゐ》て、「おのがいとめでたしと見奉るをば尋ね思ほさで、かく異なることなき人を率《ゐ》ておはして時めかし給ふこそ、いとめざましくつらけれ。」とて、この御かたはらの人をかき起こさむとすと見給ふ。物に襲はるる心地して、驚き給へれば、灯《ひ》も消えにけり。

（夕顔はこの後息絶える。）

「御法《みのり》」

先々もかくて生き出《い》で給ふ折にならひ給ひて、〔光源氏は〕御物の怪と疑ひ給ひて、夜一夜さまざまのことをし尽くさせ給へど、かひもなく、〔紫の上は〕明け果つるほどに消え果て給ひぬ。

〔紫の上は、以前、六条の御息所の死霊にとりつかれ息絶えたが、蘇生《そせい》している。「若菜下」〕

「若菜下」

いみじき御心のうちを、仏も見たてまつりたまふにや、月ごろさらに現はれ出で来ぬもののけ、小さき童女《わらはめ》に移りて、呼ばひののしるほどに、〔紫の上は〕やうやう生き出でたまふに、〔光源氏は〕うれしくもゆゆしくも思《おぼ》し騒がる。

〔物の怪は〕いみじく調ぜられて、「人は皆去りね。院一所《ひとところ》の御耳に聞こえむ。おのれを月ごろ調じわびさせたまふが、情けなくつらければ、同じくは思し知らせむと思ひつれど、さすがに命も堪ふまじく、身を砕きて思し惑ふを見たてまつれば、今こそ、かくいみじき身を受けたれ、いにしへの心の残りてこそ、かくまでも参り来たるなれば、ものの心苦しさをえ見過ぐさで、つひに現はれぬること。さらに知られじと思ひつるものを。」とて、髪を振りかけて泣くけはひ、〔光源氏は〕ただかの昔見たまひしもののけのさまと見えたり。

5　語句　次の傍線部の違いを説明してみよう。

① さりともけしうはおはせじ。（706 187・3　708 155・3）

② いかなりとも必ず逢《あ》ふ瀬《せ》あなれば、（706 187・4　708 155・4）

③ かく参り来《こ》むともさらに思はぬを、（706 187・7　708 155・7）

考え方 ②は逆接の仮定条件を表す接続助詞。③「と」は引用を表す格助詞。「も」は強調の係助詞。

解答 ①接続詞「さりとも」の一部。　②接続助詞　③格助詞「と」＋係助詞「も」

須磨《すま》の秋

〔憂愁の日々〕【大意】 教706 189ページ8行〜191ページ2行　教708 157ページ8行〜159ページ2行

須磨に秋が来た。夜、光《ひかる》源氏は、寂しさに涙を流し、琴を弾き、歌をうたった。周囲の人も、それを聞いてこらえきれずに泣く。光源氏は、冗談を言い、歌を書いたり絵を描いたりして自分のために仕える人たちを気遣って過ごしている。その優しく立派なご様子に、人々はつらさも忘れておそばにお仕えしていた。

【品詞分解／現代語訳】

須磨 に は、いとど 心づくし の 秋風 に、海 は 少し 遠けれ ど、行平《ゆきひら》の中納言 の、「関 吹き越ゆる」
格助 係助 副 格助 格助 係助 副 ク・已 接助 格助 下二・体
須磨では、ひとしおあれこれともの思いをさせる秋風に、(光源氏の住居は)海は少し離れているけれども、行平の中納言が、「関吹き越ゆる」と詠んだ

と 言ひ けむ 浦波、夜々 は げに いと 近く 聞こえ て、またなく あはれなる もの は、かかる
格助 四・用 助動・過伝・体 係助 副 副 ク・用 下二・用 接助 ク・用 ナリ・体 係助 ラ変・体
という浦風の打ち寄せる波の音が、夜ごとに本当にすぐ近くに聞こえて、またとなくしみじみと心にしみるのは、このような

所 の 秋 なり けり。
格助 助動・断・用 助動・詠・終
所の秋なのであった。

御前 に いと 人少なに て、うち休みわたれ る に、ひとり 目 を さまし て、枕 を そばたて て
格助 副 ナリ・用 接助 四・已(命) 助動・存・体 格助 格助 四・用 接助 格助 下二・用 接助
(光源氏の)御前にはとても(お仕えする)人が少なくて、みな寝静まっている中に、(光源氏は)一人目を覚まして、枕を立てて頭を高くして

四方 の あらし を 聞き たまふ に、波 ただ ここもと に 立ち来る 心地 し て、涙 落つ と も
格助 格助 四・用 補尊・四・体 接助 副 (代) 格助 カ変・体 サ変・用 接助 上二・終 格助 係助
四方の激しい風の音をお聞きになっていると、波がすぐこのあたり(枕もと)に打ち寄せてくるような心地がして、涙がこぼれるのにも

おぼえ ぬ に、枕 浮く ばかり に なり に けり。琴 を 少し かき鳴らし たまへ
下二・未 助動・打・体 接助 四・体 副助 格助 四・用 助動・完・用 助動・過・終 格助 副 四・用 補尊・四・已(命)
気づかないうちに、枕が浮くくらいになってしまった。琴を少しかき鳴らしなさっているのが、

助動・存・体　格助　(代)　接助　副　ク・用(音)　下二・已　接助　四・用　補尊・四・用　接助
る が、我 ながら いと すごう 聞こゆれ ば、弾きさし たまひ て、
我ながらたいへん気味が悪く聞こえるので、中途で弾くのをおやめになって、

上二・用　接助　四・体　格助　四・体　係助　四・体　格助　係助(係)　四・終　助動・原推・体(結)
「恋ひわび て なく 音 に まがふ 浦波 は 思ふ 方 より 風 や 吹く らむ」
「都恋しさに堪えかねて私が泣く声に浦波が似ているのは、私が恋しく思っている都の方から風が吹いてくるからであろうか。」

格助　四・用　補尊・四・已(命)　助動・存・体　接助　四・用　接助　ク・用(音)　下二・体　接助　四・未　助動・可・未　接助　ク・用(音)
と うたひ たまへ る に、人々 おどろき て、めでたう おぼゆる に 忍ば れ で、あいなう
とうたわれていると、(寝ていた)人々は目を覚まして、素晴らしいと思うにつけ(悲しさを)こらえきれず、むやみに

上一・用　接助　格助　ナリ・用　四・終　副　副　四・終　助動・現推・体　(代)　格助　格助　四・用
起きゐ つつ、鼻 を 忍びやかに かみわたす。「げに いかに 思ふ らむ、我 が 身 ひとつ に より、
起き出しては、次々に鼻をそっとかんでいる。「本当に(この人たちは)どう思っているのだろう、私一人のために、

ク・用　格助　下二・用　接助　四・終　助動・婉・体　格助　下二・用　接助　副　四・已(命)
親兄弟、片時 たち離れがたく、ほど に つけ つつ 思ふ らむ 家 を 別れ て、かく 惑ひあへ
親兄弟や、かた時も離れにくく、それぞれに応じて大事に思っているような家から離れて、このようにともにさす

助動・存・体　格助　四・体　接助　シク・用　接助　副　副　四・体　格助　ク・終　格助　四・終　助動・現推・終　格助
る。」と おぼす に、いみじく て、「いと かく 思ひ沈む さま を、心細し と 思ふ らむ。」と
らっている。」とお思いになると、かわいそうでたまらなくて、「まったくこのように自分が思い沈んでいる様子を、心細いと思っているだろう。」とお思いにな

四・已　接助　係助　副　四・用　四・用　ナリ・体　格助　格助
おぼせ ば、昼 は 何くれと 戯れ言 うちのたまひ まぎらはし、つれづれなる まま に、いろいろ の 紙
るので、昼はあれこれと冗談をおっしゃっては気を紛らわし、所在ないままに、さまざまな色の紙を継い

格助　四・用　接助　格助　サ変・用　補尊・四・用　シク・体　助動・断・体　格助　副助　格助　格助
を 継ぎ つつ、手習ひ を し たまひ、めづらしき さま なる 唐 の 綾 など に、さまざま の
では、歌をお書きになり、珍しい様子の唐の綾織物などに、さまざまな絵などを

格助　四・用　補尊・四・已(命)　助動・完・体　格助　副助　副　ク・用　ラ変・終
絵ども を 書きすさび たまへ る、屏風《びょうぶ》 の 面ども など、いと めでたく 見どころ あり。人々
興にまかせて描いていらっしゃる、屏風《びょうぶ》の表の絵などは、実にすばらしく見事である。人々が

格助 四・用 補謙・下二・用 助動・過・体 格助 格助 ナリ・用 四・用 助動・過・体 接助 格助 ク・用 接助
の 語り きこえ し 海山 の ありさま を、 はるかに おぼしやり し を、 御目 に 近く て
お話し申し上げた海や山の様子を、(以前は)はるか遠くに想像していらっしゃったが、目の当たりにご覧になって、

係助 副 四・未 助動・打・体 格助 ク・用 下二・用 補尊・四・已(命) 助動・存・終 格助
は、 げに 及ば ぬ 磯 の たたずまひ、 二なく 書き集め たまへ り。 「このごろ の 上手
なるほど想像もできない(ほどすばらしい)磯の景色、(それを)このうえなく上手にお描き集めなさっている。「近ごろ名人と(世間で)言って

格助 サ変・終 助動・婉・体 副助 格助 四・用 接助 四・未 助動・使・未 終助 格助
に す める 千枝、 常則 など を 召し て、 作り絵 仕うまつら せ ばや。」 と、
いるような千枝《ちえだ》や、常則《つねのり》などを召して、(光源氏の墨書きの絵を)作り絵に仕立てさせ申し上げたいものだ。」

四・已(命) 助動・存・終 シク・用(音) ク・体 格助 格助 下二・用 接助 ク・用(音)
心もとながりあへ り。 なつかしう めでたき 御さま に、 世 の もの思ひ 忘れ て、 近う
と、じれったく思っている。(光源氏の)慕わしく立派なご様子に、(人々は)世のつらさをも忘れて、おそば

四・体 格助 シク・体 助動・断・用 接助 副助 係助(係) 副 四・用 助動・過・体(結)
馴れ仕うまつる を うれしき こと に て、 四、五人 ばかり ぞ、 つと さぶらひ ける。
近くに親しんでお仕えすることをうれしいことだとして、四、五人ほどが、いつもお仕えしていた。

語句の解説

教706 189ページ　教708 157ページ

8 **いとど**　ひとしお。いっそう。
「いといと」が変化した語。程度がはなはだしい様子。

8 **心《こころ》づくしの秋風《あきかぜ》**　あれこれともの思いをさせる秋風。
「心づくし」は、「あれこれともの思いをする」の意。現代の「心配り」という意味はない。

11 **「関吹《せきふ》き越《こ》ゆる」と言《い》ひ《イ》けむ《ン》浦波《うらなみ》**　「関吹き越ゆる」と詠んだという浦風の打ち寄せる波。
行平《ゆきひら》の歌は「浦風」で「浦波」ではない。「浦波」は浦風によって打ち寄せられる波の意で、「浦波が寄る」と後の「夜々」を掛けている。助動詞「けむ」は過去の伝聞。

1　「夜々」に掛けられたもう一つの意味は何か。

答　浦波が「寄る」。

12 **げに**　本当に。そのとおり。
「実《げ》に」で、賛意を示す言葉。「行平の歌のとおり」の意を含む。

教706 190ページ　教708 158ページ

3 **涙《なみだ》落《お》つともおぼえぬに**　涙がこぼれるのにも気づかないうちに。
「おぼえ」は、下二段活用の動詞「おぼゆ」の未然形。「おぼゆ」は「ひとりでに思われる、感じられる」の意。

4**すごう聞《き》こゆれば**　気味が悪く聞こえるので。「すごう」は形容詞「すごし」の連用形「すごく」のウ音便。「すごし」は、①「恐ろしい、気味が悪い」、②「もの寂しい」、③「ぞっとするほど素晴らしい」などの意味がある。ここは①。

4**弾《ひ》きさしたまひ《イ》て**　中途で弾くのをおやめになって。「弾きさす」は「(弦楽器を)中途で弾きやめる」の意。

5**恋《こ》ひ《イ》わびてなく音《ね》にまがふ《ゴウ》浦波《うらなみ》は**　都恋しさに堪えかねて私が泣く声に浦波が似ているのは。「まがふ(紛ふ)」は、「よく似通っていて見分けがつかない」の意。

6**あいなう《ノウ》起《お》きゐ《イ》つつ**　むやみに起き出しては。「あいなう」は形容詞「あいなし」の連用形「あいなく」のウ音便。「あいなし」は、「むやみやたらに、わけもなく」の意。

9**いみじくて**　かわいそうでたまらなくて。「いみじ」は程度のはなはだしい様子に用いる。文脈によって良い意味にも悪い意味にも用いられる。

2　**「思ひ沈む」「思ふ」の主語は誰か。**

答　「思ひ沈む」は光源氏、「思ふ」は従者(供人)たち。

15**上手《じょうず》にすめる**　名人と(世間で)言っているような。「める」は助動詞「めり」の連体形で、ここでは婉曲の意を表す。

16**作《つく》り絵《え》仕《つか(コ)ウ》うまつらせばや**　作り絵に仕立てさせ申し上げたいものだ。「仕うまつる」は、ここでは「す」「作る」の謙譲語として用いられている。「し申し上げる」の意。「せ」は使役の助動詞「す」の未然形。「ばや」は自己の願望の意味の終助詞。

16**心《こころ》もとながりあへ《エ》り**　じれったく思っている。「心もとながる」は、「じれったく思う、待ち遠しく思う」の意。都から遠く離れているので、絵師を呼んで彩色させるようなこともできず、じれったく思うのである。

教706 191ページ　教708 159ページ

1**なつかしう《シュウ》めでたき御《おおん》さまに**　慕わしく立派なご様子に。「なつかしう」は、「なつかしく」のウ音便。「なつかし」は、ここでは「心が引かれる、慕わしい」の意。

【ふるさとへの思い】【大　意】 **教706 191ページ3行～192ページ6行　教708 159ページ3行～160ページ6行**

前栽《せんざい》に花が咲き乱れる夕暮れ、光源氏は渡り廊下に出てたたずみ、経を口ずさむ。その姿は美しい。光源氏は舟歌や雁《かり》に悲しみを募らせ、都を思う。おそばに仕える人たちと歌を詠む。

【品詞分解／現代語訳】

前栽　の(格助)　**花　いろいろ**(副)　**咲き乱れ**(下二・用)**、おもしろき**(ク・体)　**夕暮れ　に**(格助)**、海　見やら**(四・未)　**るる**(助動・自・体)　**廊　に**(格助)　**出で**(下二・用)　**たまひ**(補尊・四・用)　**て**(接助)**、**

前栽の花が色とりどりに咲き乱れ、趣のある夕暮れに、(光源氏は)海が見渡される渡り廊下にお出になって、

四·用 補尊·四·体 格助 シク·用(音) ナリ·体 係助 副 (代) 格助 格助 格助 下二·用
たたずみ たまふ 御さま の、ゆゆしう 清らなる こと、所がら は まして こ の 世 の もの と 見え
たたずんでいらっしゃるお姿が、不吉なほどに美しいことは、(須磨《すま》という)場所が場所だけにいっそう、この世のものとも見えなさらない。

補尊·四·未 助動·打·終 ク·体 格助 ナリ·体 副助 四·用 接助 ナリ·体
たまは ず。白き 綾 の なよよかなる、紫苑《しおん》色 など たてまつり て、こまやかなる 御直衣、帯
白い綾織りの絹で柔らかな下着に、紫苑色の指貫《さしぬき》などをお召しになって、濃い縹《はなだ》色の御直衣《のうし》に、帯は

ク·用 下二·用 補尊·四·已(命) 助動·存·体 助動·断·用 接助 格助 格助 四·用 接助
しどけなく うち乱れ たまへ る 御さま に て、「釈迦牟尼仏《しゃかむにぶつ》 の 弟子《でし》。」 と 名のり て、
ゆったり結んでおくつろぎなさっているお姿で、「釈迦牟尼仏の弟子。」と名乗って、

ナリ·用 四·用 補尊·四·已(命) 助動·存·体 副 格助 四·未 助動·打·用 下二·終 格助 格助 四·用
ゆるるかに 読み たまへ る、また 世 に 知ら ず 聞こゆ。沖 より 舟ども の 歌ひ
ゆるやかに(経文を)読んでいらっしゃる(声は)、またこの世に例がないほど素晴らしく聞こえる。沖のほうから幾つもの舟が(舟歌を)大声

四·用 接助 四·体 副助 係助 下二·終 ナリ·用 副 ク·体 格助 四·已(命) 助動·存·体 格助 四·未
ののしり て こぎ行く など も 聞こゆ。ほのかに、ただ 小さき 鳥 の 浮かべ る と 見やら
で歌って漕いで行くのなども聞こえる。(それらの舟が)かすかに、ただ小さい鳥が浮かんでいるように眺めやられるのも、

助動·自·体 係助 ナリ·体 接助 格助 下二·用 接助 四·体 格助 格助 四·已(命) 助動·存·体 格助 下二·用
るる も、心細げなる に、雁 の 連ね て 鳴く 声、楫 の 音 に まがへ る を、うちながめ
心細い感じがするうえに、雁が列を作って鳴く声が、楫《かじ》の音によく似ているのを、もの思いにふけ

補尊·四·用 接助 格助 下二·体 格助 四·用 補尊·四·已(命) 助動·存·体 ク·体 格助 下二·用
たまひ て、涙 の こぼるる を かき払ひ たまへ る 御手つき、黒き 御数珠《じゅず》 に 映え
りながら眺めなさって、涙がこぼれるのをお払いになっていらっしゃるお手つきが、黒檀《こくたん》のお数珠に映えていらっしゃる

補尊·四·已(命) 助動·存·体 係助 格助 シク·体 格助 副 四·用 助動·完·用 助動·過·終
たまへ る は、ふるさと の 女 恋しき 人々 の、心 みな 慰み に けり。
その美しさは、都に残してきた女を恋しく思う人々の、心もすっかり慰められるのであった。

係助 シク·体 格助 助動·断·已 係助 格助 四·体 格助 シク·体
「初雁 は 恋しき 人 の つら なれ や 旅 の 空 飛ぶ 声 の 悲しき」
「秋、初めて渡ってきた雁は、恋しく思う都の人の仲間なのかしら、旅の空を飛んでいく声が悲しく聞こえることだ。」

と　のたまへ　ば、良清《よしきよ》、
格助　四・已　接助
とおっしゃると、良清が、

「かき連ね　昔　の　こと　ぞ　思ほゆる　雁　は　そ　の　世　の　友　なら　ね　ども」
下二・用　格助　係助(係)　下二・体(結)　係助　(代)　格助　格助　助動・断・未　助動・打・已　接助
「次から次へと昔のことが思われます。雁はその当時の友ではないのですが。」

民部大輔《みんぶのたいふ》、
民部大輔は、

「心　から　常世　を　捨て　て　鳴く　雁　を　雲　の　よそ　に　も　思ひ　ける　かな」
格助　格助　下二・用　接助　四・体　格助　格助　格助　係助　四・用　助動・過・体　終助
「自分から望んで常世《とこよ》の国を捨てて旅の空で鳴く雁を、雲のかなたのよそごと（自分とは関係のないもの）と思っておりましたよ。」

前右近将監《さきのうこんのぞう》、
前右近将監は、

「常世　出で　て　旅　の　空　なる　雁がね　も　列　に　おくれ　ぬ　ほど　ぞ　慰む
下二・用　接助　格助　助動・在・体　係助　格助　下二・未　助動・打・体　係助(係)　四・体(結)
「常世の国を出て旅の空にある雁も、仲間に遅れないでいる間は心が慰められます。

友　惑はし　て　は、いかに　はべら　まし。」と　言ふ。親　の　常陸　に　なり　て　下り　し　に　も　誘は
四・用　接助　係助　副　ラ変・未　助動・意・体　格助　四・終　格助　格助　四・用　接助　四・用　助動・過・体　格助　係助　四・未
友を見失っては、どうしたものでございましょう。」と言う。（この人は、）親が常陸介《ひたちのすけ》になって下ったのにもついていかずに、

れ　で、参れ　る　なり　けり。下　に　は　思ひ砕く　べか　めれ　ど、誇りかに
助動・受・未　接助　四・已(命)　助動・存・体　助動・断・用　助動・過・終　格助　係助　四・終　助動・当・体(音)　助動・婉・已　接助　ナリ・用
（お供をしてこの地に）参っているのであった。心の中では思い悩んでいるにちがいないようだが、元気そうに

もてなし　て、つれなき　さま　に　しありく。
四・用　接助　ク・体　格助　四・終
振る舞って、平然とした様子で日を過ごしている。

語句の解説

教706 191ページ 教708 159ページ

3 **海見《うみみ》やらるる廊《ろう》**　海が見渡される渡り廊下。

「見やる(見遣る)」は、「視線を遠くに向ける」意味。「るる」は自発の助動詞。「廊」は建物と建物をつなぐ渡り廊下のこと。渡り廊下に立つと自然に海が目に入ってくるのである。

4 **ゆゆしう清《シュウきよ》らなる**　不吉なほどに美しい。

あまりに美しい人や優れた人は、神仏などに魅入られ、早逝すると考えられていた。それで「ゆゆし」という言葉を使ったもの。

「清らなり」は、気品があって美しい様子を表す。

5 **この世《よ》のものと見《み》えたまは《ワ》ず**　(光源氏の様子が)この世のものとも見えなさらない。

「見え」は下二段活用の動詞「見ゆ」の連用形。「たまは」は尊敬の補助動詞「たまふ」の未然形で、光源氏に対する敬意を表している。

5 **白《しろ》き綾《あや》のなよよかなる**　白い綾織りの絹で柔らかな下着に。

格助詞「の」は同格。「白き綾でなよよかなる綾」の下着ということ。

6 **帯《おび》しどけなくうち乱《みだ》れたまへ《エ》る御《おおん》さまにて**　帯をゆったり結んでおくつろぎなさっているお姿で。

「しどけなし」は、ここでは「ゆったりしている、気楽で取り繕わない」の意。

3　**誰のどのような様子か。**

答　光源氏の、不吉なほどに神々しく美しいながらもくつろいでいる様子。

10 **楫《かじ》の音《おと》にまがへ《エ》るを**　楫の音によく似ているのを。

「まがふ」は「似通う」、または「入りまじる」の意。

13 **初雁《はつかり》は恋《こい》しき人《ひと》のつらなれや**　秋、初めて渡ってきた雁は、恋しく思う都の人の仲間なのかしら。

「つら」は「雁」の縁語で、①「列」、②「仲間、同類」の意味があり、この歌は二つの意味を掛けている。「なれや」は、「なり」の已然形＋疑問の係助詞で、「…なのかしら」の意の慣用句。

13 **声《こえ》の悲《かな》しき**　声が悲しく聞こえることだ。

「悲しき」は余韻を残す連体形止めで、上の係助詞「や」の係り結びではない。

教706 192ページ 教708 160ページ

1 **雲《くも》のよそにも思《おも》ひ《イ》けるかな**　雲のかなたのよそごと(自分とは関係のないもの)と思っておりましたよ。

今となっては自分も雁と同じ境遇だと知った、という意味。

4 **いかにはべらまし**　どうしたものでございましょう。

助動詞「まし」は、ここでは「いかに」などの疑問語とともに用いられて、ためらいや迷いを含んだ意志・希望の意を表す。「…したものだろう(か)、…しようかしら」と訳す。

5 **思《おも》ひ《イ》砕《くだ》くべかめれど**　思い悩んでいるにちがいないようだが。

「思ひ砕く」は「あれこれと思い悩む」意。「べかめれ」は、推量の助動詞「べし」の連体形「べかる」が撥《はつ》音便化して「べかん」となり、「ん」が表記されなかったもの。ここでは「べし」は当然。

〔八月十五夜〕【大　意】 教706 192ページ7行〜193ページ4行　教708 160ページ7行〜161ページ4行

月が明るく昇り、光源氏は十五夜と気づく。都を懐かしみ、残してきた女性や父院、藤壺《ふじつぼ》を思い出し、涙する。

【品詞分解／現代語訳】

格助　副　ナリ・用　下二・用　助動・存・体　接助　係助　助動・断・用　助動・詠・終　格助　下二・用　接助
月 の いと はなやかに さし出で たる に、「今宵 は 十五夜 なり けり。」と おぼし出で て、
月がたいそう明るく昇っていたので、「今夜は十五夜だったのだなあ。」とお思い出しになって、

格助　シク・用　下二・用　補尊・四・終　助動・現推・終　終助　格助　四・用　補尊・四・体　格助　下二・用
殿上 の 御遊び 恋しく、「所々 ながめ たまふ らむ かし。」と 思ひやり たまふ に つけ
(清涼殿の)殿上の間での管弦の御遊びが懐かしく、「都のあの人もこの人も(この月を)もの思いにふけって眺めていらっしゃるであろうよ。」と思いやりなさるに

接助　係助　格助　副助　四・未　助動・自・用　補尊・四・終　格助　格助　格助　サ変・用　補尊・四・已(命)
て も、月 の 顔 のみ まもら れ たまふ。「二千里 の 外 故人 の 心」と 誦じ たまへ
つけても、月の面《おもて》ばかりをじっと見つめてしまわれる。「二千里の外故人の心」と朗唱なさると、

助動・完・体　格助　係助　下二・未　助動・可・未　助動・打・終　格助　係助(係)　下二・体(結)　格助　下二・用　助動・過・体
る、例 の 涙 も とどめ られ ず。入道の宮 の、「霧 や 隔つる」と のたまはせ し
(人々は)いつものように涙をこらえることができない。入道の宮(藤壺の宮)が、「霧や隔つる」と(歌を)お詠みになられた頃が、

四・未　助動・婉・体　ク・用　シク・用　格助　下二・用　補尊・四・体　接助　副　四・未　助動・自・用　補尊・四・終
ほど、言は む 方 なく 恋しく、折々 の こと 思ひ出で たまふ に、よよと 泣か れ たまふ。
言いようもなく恋しく、あの折この折のことを思い出しなさると、思わずおいおいとお泣きになられる。

下二・用　補丁・ラ変・用　助動・完・終　格助　下二・已　接助　副　四・用　補尊・四・未　助動・打・終
「夜 更け はべり ぬ。」と 聞こゆれ ど、なほ 入り たまは ず。
「夜も更けました。」と(人々が)申し上げるが、やはり(寝所に)お入りにならない。

上一・体　係助(係)　副　四・体(結)　四・未　助動・婉・体　格助　係助　ナリ・已　接助
見る ほど ぞ しばし 慰む めぐり会は む 月 の 都 は はるかなれ ども
(月を)見ている間だけはしばらく心が慰められる。再びめぐりあうだろう月の都(再び帰るだろう京の都)は、はるかに遠いけれど。

(代)　格助　格助　副　シク・用(音)　副助　サ変・用　補尊・四・用　助動・過・体　格助　格助　上一・用
そ の 夜、上 の いと なつかしう 昔物語 など し たまひ し 御さま の、院 に 似
あの夜、朱雀帝《すざくてい》がたいそう親しみをこめて昔話などなさったお姿が、桐壺院《きりつぼいん》に似申し上げて

たてまつり	たまへ	り	し	も、	恋しく	思ひ出で	きこえ	たまひ	て、	「恩賜	の	御衣	は
補謙・四・用	補尊・四・已(命)	助動・存・用	助動・過・体	係助	シク・用	下二・用	補謙・下二・用	補尊・四・用	接助		格助		係助

いらっしゃったことも、恋しくお思い出し申し上げなさって、「恩賜の御衣《ぎょい》は今ここにあり」

今	ここ	に	あり」	と	誦じ	つつ	入り	たまひ	ぬ。	御衣	は	まことに	身	放た	ず、	傍ら	に
	(代)	格助	ラ変・終	格助	サ変・用	接助	四・用	補尊・四・用	助動・完・終		係助	副		四・未	助動・打・用		格助

と吟じながら(寝所に)お入りになった。(帝から賜った)御衣は本当に(菅原道真の詩句のとおり)身辺から離さ

置き	たまへ	り。
四・用	補尊・四・已(命)	助動・存・終

ず、そばに置いていらっしゃる。

憂し	と	のみ	ひとへに	もの	は	思ほえ	で	左右	に	も	ぬるる	袖	かな
ク・終	格助	副助	副		係助	下二・未	接助		格助	係助	下二・体		終助

(須磨)

(帝に対して)ひたすら恨めしいとばかり思うことはできなくて、(苦しみの涙ばかりでなく、懐かしさに流す涙ででも)左も右も濡れる袖であることだよ。

語句の解説

教706 192ページ　教708 160ページ

9 **月《つき》の顔《かお》のみまもられたまふ《モウ》**　月の面《おもて》ばかりをじっと見つめてしまわれる。

「まもる」は、ここでは「じっと見つめる、見守る」の意。

4 **どのような思いで「まもられたまふ」のか。**

答 宮中での八月十五日の観月の宴を思い、かつてともに管弦を楽しんだ女性たちも、今夜同じ月を見ているだろうと、懐かしく思う気持ち。

10 **例《れい》の涙《なみだ》もとどめられず**　(人々は)いつものように涙をこらえることができない。

尊敬語を用いておらず、ここの動作の主体は「人々」。

14 **月《つき》の都《みやこ》ははるかなれども**　月の都は、はるかに遠いけれど。

「月の都」は「京の都」のことを比喩で表現したもの。「はるかなり」は、時間的にも空間的にも大きく隔たっていることを表す。

16 **似《に》たてまつりたまへ《エ》りしも**　似申し上げていらっしゃったことも。

謙譲の補助動詞「たてまつり」は「院(桐壺院)」に対する敬意、尊敬の補助動詞「たまへ」は「上(朱雀帝)」への敬意を表す。二方面への敬意の形。

教706 193ページ　教708 161ページ

3 **憂《う》しとのみひとへ《エ》にものは思《おも》ほ《オ》えで**　(帝に対して)ひたすら恨めしいとばかり思うことはできなくて。

「ひとへに」は、「ひたすら、一途《いちず》に」の意味と「単《ひとへ》(単衣《ひとへぎぬ》)」(裏地のついていない衣服)を掛けている。「単」は「袖」の縁語。

学習のポイント

1 次の語句はどういうことを表現しているのか、説明してみよう。

① **心づくしの秋風（706 189・8 708 157・8）**

② **枕浮くばかり（706 190・3 708 158・3）**

③ **鼻を忍びやかにかみわたす。（706 190・7 708 158・7）**

解答例　①あれこれともの思いをさせる秋風が吹くと、ひとしおもの思いが増すということ。

②枕が浮くほどに涙が流れるということ。涙の流れる様子を誇張する表現。

③感動して、一人また一人と次々にそっと鼻をかむということ。

2 渡っていく雁にちなむ四首の歌（706 191〜192ページ 708 159〜160ページ）は、それぞれ詠んだ人のどのような気持ちを表しているか、まとめてみよう。

考え方　都を恋しく思う気持ちは共通している。

解答例　・光源氏の歌…都に残してきた人々の悲しみを思いやる気持ち。

・良清《よしきよ》の歌…雁の声に、かつての都での生活が思い出されるという、強い望郷の気持ち。

・民部大輔《みんぶのたいふ》の歌…故郷を捨てて旅の空で鳴く雁は、自分とは関係のないものと思っていたが、今では同じ境遇であるという気持ち。

・前右近将監《さきのうこんのぞう》の歌…故郷を離れても、一人ではなく仲間とともにいるので、心は慰むという気持ち。

3 「月のいとはなやかにさし出でたるに、」（706 192・7 708 160・7）以下の文章には、白居易と菅原道真の漢詩が引用されているが、それぞれがどのような効果をあげているか、考えてみよう。

考え方　白居易の漢詩は左遷された親友を思いやるもの、菅原道《すがわらのみち》真《ざね》の漢詩は左遷された道真がそれでも帝を想《おも》っているというもの。

解答例　遠く左遷された旧友をしのぶ白居易の漢詩は、今、その「二千里の外故人」となっている光源氏の悲しみ、孤独、望郷の思いを、痛切に感じさせる効果をあげている。

菅原道真の漢詩は、兄朱雀帝に対する光源氏の恨めしい思いと懐かしく慕わしい思いを代弁するものであり、無実の罪に落とされた菅公の悲劇を光源氏に重ねて、光源氏への同情をかき立てる効果をあげている。

4 語句　次の傍線部の違いを説明してみよう。

① **我ながらいとすごう聞こゆれば、（706 190・4 708 158・4）**

② **人々の語りきこえし海山のありさまを、（706 190・13 708 158・13）**

③ **「夜更けはべりぬ。」と聞こゆれど、（706 192・12 708 160・12）**

考え方　「聞こゆ」は、動詞、謙譲語、謙譲の補助動詞がある。

解答　①「聞こえる」という意の動詞。

②謙譲の補助動詞。「…し申し上げる」の意。

③謙譲の動詞。「言ふ」の謙譲語。

母子の別れ

※本教材は教708では学習しません。

【雪の日の唱和】【大意】 教706 195ページ1〜16行

別れの日が近づき、明石《あかし》の君はいつになく、姫君の髪を撫でたり、縁先でもの思いにふけったりしている。その姿は、高貴な身分の人に匹敵するほど美しい。明石の君は泣きながら乳母《めのと》に音信を絶やさぬように頼み、乳母もまた泣きながら絶やすことはないと慰めるのだった。

【品詞分解／現代語訳】

雪、霰《あられ》がち／に、 助動・断・用／心細さ／まさり 四・用／て、 接助／「あやしく シク・用／さまざまに ナリ・用／もの思ふ 四・終／べかり 助動・当・用／ける 助動・詠・体／かな。」 終助／と 格助

雪や霰の日が多く、（明石の君は）心細さもまさって、「不思議にあれこれともの思いをしなければならないわが身であるなあ。」と

うち嘆き 四・用／て、 接助／常／より 格助／も 係助／こ （代）／の 格助／君／を 格助／撫でつくろひ 四・用／つつ 接助／見ゐ 上一・用／たり。 助動・存・終

嘆き悲しんで、いつもよりもこの姫君を撫でて（髪を）整えながらずっと見ている。

雪／かきくらし 四・用／降りつもる 四・体／朝、／来し方／行く末／の 格助／こと／残ら 四・未／ず 助動・打・用／思ひつづけ 下二・用／て、 接助／例／は 係助／ことに 副

雪が辺り一面を暗くして降り積もった朝、過去や将来のことを際限なく思い続けて、いつもは特に外に近い

端近なる ナリ・体／出でゐ／など 副助／も 係助／せ サ変・未／ぬ 助動・打・体／を、 接助／汀／の 格助／氷／など 副助／見やり 四・用／て、 接助／白き ク・体／衣ども／の 格助／なよよかなる ナリ・体

場所に出て座ることなどもしないのに、（今日は庭の）池の水際に張った氷などを眺めて、白い着物などで柔らかなのをたくさん

あまた 副／着 上一・用／て、 接助／ながめゐ 上一・用／たる 助動・存・体／様体、／頭つき、／後手／など、 副助／「限りなき ク・体／人／と 格助／聞こゆ 下二・終／とも、 接助／かう 副

（重ねて）着て、もの思いにふけってじっと座っている姿、髪の形、後ろ姿など、「この上ない（高貴な身分の）人と申し上げるとしても、この

こそ 係助(係)／は 係助／おはす サ変・終／らめ。」 助動・現推・已(結)／と 格助／人々／も 係助／見る。 上一・終／落つる 上二・体／涙／を 格助／かき払ひ 四・用／て、 接助／「かやうなら ナリ・未／む 助動・仮・体／日、

ようでいらっしゃるだろう。」と（おそばの）女房たちも見る。落ちる涙を手で払って、「（姫君を手放した後）もしこのような

まして《副》 いかに《副》 おぼつかなから《ク・未》 む《助動・推・体》。」と《格助》、らうたげに《ナリ・用》 うち嘆き《四・用》 て《接助》、

（雪の降る）日があるなら、今よりもどんなにか心細いでしょう。」と、かわいらしい様子でため息をついて、

「雪 深み 深山 の《格助》 道 は《係助》 晴れ《下二・未》 ず《助動・打・用》 とも《接助》 なほ《副》 ふみかよへ《四・命》 あと 絶え《下二・未》 ず《助動・打・用》 して《接助》」

「雪が深いので、奥山の道は晴れないとしても、それでもやはり雪を踏み分けて、手紙をよこして（通わせて）ほしい。」

と《格助》 のたまへ《四・已》 ば《接助》、乳母 うち泣き《四・用》 て《接助》、
とおっしゃるので、乳母も涙を流して、

「雪間 なき《ク・体》 吉野の山 を《格助》 たづね《下二・用》 て《接助》 も《係助》 心 の《格助》 かよふ《四・体》 あと 絶え《下二・未》 め《助動・推・已》 やは《係助》」

「雪の晴れ間もない吉野の山を訪ねるとしても、私の心の通ってくる跡（手紙）が絶えるでしょうか、いや、絶えるはずはありません。」

と《格助》、言ひ慰む《下二・終》。

と、言って慰める。

語句の解説

教706 195ページ

1 **雪《ゆき》、霰《あられ》がちに**　雪や霰の日が多く。
「がち」は、体言や動詞の連用形に付いて、「…が多い」の意を表す接尾語。

3 **撫《な》でつくろひ《イ》つつ**　撫でて（髪を）整えながら。
「撫でつくろふ」は、「撫でて整える、身づくろいをする」の意。

3 **見《み》ゐ《イ》たり**　ずっと見ている。
「見ゐる」の「ゐる」は、「ずっと…ている」の意。

5 **白《しろ》き衣《きぬ》どものなよよかなる**　白い着物などで柔らかなのを。
「なよよかなり」は、ここでは「柔らかだ、しなやかだ」の意。「の」は同格。

6 **ながめゐ《イ》たる様体《ようだい》**　もの思いにふけってじっと座っている姿。
「様体」は、ここでは「人の姿、容姿」の意。

6 **限《かぎ》りなき人《ひと》**　この上ない（高貴な身分の）人。
「限りなし」は、ここでは「（身分や地位が）最高である、この上ない」の意。

9 **おぼつかなからむ《ン》**　心細いでしょう。
「おぼつかなし」は、ここでは「心細い、頼りない」の意。

10 **らう《ロウ》たげに**　かわいらしい様子で。
「らうたげなり」は、「かわいらしい、いじらしい、可憐だ」の意。

11 **雪深《ゆきふか》み**　雪が深いので。

「深み」は、ク活用形容詞「深し」の語幹に接尾語「み」が付いた名詞。「み」は、形容詞の語幹について、原因・理由を表す。

12 ふみかよへ《ェ》　雪を踏み分けて、手紙をよこしてほしい。

「踏み通へ」と「文《ふみ》通へ」を掛けている。「あと(跡)」は「踏み」の縁語。

1　この歌の修辞を指摘してみよう。

答　「ふみ」が、「文」と「踏み」との掛詞《かけことば》。

2　「心のかよふあと」とは具体的に何か。

答　手紙。

〈姫君との別れ〉【大　意】 教706 196ページ1行〜197ページ5行

光《ひかる》源氏が姫君を迎えにやって来た。光源氏は姫君のかわいらしい姿を見るにつけ、明石の君の子を思う心の迷いを想像し、気の毒に思う。幼い姫君はただ無邪気に迎えの車に乗ろうとする。明石の君は悲しさに耐えきれず歌を詠み、光源氏は慰める歌を返すのだった。

【品詞分解／現代語訳】

こ(代)　の(格助)　雪　少し(副)　とけ(下二・用)　て、(接助)　渡り(四・用)　たまへ(補尊・四・已(命))　り。(助動・完・終)　例　は(係助)　待ち(四・用)　きこゆる(補謙・下二・体)　に、(接助)　「さ(副)　なら(助動・断・未)　む。」(助動・推・終)　と(格助)

この雪が少し解けてから、(光源氏が明石の君の邸《やしき》へ)おいでになった。いつもは(光源氏を)お待ち申し上げるのだが、「そう(＝姫君を迎えに来た)だろう。」と思われることのために、胸がつぶれる思いで、他人に無理強いされるのではなく、自分の気持ちから起きたことだと思われる。

おぼゆる(下二・体)　こと　に(格助)　より、(四・用)　胸　うちつぶれ(下二・用)　て、(接助)　人やり　なら(助動・断・未)　ず(助動・打・用)　おぼゆ。(下二・終)　「わ(代)　が(格助)　心　に(助動・断・用)　こそ(係助(係))

あら(補・ラ変・未)　め、(助動・推・已(結))　辞び(上二・用)　きこえ(補謙・下二・未)　む(助動・仮・体)　を(格助)　強ひて(副)　やは、(係助(結略))　あぢきな。」(ク(語幹))　と(格助)　おぼゆれ(下二・已)　ど、(接助)　「軽々しき(シク・体)

「(姫君をお渡しするしないは)私の心しだいだろうが、お断り申し上げたとしたら無理に(連れて行き)なさるだろうか(、いや、そんなはずはない)、どうしようもないことをした。」

やう　なり。」(助動・断・終)　と(格助)　せめて(副)　思ひかへす。(四・終)　いと(副)　うつくしげに(ナリ・用)　て(接助)　前　に(格助)　ゐ(上一・用)　たまへ(補尊・四・已(命))　る(助動・存・体)　を(格助)　見(上一・用)

と思われるけれど、「(今さらお断りなどしたら)軽率なことである。」と無理に思い直す。(姫君が)たいそうかわいらしい様子で前に座っていらっしゃるのを(光源氏は)ご覧になるにつけ、「いいかげんには思うことができない自分と明石の君との宿縁だなあ。」とお思いになる。

たまふ(補尊・四・体)　に、(接助)　「おろかに(ナリ・用)　は(係助)　思ひがたかり(ク・用)　ける(助動・詠・体)　人　の(格助)　宿世　かな。」(終助)　と(格助)　思ほす。(四・終)　こ(代)　の(格助)　春　より(格助)　生ほす(四・体)

この春から伸ばしているお髪が、

格助　助動・断・用　接助　副　ク・用　格助　四・已(命)　助動・存・体　副助
御髪、尼 の ほど に て、ゆらゆらと めでたく、つらつき、まみ の かをれ る ほど など、
尼と同じくらいで、ゆらゆらと見事で、顔つき、目もとの美しく輝いている様子など、

四・已　接助　ナリ・終　格助　格助　四・未　助動・婉・体　格助　格助　四・用　補尊・四・体　接助
言へ ば さらなり。よそ の もの に 思ひやら む ほど の 心 の 闇、推しはかり たまふ に、
今さら言うまでもない。(姫君を)他の人のものとして遠くから思いをはせる時の(子を思う親の)心の迷いを、ご想像なさると本当に気の毒なので、

副　シク・已　接助　副　四・終　感　副　シク・体　格助　助動・断・未　助動・打・用　副助
いと 心苦しけれ ば、うち返し のたまひ明かす。「何か。かく 口惜しき 身 の ほど なら ず だに、
繰り返しご説明なさる。(明石の君は)「いいえ。せめてこの(私の)ように取るに足りない身分としてではなく、

四・用　補尊・四・未　接助　格助　下二・体　接助　下二・未　助動・打・用　四・体　ナリ・終
もてなし たまは ば。」と 聞こゆる ものから、念じあへ ず うち泣く けはひ あはれなり。
(姫君を)待遇してくださるなら。」と申し上げるけれども、我慢しきれず泣く様子はいたましい。

係助　係助　ク・用　格助　四・未　助動・意・体　格助　四・用　補尊・四・終　下二・用　助動・存・体　格助
姫君 は、何心 も なく、御車 に 乗ら む こと を 急ぎ たまふ。寄せ たる 所 に、母君
姫君は、無邪気に、(迎えの)お車に乗ることをお急ぎになる。(車を)寄せてある所に、母君自

副　四・用　接助　下二・用　補尊・四・已(命)　助動・完・終　格助　係助　副　シク・用(音)　接助　格助　下二・用　接助
みづから 抱き て 出で たまへ り。片言 の、声 は いと うつくしう て、袖 を とらへ て、
ら抱いて出ていらっしゃった。(姫君の)片言の、声はたいそうかわいらしくて、(母君の)袖をつかんで、

四・用　補尊・四・命　格助　四・体　係助　シク・用(音)　下二・用　接助
「乗り たまへ。」と 引く も、いみじう おぼえ て、
「お乗りください。」と引っ張るのも、たいそう悲しく思われて、

ク・体　格助　格助　下二・用　副　ク・体　格助　上一・終　助動・可・体
「末 遠き 二葉 の 松 に 引き別れ いつか 木高き かげ を 見る べき」
「生い先長い芽ばえたばかりの松(幼い姫君)にお別れして、(今度は)いつ高くなった松の姿(成長した姫君)を見ることができるのでしょうか。」

副　係助　四・未　助動・打・用　シク・用(音)　四・已　接助　感　感　シク・終　格助　四・用　接助
え も 言ひやら ず、いみじう 泣け ば、「さりや、あな 苦し。」と おぼし て、
(明石の君は)最後まで言いきれず、ひどく泣くので、(光源氏は)「もっともだなあ、ああつらい。」とお思いになって、

「生ひそめ し 根 も 深けれ ば 武隈の松に小松の千代をならべ む
<small>下二・用 助動・過・体 係助 ク・已 接助 格助 格助 下二・未 助動・意・終</small>

「姫君が生まれてきた根(宿縁)も深いので、武隈の二本の老松のように、私とあなたの間に小松(幼い姫君)を並べて、末長く見守ろう。

のどかに を。」と、慰め たまふ。
<small>ナリ・用 間助 格助 下二・用 補尊・四・終</small>

「ゆったりと」(お待ちなさい)。」と、慰めなさる。

さる こと と は 思ひ静むれ ど、え なむ 堪へ ざり ける。
<small>連体 格助 係助 下二・已 接助 副 係(なむ) 下二・未 助動・打・用 助動・過・体(結)</small>

(明石の君は)そのとおりだと心を静めるけれど、(やはり)我慢できなかった。

乳母、少将 とて あてやかなる 人 ばかり、御佩刀、天児やう の 物 取り て 乗る。副車 に よろしき
<small>格助 ナリ・体 副助 格助 四・用 接助 下二・終 格助 シク・体</small>

(姫君の)守り刀と子供の形をした人形のような物を持って(車に)乗る。副車(お供の車)には

若人、童 など 乗せ て、御送り に 参ら す。
<small>副助 下二・用 接助 格助 四・未 助動・使・終</small>

ふさわしい若い女房、(女の)童などを乗せて、お見送りに参上させる。

道すがら、とまり つる 人 の 心苦しさ を、「いかに、罪 や 得 らむ。」 と おぼす。
<small>副 四・用 助動・完・体 格助 格助 副 係助(係) 下二・終 助動・現推・体(結) 格助 四・終</small>

道を行きながら、あとに残った人(明石の君)のつらさを思い、「どんなにか、罪をつくっているだろう。」と(光源氏は)お思いなさる。

(薄雲)

語句の解説 教706 196ページ

2 さならむ そうだろう。
「さ」は、姫君を連れて行かれることを指す。

3 辞ぶ きこえむ を お断り申し上げたとしたら。
「辞ぶ」は、「断る、承知しない」の意。

3 強ひてやは 無理になさるだろうか(、いや、そんなはずはない)。
下に「連れ行きたまはむ」などが省略されている。「やは」は、疑問・反語を表す係助詞。ここでは反語。

3 あぢきな どうしようもないことをした。

形容詞「あぢきなし」の語幹の用法。感動を表す場合に用いる。「あぢきなし」は、ここでは「思うようにならない、どうしようもない」の意。

答 3

3 このように考えているのはなぜか。
姫君を光源氏に託すことを承諾したのに、今さらそれを取り消すのは軽率なことであると思ったから。

4 せめて思ひかへす 無理に思い直す。
「せめて」は、ここでは「無理に、強いて」の意。明石の君は、揺れ動く心を理性で抑え込もうとする。

7 かを《オ》れるほど　美しく輝いている様子。
「かをる」は、ここでは「美しく輝いて見える、輝くような美しさが漂う」の意。
7 言《い》へ《エ》ばさらなり　今さら言うまでもない。
「さらなり」だけで用いられることも多い。
9 かく口惜《くちお》しき身《み》のほどならずだに、もてなしたまは《ワ》ば　せめてこの(私の)ように取るに足りない身分としてではなく、(姫君を)待遇してくださるなら。
「口惜し」は、ここでは「取るに足りない、つまらない」の意。「だに」は仮定条件の場合、最小限の限定を表す。「せめて…だけでも」の意。「もてなす」は、ここでは「取り扱う、待遇する」の意。
10 聞《き》こゆるものから　申し上げるけれども。
「ものから」は接続助詞で、ここでは逆接の確定条件「…けれども、…のに」の意。
10 念《ねん》じあへ《エ》ず　我慢しきれず。
「念じあふ」は、「念ず」＋「あふ」の複合語。「念ず」は、ここでは「我慢する、こらえる」の意。「…あふ」は、動詞の連用形に付いて、「完全に…し終わる、…しきる」の意。
14 二葉《ふたば》の松《まつ》　芽生えたばかりの松。
「二葉」は、若芽を出したばかりの葉。人の幼少の頃もいう。

4 「二葉の松」とは何の比喩か。

答 幼い姫君。

15 え言《い》ひ《イ》やらず　最後まで言いきれず。
「え…(打消)」は、不可能を表す。「やる」は、動詞の連用形に付いて、「最後まで…し尽くす、…しきる」の意。

教706 197ページ

1 のどかにを　ゆったりと(お待ちなさい)。
「のどかなり」は、ここでは「ゆったりしている、くつろいでいる」の意。下に「その時を待ちおはせ」などが省略されている。
2 あてやかなる人《ひと》ばかり　上品な人だけが。
「あてやかなり」は、「上品だ、優雅だ」の意。
4 とまりつる人《ひと》　あとに残った人。
姫君がいなくなっても、この地(大堰《おおい》)にとどまった人である。

5 「とまりつる人」とは誰か。

答 明石の君。

学習のポイント

1 冬の大堰の情景は、物語の展開とどのようにかかわっているか、話し合ってみよう。

考え方 「雪、霰《あられ》がちに、心細さまさりて」706 195・1と、冬の大堰《おおい》の情景は「心細さ」を強調している。明石の君の、姫君を手放すということの心細さ、また、姫がいなくなって、光源氏の訪れがもっと少なくなってしまうということの心細さにかかわっている。

2 **明石の君が娘の姫君と別れなければならない悲しい思いは、どのような言葉や行動で表されているか、整理してみよう。**

解答例

・「あやしくさまざまにもの思ふべかりける身かな。」706 195・1…これまでを回想して、このような状況にいたったことを嘆く。

・「常よりもこの君を撫《な》でつくろひつつ見ゐたり」706 195・2…いつもより姫君を撫でて、ずっと見ている。愛《いと》しさが表れている。

・「かやうならむ日、ましていかにおぼつかなからむ。」706 195・8…姫君がいなくなってからを想像し、嘆く。

・「胸うちつぶれて、人やりならずおぼゆ」706 196・2…悲しさで胸がつぶれるが、自分の気持ちから起きたことだと感情を抑えようとする。

・「わが心にこそあらめ、辞《いな》びきこえむを強ひてやは、あぢきな。」「軽々しきやうなり。」706 196・3〜4…理性的に事実をとらえようとする。

・「何か。かく口惜しき身のほどならずだに、もてなしたまはば。」706 196・9…悲しさをこらえ、姫君の今後のことを頼む。

・「念じあへずうち泣くけはひ」706 196・10…親として別れの悲しさに我慢しきれない。

・「母君みづから抱きて出でたまへり」706 196・11…いつもは乳母がすることなのだが、自らしてくる。姫君への愛情の表れ。

・「えも言ひやらず、いみじう泣けば」706 196・15…母親として子供を手放す悲しみである。

・「さることとは思ひ静むれど、えなむ堪《た》へざりける」706 197・1…理性的に現実をとらえようとしていたが、感情を抑えられずにいる。

3 **源氏は、姫君を引き取ることをどのように思っていたか、本文中の表現を抜き出してまとめてみよう。**

解答例

・「おろかには思ひがたかりける人の宿世《すくせ》かな。」706 196・5

・「心の闇、推しはかりたまふにいと心苦しければ」706 196・8

・「さりや、あな苦し。」706 196・15

・「いかに罪や得らむ。」706 197・4

光源氏は、明石の君との宿縁の深さを感じながらも、将来姫君を后《きさき》の位につけたいという考えからとはいえ、姫君を自分のもとへ引き取ることは、母子を引き離してしまう罪深い行為であると思っていた。

4 **語句** **「……と聞こゆるものから、」(706 196・10)の品詞と意味・用法を確認してみよう。**

解答 接続助詞で、逆接の確定条件を表す。「…けれども、…のに」の意。連体形に接続する。

女三の宮と柏木

〔袿《うちき》姿《すがた》の人〕【大　意】 1 教706 198ページ12行〜199ページ16行 教708 162ページ12行〜163ページ16行

小さな猫が走り出し、その綱に引っ張られて御簾《みす》が開いてしまう。中に袿姿で立っている人があらわに見える。切り揃えられた髪がかわいらしく、ほっそりして小柄である。女房たちはその様子が丸見えなのに気づかない。若くかわいい人だとぱっと見て取れる。

【品詞分解／現代語訳】

御几帳ども　しどけなく　引きやり　つつ、人げ　近く　世づき　て　ぞ　見ゆる　に、唐猫　の　いと

ク・用　四・用　接助　ク・用　四・用　接助　係助(結流)　下二・体　接助　格助　副

（いくつもある）御几帳《きちょう》をだらしなく（部屋の隅に）引き寄せて、人（女房たち）の気配が近く世慣れして見えるが、そこへ唐猫でとても

小さく　をかしげなる　を、少し　大きなる　猫　追ひつづき　て、にはかに　御簾　の　端　より　走り出づる　に、

ク・用　ナリ・体　格助　副　ナリ・体　四・用　接助　ナリ・用　格助　格助　下二・体　接助

小さくてかわいらしいのを、少し大きい猫が追いかけてきて、急に御簾の端から走り出たので、

人々　おびえ騒ぎ　て　そよそよと　身じろき　さまよふ　けはひども、衣《きぬ》　の　音なひ、耳かしがましき　心地

四・用　接助　副　四・用　四・体　格助　シク・体

女房たちは怖がり騒いでざわざわとあちこちへ身動きしうろうろするような気配などや、衣ずれの音が、耳やかましい感じがする。

す。猫　は、まだ　よく　人　に　も　なつか　ぬ　に　や、綱　いと　長く　つき　たり　ける

サ変・終　係助　副　副　格助　係助　四・未　助動・打・体　助動・断・用　係助(結略)　副　ク・用　四・用　助動・存・用　助動・過・体

猫は、まだよく人にもなついていないのだろうか、たいそう長い綱が付いていたのを、

を、物　に　引きかけ　まつはれ　に　ける　を、逃げ　む　と　引こじろふ　ほど　に、御簾　の

格助　格助　下二・用　下二・用　助動・完・用　助動・過・体　格助　下二・未　助動・意・終　格助　四・体　格助　格助

何かに引っかけて絡まってしまったのを、逃げようとして無理に引っぱっているうちに、御簾の端が

そば　いと　あらはに　引き開け　られ　たる　を　とみに　引き直す　人　も　なし。こ　の　柱　の　もと　に

副　ナリ・用　下二・未　助動・受・用　助動・完・体　格助　ナリ・用　四・体　係助　ク・終　(代)　格助　格助　格助

外から丸見えになるくらいに引き開けられたのをすぐに引き直す人もいない。この柱のそばに

ラ変・用　助動・完・体　係助　ナリ・用　接助　サ変・用　助動・存・体　助動・断・終
ありつる人々も心あわたたしげにて、もの怖ぢしたるけはひどもなり。
座っていた女房たちも慌てている様子で、おびえておどおどしているような気配である。

格助　副　四・用　助動・存・体　格助　格助　四・用　補尊・四・已(命)　助動・存・体　ラ変・終
几帳の際少し入りたるほどに、袿姿にて立ちたまへる人あり。
(御簾の内側に置かれた)几帳の際から少し奥まったあたりに、袿姿で立っていらっしゃる人がいる。

格助　格助　格助　格助　助動・断・已　接助　係助　ク・用　ナリ・用　下二・未　助動・自・終
階より西の二の間の東のそばなれば、紛れどころもなくあらはに見入れらる。
寝殿の南正面の階段から、西側へ二つ目の柱間の、東の端なので、紛れることもなく中が丸見えに見られる。

助動・断・用　係助(係)　補・ラ変・未　助動・推・体(結)　ク・体　ク・体　副　副　四・用　助動・存・体　ナリ・用
紅梅にやあらむ、濃き薄きすぎすぎにあまた重なりたるけぢめ華やかに、
紅梅襲《かさね》であろうか、(重ね着の衣の)濃い色、薄い色が次々に幾重にも重なった色の違いが華やかで、

格助　格助　助動・断・用　下二・用　接助　格助　格助　助動・断・体　助動・推・終　格助　副助
草子の端のやうに見えて、桜の織物の細長なるべし。御髪の裾まで
(色とりどりの紙の重ね目が見える)本の端のように見えて、(上に着ているのは)桜襲で模様を織り出した、絹の細長らしい。御髪の毛が裾まで

ナリ・用　下二・体　係助　格助　下二・用　助動・存・体　助動・断・用　四・用　接助　格助　ナリ・用　四・未
けざやかに見ゆるは、糸をよりかけたるやうになびきて、裾のふさやかにそが
はっきりと見えているその様子は、糸をよって掛けたようになびいていて、髪の毛の裾がふさふさとした感じで

助動・受・用　助動・存・体　副　ナリ・用　接助　副助　係助(係)　四・用　補尊・四・已(命)　助動・存・体(結)　格助
れたる、いとうつくしげにて、七、八寸ばかりぞあまりたまへる。御衣の
切り揃えられているのが、本当にかわいらしい感じで、七、八寸ほど(身長よりも)余っていらっしゃる。お着物の裾が

ナリ・用　副　ク・用　ナリ・用　接助　格助　四・用　補尊・四・已(命)　助動・存・体　四・未
裾がちに、いと細くささやかにて、姿つき、髪のかかりたまへるそばめ、言ひ知ら
長く余っていて、たいそうほっそりとして小柄で、体つきや、髪がかかっていらっしゃる横顔は、言いようもな

助動・打・用　ナリ・用　ナリ・終　助動・断・已　接助　ナリ・未　助動・打・用　ク・体　サ変・体　係助　副
ずあてにらうたげなり。夕影なれば、さやかならず奥暗き心地するも、いと
く高貴でかわいらしい。夕方の光なので、はっきりしないで奥の方が暗くてよく見えない感じがするのも、とても

四・未　助動・打・用　シク・終　格助　格助　下二・体　格助　格助　四・体　格助　四・用　係助　下二・未　助動・打・体
飽か ず 口惜し。鞠 に 身 を 投ぐる 若君達 の、花 の 散る を 惜しみ も あへ ぬ
歯がゆく残念である。蹴鞠《けまり》に熱中している若い貴公子たちの、花の散るのを惜しんでもいられない様子を見ようと、

格助　上一・終　格助　格助　副　係助　副　下二・未　助動・打・体　助動・断・体　助動・推・終　格助　ク・用
けしきども を 見る とて、人々、あらは を ふと も え 見つけ ぬ なる べし。猫 の いたく
女房たちは、（女三の宮の様子が）すっかり見えてしまっているのをすぐには気づけないでいるらしい。猫がひどく

四・已　接助　四・用　補尊・四・已(命)　助動・完・体　副助　副　ナリ・用　接助　ク・用　シク(語幹)　格助
鳴け ば、見返り たまへ る 面持ち もてなし など、いと おいらかに て、「若く うつくし の 人
鳴くので、振り返ってご覧になる表情や動作などが、たいそうおっとりとして、「若くてかわいい人だなあ。」と

間助　格助　副　下二・用　助動・完・終
や。」と ふと 見え たり。
ぱっと見て取れたのであった。

語句の解説 1

教706 198ページ　教708 162ページ

12 **御几帳《みきちょう》どもしどけなく引《ひ》きやりつつ**　（いくつもある）御几帳をだらしなく（部屋の隅に）引き寄せて。
「引きやる」は、「引き寄せる」。几帳は部屋の中の境界の役目を果たすもので、普通は隅に置くことはありえない。

12 **人《ひと》げ近《ちか》く世《よ》づきてぞ見《み》ゆるに**　人の気配が近く世慣れして見えるが。
「人げ」は「人の気配」。部屋にいる女房たちの気配が間近に感じられるのである。係助詞「ぞ」の係り結びは、「見ゆるに」と接続助詞「に」が付いて文が続いているので、流れている。

14 **そよそよと**　ざわざわと。
「そよそよと」は擬声語の副詞。現代語の「ざわざわと」に当たる。

15 **衣《きぬ》の音《おと》なひ《イ》、耳《みみ》かしがましき心地《ここち》す**　衣ずれの音が、耳やかましい感じがする。
「衣の音なひ」は「衣《きぬ》ずれの音」。「かしがまし」は、「（音や声が気にさわって）うるさい、やかましい」の意。

教706 199ページ　教708 163ページ

1 **人《ひと》にもなつかぬにや**　人にもなついていないのだろうか。
下に「あらむ」などが省略されている。

2 **御簾《みす》のそばいとあらは《ワ》に引《ひ》き開《あ》けられたるを**　御簾の端が外から丸見えになるくらい引き開けられたのを。
「そば」は「わき、横側」。「あらはなり」は、「丸見えだ」の意。

3 **とみに引《ひ》き直《なお》す人《ひと》もなし**　すぐに引き直す人もいない。
「とみに」は形容動詞「とみなり」の連用形で、副詞的な用法。「急に、すぐに」の意。

5 **袿《うちき》姿《すがた》にて立《た》ちたまへ《エ》る人《ひと》**　袿姿で立っていらっしゃる人。
御簾の中にいる女三の宮を指す。

1　「人」とは具体的に誰か。

答　女三の宮。

7 **すぎすぎにあまた重《かさ》なりたるけぢ《ジ》め**　次々に幾重にも重なった色の違い。

「すぎすぎ」は「次々」。「けぢめ」は、ここでは「区別、差異」の意。襟元や袖口に見える重ね着の色の移り具合が華やかなのである。

11 **髪《かみ》のかかりたまへ《エ》るそばめ**　髪がかかっていらっしゃる横顔。

「そばめ」は、「横から見た姿、横顔」。

11 **あてにら《ロ》う《ウ》たげなり**　高貴でかわいらしい。

「あてなり」は「高貴である」の意。「らうたげなり」は「かわいらしい、可憐だ」の意。女三の宮の様子である。

12 **夕影《ゆうかげ》**　夕方の光。

「影」は、ここでは「光」。日・月・灯火などの光をいう。

12 **飽《あ》かず口惜《くちお》し**　歯がゆく残念である。

「飽く」は「十分に満足する」の意。「飽かず」「飽かで」の形で「満ち足りない、もの足りない」の意で用いられることが多い。

2　「いと飽かず口惜し」とは、誰のどのような心情か。

答　夕霧の、暗くて女三の宮の姿がよく見えないことを残念に思う心情。

13 **花《はな》の散《ち》るを惜《お》しみもあへ《エ》ぬ**　花の散るのを惜しんでもいられない。

蹴鞠《けまり》への熱中ぶりを表す。

14 **あらは《ワ》をふともえ見《み》つけぬなるべし**　すっかり見えてしまっているのをすぐには気づけないでいるらしい。

「あらはを」は「あらはであるのを」。「え見つけぬ」は「え…打消」の形、「見つく」は「見つける、気づく」の意。

3　「若くうつくしの人」とは誰か。

答　女三の宮。

〈徒姿の人〉【大　意】　2　教706 201ページ1〜14行　教708 165ページ1〜14行

夕霧の咳ばらいで女三の宮は奥に隠れるが、柏木《かしわぎ》は女三の宮の姿が強く心にかかって胸がふさがり、夕霧はいたわしく思う。柏木は猫をかき抱き、そのかわいらしさに女三の宮をなぞらえて思う。そんな様子に気づいた光《ひかる》源氏は、場所を変えて君達《きんだち》にさまざまな食事を出す。

【品詞分解／現代語訳】

	副	ク・已	接助	四・未	助動・婉・体	係助	副	副	シク・已	接助	副		格助
大将、	いと	かたはらいたけれ	ど、	はひ寄ら	む	も	なかなか	いと	軽々しけれ	ば、	ただ	心	を

大将（夕霧）は、（そんな光景を見て）とてもはらはらするが、そっと近づいたりするのもかえってひどく軽率なことと思われるので、ただ気づかせようと

下二・未　助動・使・用　接助　四・用　補尊・四・已(命)　助動・完・体　格助　係助(係)　副　四・用　補尊・四・体(結)　接

得させてうちしはぶきたまへるにぞ、やをら引き入りたまふ。さるは、

軽く咳をなさったのにつけて、(その女性は)そっと静かに奥へ身をお引きになる。そうはした

(代)　格助　格助　係助　副　四・未　助動・打・体　サ変・用　補尊・四・已　接助　格助　四・用　助動・完・已　接助

わが心地にも、いと飽かぬ心地したまへど、猫の綱ゆるしつれば

ものの、(夕霧は)自分の気持ちとしても、満足できない(そのお方をもっと見ていたい)思いがあったが、猫の綱を放してしまった(ために、御簾が元に戻っ

助動・断・用　係助　補・ラ変・未　助動・打・用　四・未　助動・自・終　副　副　格助　下二・用　助動・存・体　係助

心にもあらずうち嘆かる。ましてさばかり心をしめたる衛門督は、

た)ので思わずため息が出てくる。ましてあれほど(女三の宮に)心を奪われていた衛門督《えもんのかみ》(柏木)は、

副　四・用　接助　(代)　副助　助動・断・用　係助(係)　補・ラ変・未　助動・推・体(結)　副　格助　格助　ク・体　格助

胸ふとふたがりて、誰ばかりにかはあらむ、ここらの中にしるき袿姿より

はたと胸がふさがって、ほかの誰であろうか(、いや、誰かであるはずがない)、多数の中でもはっきりとわかる袿姿もさることながら

係助　格助　下二・終　助動・当・用　係助　補・ラ変・未　助動・打・用　助動・完・体　副助　格助　四・用　接助　下二・終　ラ変・未

も、人に紛るべくもあらざりつる御けはひなど、心にかかりておぼゆ。さら

も、ほかの人と見間違えることなどあり得ないご様子など、強く心にかかる思いである。さりげ

助動・打・体　格助　四・用　助動・存・已　接助　副　下二・未　助動・打推・終　係助　格助　係助　シク・用　四・未

ぬ顔にもてなしたれど、「まさに目とどめじや。」と、大将はいとほしくおぼさ

なく振る舞っているが、「どうして(女三の宮の姿を)見逃すわけがあろうか(、いや、ない)。」と、大将は気の毒にお思いになる。

助動・自・終　ク・体　格助　格助　格助　下二・用　接助　四・用　助動・完・已　接助　副　シク・用　接助

る。わりなき心地の慰めに、猫を招き寄せてかき抱きたれば、いとかうばしくて

(柏木は)やるせない気持ちの慰めにと、猫を招き寄せて抱きかかえると、たいそういい匂いがしてかわい

ナリ・用　四・体　係助　シク・用　下二・未　助動・自・体　係助　シク・終　間助

らうたげにうち鳴くもなつかしく思ひよそへらるるぞ、すきずきしや。

らしく鳴くその様子も慕わしく(女三の宮その人に)なぞらえて思われるというのも、いかにも色好みなことであるよ。

下二・用　接助　格助　副　シク・終　間助　(代)　格助　係助(結略)　格助　格助　格助

大殿御覧じおこせて、「上達部《かんだちめ》の座、いと軽々しや。こなたにこそ。」とて、対の南面に

大殿(光源氏)がこちらをご覧になって、「上達部の座所は、(そんな所では)まことに軽々しい。こちらに。」と言って、東の対《たい》の南側の廂《ひさし》の間に

入り（四・用） たまへ（補尊・四・已(命)） れ（助動・完・已） ば、（接助） みな（副） そなた（(代)） に（格助） 参り（四・用） たまひ（補尊・四・用） ぬ。（助動・完・終） 宮 も（係助） ゐなほり（四・用） たまひ（補尊・四・用） て（接助）

お入りになったので、ほかの方々も皆そちらに参上なさった。蛍兵部卿《ひょうぶきょう》の宮も座を改められて

御物語 し（サ変・用） たまふ。（補尊・四・終） 次々 の（格助） 殿上人 は、（係助） 簀子 に（格助） 円座 召し（四・用） て、（接助） わざとなく、（ク・用） 椿餅、梨、柑子やう の（格助）

世間話をなさる。それ以下の殿上人たちは、(東の対の)簀子《すのこ》に円座《わろうだ》を取り寄せてお敷きになって、無造作に、椿餅、梨、みかんといった

物ども、さまざまに、（ナリ・用） 箱 の（格助） 蓋ども に（格助） とりまぜ（下二・用） つつ（接助） ある（ラ変・体） を、（格助） 若き（ク・体） 人々 そぼれ（下二・用） とり（四・用） 食ふ。（四・終） さる（ラ変・体）

食物を、いろいろと、箱の蓋などにとりまぜて入れてあるのを、若い人たちは戯《たわむ》れながら手に取って食べる。(その後)

べき（助動・適・体） 干物 ばかり（副助） して、（格助） 御土器 まゐる。（四・終）

適当な干物類だけをさかなにして、酒宴をなさる。

語句の解説 2

教706 201ページ　教708 165ページ

1 **かたは《ワ》らいたけれど**　とてもはらはらするが。「かたはらいたし」は、傍らで見聞きしていて「はらはらする、困惑する」の意。

1 **はひ《イ》寄《よ》らむもなかなかいと軽々《かろがろ》しければ**　そっと近づいたりするのもかえってひどく軽率なことと思われるので。助動詞「む」は婉曲。「なかなか」は「かえって」の意。

2 **うちしは《ワ》ぶきたまへ《エ》るにぞ**　軽く咳をなさったのにつけて。「しはぶく」は、「咳をする」の意。ここでは(合図のために)咳ばらいをするということ。

2 **やを《オ》ら引《ひ》き入《い》りたま《モ》ふ《ウ》**　そっと静かに奥へ身をお引きになる。「やをら」は、「そっと静かに、目立たないようにそっと」の意。

4 **さばかり心《こころ》をしめたる**　あれほど心を奪われていた。

柏木はかねて女三の宮に思いを寄せていた。

5 **誰《たれ》ばかりにかは《ワ》あらむ《ン》**　ほかの誰であろうか(、いや、誰かであるはずがない)。「かは」は、反語。女三の宮に違いないという思いを表す。

5 **ここらの中《なか》にしるき袿姿《うちきすがた》よりも**　多数の中でもはっきりとわかる袿姿もさることながらも。「ここら」は「(数・量について)これほど多く」の意。「しるし(著し)」は「はっきりわかる、明白だ」の意。

7 **まさに目《め》とどめじや**　どうして見逃すわけがあろうか(、いや、ない)。「まさに」は、あとに反語表現を伴って、「どうして…か(、いや、そうではない)」の意。「じ」は打消推量、「や」が反語。

7 **わりなき心地《ここち》の慰《なぐさ》め**　やるせない気持ちの慰め。「わりなし」は、ここでは「何とも耐え難い、たまらなくつらい」

の意。理性では割り切れない状態に対する困惑の気持ちを表す。

8 **いとかう《コウ》ばしくて**　たいそういい匂いがして。
「かうばし」は「よい香りがする」の意。女三の宮の移り香で、猫からいい匂いがするのである。

9 **なつかしく思《おも》ひ《イ》よそへ《エ》らるるぞ、すきずきしや**　慕わしくなぞらえて思われるというのも、いかにも色好みなことであるよ。
「よそふ」は「なぞらえる」。「すきずきし」は、①「色好みだ、好色めいている」、②「風流である」の意。ここでは①。

4　「すきずきしや」とは、誰のどのような心情か。

答　柏木の、猫についた女三の宮の移り香から、猫を女三の宮になぞらえる心情。

10 **御覧《ごらん》じおこせて**　こちらをご覧になって。
「御覧じおこす(遣《おこ》す)」は「見遣す」の尊敬語。

12 **次々《つぎつぎ》の殿上人《てんじょうびと》**　それ以下の殿上人。
蛍兵部卿《ひょうぶきょう》の宮以下の、の意。蹴鞠《けまり》に興じていた君達《きんだち》を指す。

14 **そぼれとり食《く》ふ《ウ》**　戯れながら手に取って食べる。
「そぼる」は「戯《そぼ》る」で、「ふざける、戯れる、はしゃぐ」の意。

14 **御《おおん》土器《かわらけ》まゐ《イ》る**　酒宴をなさる。
「土器《かはらけ》」は素焼きの杯。転じて、「酒杯のやりとり、宴席」の意。
「土器まゐる」は慣用句。

〔女三の宮への思慕〕【大　意】　教706 201ページ15行〜202ページ9行　教708 165ページ15行〜166ページ9行

夕霧は女三の宮への柏木の思慕を思いやっているが、女三の宮の不用意さを紫の上と比べ、見下げてしまう。柏木は女三の宮の姿を拝見できたのは、思いがかなえられる兆候ではと、うれしく思う。

【品詞分解／現代語訳】

衛門督 は、(係助) いと(副) いたく(ク・用) 思ひしめり(四・用) て、(接助) ややもすれば、(副) 花 の(格助) 木 に(格助) 目 を(格助) つけ(下二・用) て(接助) ながめやる。(四・終)
衛門督(柏木)は、たいそううち沈んで、ともすれば、桜の花の木を見つめてぼんやりと眺めやっている。

大将 は、(係助) 心知りに、(ナリ・用) 「あやしかり(シク・用) つる(助動・完・体) 御簾 の(格助) 透影 思ひ出づる(下二・体) こと や(係助(係)) あら(ラ変・未) む。(助動・推・体(結))」 と(格助)
大将(夕霧)は、その心中を知っていて、「(柏木は)不都合にも見えてしまった御簾を透かしての宮の姿を思い出しているのだろうか。」と

思ひ(四・用) たまふ。(補尊・四・終) いと(副) 端近なり(ナリ・用) つる(助動・完・体) ありさま を、(格助) 「かつは(副) 軽々し。(シク・終)」 と(格助) 思ふ(四・終) らむ(助動・現推・終) かし。(終助)
お思いになる。とても端近だった宮のありさまを、「一方では軽率である。」と(夕霧は)思っているだろう。

感 (代) 格助 格助 副 係助 ラ変・体 助動・打推・体(音) 助動・婉・体 接助 格助 四・体 接助

「いでや、こなた の 御ありさま の さ は ある まじか める ものを。」と 思ふ に、

「それにつけてもまあ、こちらの方(紫の上)のご様子があのようになることはあるまいと見えるのに。」と思うと、

ラ変・已 接助 係助(係) 格助 格助 格助 係助 格助 ク・体 助動・断・用 係助

「かかれ ば こそ 世 の おぼえ の ほど より は、内々 の 御心ざし ぬるき やう に は

「(女三の宮が)こんなふうだからこそ世間の人が想像しているよりは、(光源氏の女三の宮に対する)内心のご愛情が薄いようであるのだった。」

補・ラ変・用 助動・詠・已(結) 格助 下二・用 接助 副 格助 ク・未 助動・打・用 ク・体 係助 ク・体

あり けれ。」と 思ひあはせ て、「なほ 内外 の 用意 多から ず いはけなき は、らうたき

と思い当たって、「やはり自分のこと、他人のことに対する心配りが十分でなく幼稚であるのは、かわいらしい

助動・断・已 接助 ク・体 助動・断・終 間助 格助 四・未 助動・自・終

やう なれ ど うしろめたき やう なり や。」と 思ひおとさ る。

ようであるけれど不安であるものだなあ。」と(女三の宮のほうを)低く見てしまわれる。

係助 格助 格助 係助 副 四・未 助動・可・未 助動・打・用 下二・未 助動・打・体 格助

宰相の君 は、よろづ の 罪 を も をさをさ たどら れ ず、おぼえ ぬ 物 の 隙

宰相の君(柏木)は、(女三の宮の)あらゆる欠点を探し出していくことはほとんどできず、思いがけない物の隙間から、

格助 ナリ・用 係助 (代) 格助 上一・用 補謙・四・用 助動・完・体 格助 係助 (代) 格助 格助 格助 格助

より、ほのかに も、それ と 見 たてまつり つる に も、わ が 昔 より の 心ざし の しるし

ほのかにではあるが、あれが女三の宮だと拝見したということにつけても、私が昔からお慕い申し上げていた気持ちがかなえられる兆候

ラ変・体 助動・推・体 助動・断・用 係助(結流) 格助 シク・体 サ変・用 接助 四・未 助動・打・用 副助 下二・終

ある べき に や と 契り うれしき 心地 し て、飽か ず のみ おぼゆ。 (若菜上)

があるからだろうかと前世からの約束がうれしく思われて、(宮のことが)いくら思っても思い足りないほどに思い起こされる。

語句の解説

教706 201ページ 教708 165ページ

16 心《こころ》知《し》りに　その心中を知っていて。

夕霧が、柏木の女三の宮への思慕を知っていて、ということ。

教706 202ページ 教708 166ページ

1 いと端近《はしぢか》なりつるありさまを　とても端近だった(宮の)ありさまを。

「端近」は、建物の中で外に近い所。女三の宮が、庭に最も近い所にいて、局《つぼね》の奥の方にいなかったことを指す。

5

「こなたの御ありさま」とは誰の様子か。

答　紫の上の様子。

4ぬるきやう《ヨウ》にはありけれ　薄いようであるのだった。
「ぬるし」は、ここでは「情愛が十分ではない、厚くない」の意。

5いは《ワ》けなきは　幼稚であるのは。
「いはけなし」は「幼い、幼稚である、あどけない」の意。

5らう《ロウ》たきやう《ヨウ》なれど　かわいらしいようであるけれど。
「らうたし」は、「かわいらしい、愛《いと》しい」の意。

5うしろめたきやう《ヨウ》なりや　不安であるものだなあ。
「うしろめたし」は、ここでは「不安である、気がかりだ」の意。

7おぼえぬ物《もの》の隙《ひま》より　思いがけない物の隙間から。
「おぼえぬ」は「思いもよらない」の意。御簾の隙間から、ということ。

8しるしあるべきにや　兆候があるからだろうか。
下に「あらむ」などが省略されている。「しるし」は「兆候」。女三の宮への思いがかなう兆候では、という柏木の独り合点。

9飽《あ》かずのみおぼゆ　いくら思っても思い足らないほどに思い起こされる。
「飽かず」は、ここでは「飽きることがない、嫌になることがない」の意。

学習のポイント

1　**「袿姿にて立ちたまへる人」（706 199・5 708 163・5）はどのように描かれているか、まとめてみよう。**

考え方　706 199・5 708 163・5以下の記述から、箇条書きに拾い上げるとよい。

解答例
・紅梅襲《かさね》らしい衣の上に桜の織物らしい細長を着ている。
・髪は豊かで、身長より七、八寸余して切り揃えている。
・小柄なため、着衣の裾を長く引いている。
・体つきは、ほっそりとして小柄である。

2　**女三の宮をかいま見てからの、柏木と夕霧の様子や心情について整理してみよう。**

解答例
〈柏木〉
・女三の宮を直視して、「若くうつくしの人や」と感じる。
・その「袿姿」や漂う雰囲気から「女三の宮に違いない」と判断する。
・再び御簾が下りてからは、猫を女三の宮になぞらえて抱きしめる。
・（東の対での酒宴の席では）呆然として庭の桜を眺めるのみである。
・今日宮をかいま見られたことで、自分の恋が成就するのがわかったと、独りよがりに考えている。
〈夕霧〉
・女三の宮を直視して、「若くうつくしの人や」と思う。
・御簾の開いたことを知らせるために咳ばらいをするが、御簾が閉じると、自分としても残念に思う。
・傍らの柏木も女三の宮を見たに違いないと、気の毒に思う。

・東の対《たい》での酒席で、「柏木は先刻の御簾の透影を思い出していることだろう」と思いやる。
・女三の宮の不用意さを批判し、「紫の上ならこんなことはないだろう」と思い、さらに「それだから父（光源氏）の宮への思いも薄いのだ」と理解し、「配慮の足りない幼稚な女性は、かわいらしいだけで頼りないものだ」と結論する。

3 語句 次の傍線部の用法について説明してみよう。

① 紅梅にやあらむ、（706 199・6 708 163・6）
② 若くうつくしの人や。（706 199・15 708 163・15）

考え方 ①の「や」の結びは「む」（推量の助動詞の連体形）。

解答 ①疑問の意の係助詞 ②詠嘆の意の間投助詞

紫の上の死

〈中宮と紫の上〉【大 意】 教706 204ページ8行～205ページ8行 教708 168ページ8行～169ページ8行

秋に入り涼しくなったが、紫の上の病状は好転しないままであった。夏から里下がりしていた明石《あかし》の中宮が、宮中に帰る日も迫った頃、紫の上の病状を見舞う。やせ細っているものの、上品で優雅な紫の上のその姿は、以前よりも美しく見えるのであった。

【品詞分解／現代語訳】

秋 待ちつけ(下二・用) て、(接助) 世の中 少し(副) 涼しく(シク・用) なり(四・用) て(接助) は(係助) 御心地 も(係助) いささか(副) さはやぐ(四・体) やう なれ(助動・断・已) ど、(接助)

秋を待ちかねたようにして、世の中が少し涼しくなってからは（紫の上の）ご気分もいくらかさっぱりするようであるが、

なほ(副) ともすれば(副) かごとがまし。(シク・終) さるは、(接) 身 に(格助) しむ(四・体) ばかり(副助) おぼさ(四・未) る(助動・自・終) べき(助動・当・体) 秋風 なら(助動・断・未)

やはりどうかすると（病状がぶり返すので）何かにつけて恨みたくなる。とはいうものの、身にしみるほどにお感じになる秋風ではないのだが、

ね(助動・打・已) ど、(接助) 露けき(ク・体) 折がちに(ナリ・用) て(接助) 過ぐし(四・用) たまふ。(補尊・四・終)

（紫の上は露に濡れるように）涙ぐみがちでお過ごしになっている。

中宮 は(係助) 参り(四・用) たまひ(補尊・四・用) な(助動・強・未) む(助動・意・終) と(格助) する(サ変・体) を、(格助) いま(副) しばし(副) は(係助) 御覧ぜよ(サ変・命) と(格助) も(係助) 聞こえ(下二・未)

明石の中宮が（宮中へ）帰参しようとなさるのを、（紫の上は）「もうしばらくは（滞在して）ご覧になってください。」

助動・希・用(音)　四・已　接助　シク・体　助動・断・用　係助　補・ラ変・用　格助　格助　ク・体　係助
まほしう　おぼせ　ども、さかしき　やう　に　も　あり、内裏　の　御使ひ　の　隙なき　も
とも申し上げたくお思いだけれども、さしでがましいようでもあり、(参内を促す)宮中からのお使いがひっきりなしなのも

シク・已　接助　副　係助　下二・用　補尊・四・未　助動・打・体　接助　(代)　格助　係助　副　四・用　補尊・四・未　助動・打・已　接助
わづらはしけれ　ば、さ　も　聞こえ　たまは　ぬ　に、あなた　に　も　え　渡り　たまは　ね　ば、宮
気にかかるので、そのようにも申し上げなさらないうえに、あちら(二条院の東の対《たい》)にも出向くことがおできにならないので、中宮

係助(係)　四・用　補尊・四・用　助動・過・体(結)
ぞ　渡り　たまひ　ける。
のほうから出向いていらっしゃった。

ク・已　接助　副　上一・用　補謙・四・未　助動・打・体　係助　ク・終　格助　(代)　格助　格助
かたはらいたけれ　ど、げに　見　たてまつら　ぬ　も　かひなし　とて、こなた　に　御しつらひ　を
(衰えた姿をお見せするのは)心苦しいけれども、本当にお目にかからないのも残念だと(紫の上は)お思いになって、こちらに御座所を特別に準備させなさる。

副　サ変・未　助動・使・用　補尊・四・終　ク・用(音)　四・用　補尊・四・已(命)　助動・存・已　接助　副　接助　係助(係)　ナリ・用
ことに　せ　させ　たまふ。「こよなう　痩せ細り　たまへ　れ　ど、かく　て　こそ、あてに
「(紫の上は)非常にやせ細っていらっしゃるけれども、こうであっても、上品で優

シク・体　格助　係助　四・用　接助　ク・用　助動・詠・已(結)　格助　副　ク・用
なまめかしき　こと　の　限りなさ　も　まさり　て　めでたかり　けれ。」と、来し方　あまり　にほひ　多く、
雅なことのこの上ない様子もまさってすばらしいことだ。」と(中宮はご覧になって)、これまであまりにもつややかな美しさに

副　サ変・未　助動・過・体　係助　副　格助　格助　格助　係助　下二・未　助動・受・用　補尊・四・用
あざあざと　おはせ　し　盛り　は、なかなか　この世　の　花　の　かをり　に　も　よそへ　られ　たまひ
あふれ、華やかでいらっしゃった女盛りは、むしろこの世の花の美しさにもたとえられていらっしゃったけれども、

助動・過・体　接助　係助　ク・用　ナリ・用　ナリ・体　助動・断・用　接助　副　ナリ・用　格助　四・用
し　を、限り　も　なく　らうたげに　をかしげなる　御さま　に　て、いと　かりそめに　世　を　思ひ
(今は)このうえもなく愛らしい美しい感じのお姿で、本当にはかないものとこの世を考えていらっ

補尊・四・已(命)　助動・存・体　上一・体　ク・用　シク・用　ナリ・用　シク・終
たまへ　る　気色、似る　もの　なく　心苦しく、すずろに　もの悲し。
しゃる様子は、たとえようもなくおいたわしく、何となくもの悲しい。

語句の解説

教706 204ページ　教708 168ページ

9 **さるは《ワ》**　とはいうものの。
前の叙述を補足説明する接続詞。順接もあるが、多くは逆接。

10 **露《つゆ》けき折《おり》がちにて**　涙ぐみがちで。
「露けし」とは、「露っぽい」の意だが、ここでは「涙ぐみがちだ」の意。「けし」は接尾語。

1 **「露けき折がち」とはどのような様子か。**

答　紫の上が涙ぐみがちな様子。

12 **いましばしは《ワ》御覧《ごらん》ぜよ**　もうしばらく(滞在して)ご覧になってください。
自分の死期の近いのを悟った紫の上の気持ち。命令形は、相手の身分が上の場合は、願望の意を表す。

13 **内裏《うち》の御使《おおんつかい》ひ《イ》**　宮中からのお使い。
明石の中宮に、早く参内しなさい、と催促している。

13 **わづ《ズ》らはしけれは《ワ》ば**　気にかかるので。
「わづらはし」は、①「めんどうだ、いやだ」、②「気がかりだ、心づかいされる」の意。ここは②。

14 **さも聞《き》こえたまは《ワ》ぬに**　そのようにも申し上げなさらないうえに。
「さ」は、「いましばしは御覧ぜよ」を指す。「に」は添加の接続助詞。

2 **「おぼせども」「聞こえたまはぬに」「え渡りたまはねば」の主語はそれぞれ誰か。**

答　「おぼせども」…紫の上　「聞こえたまはぬに」…紫の上
「え渡りたまはねば」…紫の上

教706 205ページ　教708 169ページ

3 **ことにせさせたま《モ》ふ《ウ》**　特別に準備させなさる。
「ことに」は、「殊に」で「特別に」の意。「せ」はサ変動詞「す」の未然形。

4 **限《かぎ》りなさ**　この上ない様子。
形容詞「限りなし」の語幹「限りな」に、状態を表す接尾語「さ」が付いて名詞化したもの。

4 **来《き》し方《かた》あまりにほ《オ》ひ《イ》多《おお》く**　これまであまりにもつややかな美しさにあふれ。
「あまり」は、ここでは副詞で「非常に、度を過ぎて」の意。「にほひ」は、輝くばかりの美しさ。色、艶の美をいう。

5 **かを《オ》り**　(つやつやとした)美しさ。
「にほひ」と同じく、「色つや」の意。

6 **よそへ《エ》られたまひ《イ》しを**　たとえられていらっしゃったけれども。
「よそへ」は、「よそふ」の未然形。「よそふ」は、ここでは「たとえる」の意。「られ」は受身の助動詞の連用形。「たまひ」は、尊敬の補助動詞の連用形。「し」は過去の助動詞「き」の連体形。

7 **すずろにもの悲《がな》し**　何となくもの悲しい。
「すずろなり」は、ここでは「何となく…だ」の意。これという根拠もなく、気分や物事が進んでいく様子をいう。

〔露の命〕【大 意】 教706 205ページ9行～206ページ7行　教708 169ページ9行～170ページ7行

明石の中宮が紫の上を見舞っているところに光源氏も姿を見せた。小康状態を喜ぶ光源氏に、紫の上は萩《はぎ》の上の露に託して命のはかなさを歌に詠む。光源氏も中宮もそれに唱和した。

【品詞分解／現代語訳】

ク・用　下二・用　助動・完・体　格助　上一・用　補尊・四・終　格助　格助　上一・用　補尊・四・已(命)　助動・存・体
風すごく吹き出でたる夕暮れに、前栽見たまふとて、脇息《きょうそく》に寄りゐたまへる
風がいかにも寂しく吹き出した夕暮れに、(紫の上は)庭の草木をご覧になるというので、脇息に寄りかかっていらっしゃるのを、

格助　四・用　接助　上一・用　補謙・四・用　補尊・四・用　接助　係助　副　副　上一・用　補尊・四・終　助動・婉・体　終助　(代)　格助
を、院渡りて見たてまつりたまひて、「今日は、いとよく起きゐたまふめるは。この
院(光源氏)がおいでになって見申し上げなさって、「今日は、本当によく起きていらっしゃるようだね。(明石の)中宮の

格助　係助　ク・用　係助　ナリ・体(音)　助動・定・終　終助　格助　下二・用　補尊・四・終　副　格助
御前にては、こよなく御心もはればれしげなめりかし。」と聞こえたまふ。かばかりの隙
御前では、このうえなくご気分も晴れ晴れするように見えますね。」と申し上げなさる。(紫の上は)この程度の気

ラ変・体　格助　係助　副　シク・終　格助　四・用　補謙・下二・用　補尊・四・已(命)　助動・存・体　格助　上一・用　補尊・四・体　係助　シク・用
あるをも、いとうれしと思ひきこえたまへる御気色を見たまふも、心苦しく、
分のよい時があるのをも、非常にうれしいとお思い申し上げなさっている(光源氏の)ご様子をご覧になるにつけても、お気の毒で、

格助　副　四・未　助動・推・体　格助　四・体　接助　ナリ・已　接助
「つひに、いかにおぼし騒がむ。」と思ふに、あはれなれば、
「最期という時に、(光源氏は)どんなに思い乱れなさるだろう。」と思うと、しみじみと悲しいので、(紫の上はお詠みになる。)

四・終　格助　上一・体　係助(係)　ク・体(結)　副　格助　下二・体　格助
おくと見るほどぞはかなきともすれば風に乱るる萩のうは露
葉に置いていると見る間もしばらくの間です。ともすると吹く風に散り乱れる萩の上の露は。(私がこうして起きているのもつかの間のことです。ともすれば萩の上露のようにはかなく消える私の命です。)

副　係助(係)　四・用　四・終　助動・推・用(音)　係助　ラ変・未　助動・打・体(結)　下二・未　助動・受・用　助動・完・体　副助
げにぞ、折れかへりとまるべうもあらぬ、よそへられたる折さへ
なるほど、(庭の萩が風に)折れ返って露がとどまりそうにもないのに、(紫の上の命が)たとえられた(秋の夕暮れという)折までも

ク・体　接助　四・用　補尊・四・用　接助　係助
忍びがたき を、見いだし たまひ て も、
耐えがたいので、（光源氏は）外をご覧になっても、

副　格助　四・体　格助　格助　下二・用　四・体　下二・未　助動・打・用　終助
ややもせば 消え を あらそふ 露 の 世 に 後れ 先だつ ほど 経 ず もがな
ともすれば先を争って消える露のような世の中に、せめて後れたり先立ったりする間を置きたくない（一緒に消えたい）ものだ。

格助　格助　下二・用　補尊・四・未　助動・打・終
とて、御涙 を 払ひあへ たまは ず。宮、
と詠んで、涙をぬぐいきれないでいらっしゃる。中宮は、

格助　副　四・未　助動・打・体　格助　格助　（代）　係助（係）　格助　格助　副助　上一・未　助動・推・体（結）
秋風 に しばし とまら ぬ 露 の 世 を 誰 か 草葉 の うへ と のみ 見 む
秋風のために、しばらくもとどまらずに消える露のようなこの世を、誰が草葉の上のことだけ見過ごせましょうか（私たちも同じことです）。

格助　四・用　補尊・四・体　シク・用　上一・体　ラ変・体　格助　下二・用　接助　係助　副
と 聞こえ交はし たまふ 御容貌ども あらまほしく、見る かひ ある に つけ て も、「かくて
と互いに歌を詠み交わしなさる（中宮も紫の上も）ご容貌は理想的で、見るかいがあるにつけても、（光源氏は）「こうして

格助　四・体　終助　格助　四・未　助動・自・已　接助　格助　四・未　助動・打・体　助動・断・已　接助
千年 を 過ぐす わざ もがな。」と おぼさ るれ ど、心 に かなは ぬ こと なれ ば、
千年を過ごすすべがあればいいのになあ。」とお思いにならずにはいられないが、（人の命は）思うにまかせないことなので、

下二・未　助動・婉・体　ク・体　係助（係）　シク・用　助動・過・体（結）
かけとめ む 方 なき ぞ 悲しかり ける。
（紫の上の命が絶えようとするのを）引きとどめる方法がないのは悲しいことだった。

語句の解説

教706 205ページ　教708 169ページ

10 **見《み》たてまつりたまひ《イ》て**　見申し上げなさって。
「たてまつり」は、作者から紫の上に対する敬意。「たまひ」は、作者から光源氏に対する敬意。

11 **はればれしげなめりかし**　晴れ晴れすると見えますね。
「はればれしげなめり」は、「はればれしげなる」＋「めり」（推定の助動詞）の撥《はつ》音便「はればれしげなんめり」の「ん」を表記しない形。「かし」は、念を押す終助詞。

12 **かばかりの隙《ひま》**　この程度の気分のよい時。
「隙」は、ここでは小康状態をいう。ちょっと起き上がれるほどの状態。

3 **「かばかり」とはどのような状態か。**

答 床から起き上がって庭の景色を眺めることのできるような状態。

13 **つひ《イ》に、いかにおぼし騒《さわ》がむ《ン》**　最期という時に、(光源氏は)どんなに思い乱れなさるだろう。

「つひに」の「つひ」は「死にぎわ、最期」の意。「おぼし騒ぐ」は「思ひ騒ぐ」の尊敬語。

15 **萩《はぎ》のうは《ワ》露《つゆ》**　萩の上の露。

「萩」は、秋に紅紫色または白色の花が咲く。「うは露」は、花や葉の上に置く露。紫の上が自分の命をたとえている。

4 **この歌の修辞を指摘してみよう。**

答 「おく」が、「(露が)置く」と「(自分が)起く」との掛詞《かけことば》となっている。

16 **とまるべう《ビョウ》もあらぬ**　とどまりそうにもない。

庭の萩が風に吹かれて折り返り、葉の上に露がとどまりそうにないということ。「べう」は「べく」のウ音便。

教706 206ページ　教708 170ページ

2 **ややもせば…**　(歌)ともすれば先を争って消える露のような世の中に、せめて後れたり先立ったりする間を置きたくない(一緒に消えたい)ものだ。

「つゆ」は、「露」と「露の世(はかない世)」の掛詞。「消え」「露」は縁語。「経《へ》」は、「経《ふ》」の未然形で、「時がたつ」の意。「もがな」は願望の終助詞で「…であってほしい」の意が原義。

3 **払《はら》ひ《イ》あへ《エ》たまは《ワ》ず**　(涙を)ぬぐいきれないでいらっしゃる。

「あへ」は「敢《あ》ふ」(ハ行下二段活用動詞)の連用形。動詞の下に付いて、「完全に…する」の意。ここでは、下に打消の「ず」を伴うので、不完全な意を表す。

4 **秋風《あきかぜ》に…**　(歌)秋風のために、しばらくもとどまらずに消える露のようなこの世を、誰が草葉の上のことだけ見過ごせましょうか(私たちも同じことです)。

「つゆ」は、「露」と「露の世(はかない世)」の掛詞。「草葉」「露」が縁語。

5 **聞《き》こえ交《か》は《ワ》したまふ《モウ》**　互いに歌を詠み交わしなさる。

「聞こえ交はし」は、「言ひ交はし」の謙譲語。

5 **「見る」の主語は誰か。**

答 院(光源氏)。

7 **かけとめむ《ン》方《かた》**　引きとどめる方法。

「かけとむ」は、死にゆく命を引きとめる意に用いられる。

【紫の上の死】【大　意】 教706 206ページ8〜16行　教708 170ページ8〜16行

まもなく紫の上の容体が急変し、中宮がお手を取ると臨終の様子であった。加持祈禱《きとう》の効果もむなしく、紫の上は明け方に息を引き取ったのであった。

係助 四・未 助動・尊・用 補尊・四・用 助動・完・命
「今 は 渡ら せ たまひ ね。
(紫の上が)「もうお帰りになってください。

副 シク・用 四・用 補丁・ラ変・用 助動・完・終
乱り心地 いと 苦しく なり はべり ぬ。
(私は)気分がひどく悪くなりました。

ク・用 四・用 助動・完・用 助動・過・体 格助 四・用 接助
言ふかひなく なり に ける ほど と 言ひ ながら、
どうしようもなくなってしまった有様とは言いながら、

副 ナリ・用 補丁・ラ変・終 間助 格助
いと なめげに はべり や。」 とて、
まことに失礼でございますから。」とおっしゃって、

下二・用 接助 四・用 補尊・四・已(命) 助動・存・体 格助
御几帳 引き寄せ て 臥し たまへ る さま の、
御几帳を引き寄せて横になられた様子が、

格助 係助 副 ク・用 下二・用 補尊・四・已 接助
常 より も いと 頼もしげなく 見え たまへ ば、
いつもよりひどく頼りなさそうにお見えになるので、

副 四・未 助動・自・体 助動・断・用 係助(結略) 格助
「いかに おぼさ るる に か。」 とて、
「どのようなご気分でしょうか。」と言って、

係助 格助 下二・用 補謙・四・用 接助
宮 は 御手 を とらへ たてまつり て、
中宮は(紫の上の)お手をお取り申し上げて、

副 上一・用 補謙・四・用 補尊・四・体 接助
泣く泣く 見 たてまつり たまふ に、
泣く泣く(ご様子を)見申し上げなさると、

副 四・体 格助 サ変・用 接助
まことに 消えゆく 露 の 心地 し て
本当に消えてゆく露のような感じがして

格助 下二・用 補尊・四・已 接助
限り に 見え たまへ ば、
今が最期と見えなさるので、

格助 係助 四・未 助動・打・用
御誦経《みずきょう》 の 使ひども 数 も 知ら ず
御誦経を依頼しに行く使者たちが数えきれないほど

四・用 助動・存・終
たち騒ぎ たり。
大勢立ち騒いでいる。

係助 副 下二・用 補尊・四・体 格助 四・用 補尊・四・用 接助
先ざき も、 かくて 生き出で たまふ 折 に ならひ たまひ て、
以前に、 (危篤状態から)蘇生《そせい》なさる時と同じように、

格助 四・用 補尊・四・用 接助
御物の怪 と 疑ひ たまひ て、
(光源氏は)御物《もの》の怪《け》のしわざかとお疑いになって、

格助 格助 四・未 助動・使・用 補尊・四・已 接助
夜一夜 さまざま の こと を し尽くさ せ たまへ ど、
一晩中(加持祈禱などの)さまざまなことを全てさせなさったが、

係助 ク・用
かひ も なく、
その甲斐もなく、

下二・体 格助 下二・用 補尊・四・用 助動・完・終
明け果つる ほど に 消え果て たまひ ぬ。
夜がすっかり明ける頃に(紫の上は)お亡くなりになってしまった。

(御法)

語句の解説

教706 206ページ 教708 170ページ

8 今《いま》は渡《わた》らせたまひ《イ》ね　もうお帰りになってください。紫の上から中宮に対する言葉。「ね」は完了の助動詞「ぬ」の命令形。

9 言《い》ふ《ウ》かひ《イ》なくなりにけるほど　どうしようもなくなってしまった

有り様。
「言ふかひなし」は、どうしようもなくなった状態をいう。死の婉曲表現としても使われる。「に」は、完了の助動詞「ぬ」の連用形。

9**なめげにはべりや**　失礼でございますから。
「なめげに」は形容動詞「なめげなり」の連用形。「失礼だ、無礼だ」の意。「や」は詠嘆の間投助詞。衰弱して見苦しくなった姿は失礼だ、ということ。

11**いかにおぼさるるにか**　どんなご気分でしょうか。
下に、「あらむ」「はべらむ」などの結びの語が省略されている。「おぼさるるにか」の「に」は、断定の助動詞「なり」の連用形。

13**限《かぎ》りに見《み》えたまへ《エ》ば**　今が最期と見えなさるので。
「限り」は、ここでは「最期の時、危篤、臨終」の意。

13**御誦経《みずきょう》**　僧に読経《どきょう》させること。
紫の上の回復を祈る祈禱である。

13**先《さき》ざきも、かくて生《い》き出《い》でたま《モ》ふ《ウ》折《おり》**　以前、(危篤状態から)蘇生《そせい》なさる時。
四年前の四月、紫の上は六条の御息所《みやすどころ》の死霊《しりょう》にとりつかれて危篤状態に陥ったが、加持祈禱により蘇生した。(若菜下)

15**明《あ》け果《は》つる**　夜がすっかり明ける。
「明け果つ」で一語の動詞。「果つ」が付くと「…し終わる、すっかり…する」の意が加わる。

学習のポイント

1　秋の季節が描かれている部分を順に指摘して、紫の上の病状とのかかわりを考えてみよう。

考え方　「中宮と紫の上」では、さわやかさを感じさせる秋の到来が描かれ、明石の中宮の見舞いに、気分のやや晴れやかな紫の上の描写がある。「露の命」では、激しい秋風が庭に吹き荒れる描写から始まる。紫の上の和歌は自らの死の近いことを暗示している。

解答例
・「秋待ちつけて、世の中少し涼しくなりては御心地もいささかさはやぐやうなれど、なほともすればかごとがまし。」706 204・8 708 168・8…夏の暑さから秋の涼しさに変わったが、気分も好転したかと思えばまた病状がぶり返す、紫の上の一進一退の病状と、変わりやすい秋の天候を重ね合わせている。
・「身にしむばかりおぼさるべき秋風ならねど、露けき折がち」706 204・10 708 168・10…身にしむほどの秋風ではないが、死期の近さを感じ、紫の上も涙に濡れがちになっている。
・「風すごく吹き出でたる夕暮れ」706 205・9 708 169・9…秋の急な天気の変化に、紫の上の様態急変を暗示させている。
・「風に乱るる萩のうは露」706 205・15 708 169・15…萩の葉の上に置く露がはかなく消えてしまうように、自分の命もはかなく消えようとしている。
・「折れかへりとまるべうもあらぬ」706 205・16 708 169・16…風が強く吹く中で萩の葉の上の露がまさに消えようとしている状態に、紫の上をなぞらえている。

2 **紫の上・光源氏・明石の中宮の三人の和歌には、それぞれどのような気持ちが込められているか、考えてみよう。**

考え方 三首の和歌は、紫の上の和歌を起点として光源氏と明石の中宮とがそれぞれに唱和していると解すべきである。死の近いことを覚悟している紫の上の和歌を受けて詠まれている。

解答例 紫の上の和歌…萩のうわ露のように、はかなく消えていく自分の命であることを承知しているという気持ち。

光源氏の和歌…死ぬ時は一緒でありたい、いつまでも一緒にいたいと強く願う気持ち。

明石の中宮の和歌…露と同じようにこの世もはかない存在であり、自分たちも同じはかないものなのだと紫の上を慰める気持ち。

3 **臨終に近い紫の上が、光源氏や明石の中宮に対して示した細やかな心配りについて、話し合ってみよう。**

考え方 紫の上の態度は、最期まで毅然とした女性としてあろうとする意思の表れであると同時に、光源氏と明石の中宮に対する細やかな心配りとなっている。自らの死期が迫っていることを感じている紫の上が、「今は渡らせたまひね。……いとなめげにはべりや」(706 206・8〜10 708 170・8〜10)と、明石の中宮に退出を促しているのは、つらくなって横になる姿を見せることが、明石の中宮に対して非礼であると思ったからである。

4 **語句** **次の傍線部の違いを説明してみよう。**

① え渡りたまはねば、(706 204・14 708 168・14)

② 渡らせたまひね。(706 206・8 708 170・8)

解答 ①打消の助動詞「ず」の已然形。

②完了の助動詞「ぬ」の命令形。

5 **探究** **「来《き》し方《かた》…この世の花のかをりにもよそへられたまひし」(706 205・4 708 169・4)とあるが、紫の上を花にたとえた記述を『源氏物語』の中で調べてみよう。**

考え方 『源氏物語』には多くの植物が登場するが、第二十八帖「野《の》分《わき》」に、光源氏の長男夕霧が垣間見た三人の女君(紫の上、玉鬘《たまかずら》、明石の姫君〈明石の中宮〉)の容貌を花にたとえて述べる場面がある。

解答例 台風見舞いで光源氏の邸宅六条院を訪れた時、夕霧は義母紫の上の姿を初めて目にする。

「御屏風《びやうぶ》も、風のいたく吹きければ、押したたみ寄せたるに、見通しあらはなる、廂《ひさし》の御座にゐ給へる人、ものに紛るべくもあらず、気高くきよらに、さとにほふ心地して、春の曙の霞の間より、おもしろき樺桜《かばざくら》の咲きみだれたるを見る心地す。」

一五歳の夕霧は、寝殿の端近に座る紫の上を垣間見て、気高く清らかに輝くようであり、春の曙の霞の間から美しい樺桜が咲きこぼれているのを見る心地がすると述べる。ここでは紫の上を春の花「樺桜」にたとえている。

ちなみに、玉鬘は「八重山吹」、明石の姫君は「藤《ふじ》の花」にたとえられている。

薫と宇治の姫君

【宇治の川霧】【大意】　教706 208ページ12行〜209ページ14行　教708 172ページ12行〜173ページ14行

宇治に住む八の宮は、姫君たちを邸に残して、法要のために阿闍梨（あざり）の寺に移った。八の宮訪問を思い立った薫（かおる）は、露に濡れながら山道を越えて、宇治に向かう。薫の発する香りに、山里の人も目を覚ます。

【品詞分解／現代語訳】

秋　の（格助）　末っ方、　四季　に（格助）　あて（下二・用）　て（接助）　し（サ変・用）　たまふ（補尊・四・体）　御念仏　を（格助）、「この（代）（格助）　川づら　は（係助）、網代　の（格助）　波　も（係助）、

現代語訳　秋の末頃、（八の宮は）四季ごとに七日ずつ行う法要を、「この川（宇治川）のほとりは、網代の波音も、

このごろ　は（係助）　いとど（副）　耳かしがましく（シク・用）　静かなら（ナリ・未）　ぬ（助動・打・体）　を（格助）。」とて、か　の（格助）　阿闍梨　の（格助）　住む（四・体）　寺　の（格助）

現代語訳　この頃はいっそう騒がしく落ち着かないので。」といって、あの阿闍梨の住む寺のお堂にお移りになって、

堂　に（格助）　移ろひ（四・用）　たまひ（補尊・四・用）　て（接助）、七日　の（格助）　ほど　行ひ（四・用）　たまふ（補尊・四・終）。

現代語訳　七日の間勤行をなさる。

姫君たち　は（係助）、いと（副）　心細く（ク・用）、つれづれ　まさり（四・用）　て（接助）　ながめ（下二・用）　たまひ（補尊・四・用）　ける（助動・過・体）　ころ、中将の君、「久しく（シク・用）

現代語訳　姫君たちはたいへん心細く、所在なさがまさってもの思いに沈んでおいでになる頃、中将の君（薫）は、「（八の宮の

参ら（四・未）　ぬ（助動・打・体）　かな（終助）。」と（格助）　思ひ出で（下二・用）　きこえ（補謙・下二・用）　たまひ（補尊・四・用）　ける（助動・過・体）　まま　に（格助）、有明　の（格助）　月　の（格助）　まだ（副）

現代語訳　もとへ）長い間参上しないことだよ。」とお思い出し申し上げなさるままに、有明の月がまだ夜更けのうちに昇って

夜深く（ク・用）　さし出づる（下二・体）　ほど　に（格助）　出で立ち（四・用）　て（接助）、いと（副）　忍び（上二・用）　て（接助）、御供　に（格助）　人　など（副助）　も（係助）　なく（ク・用）、やつれ（下二・用）　て（接助）

現代語訳　くる頃に出発して、たいそう人目を忍び、御供に人数も少なく、目立たない様子で

サ変・用 助動・過・終
おはし けり。
おいでになった。

格助 （代） 助動・断・已 接助 副助 係助 四・未 接助 格助 助動・断・用 助動・過・終 四・体
川 の こなた なれ ば、舟 など も わづらは で、御馬 にて なり けり。入りもて行く
（八の宮邸は）宇治川のこちら岸なので、舟などの手間もかからず、御馬で行かれるのであった。だんだんと山道に

格助 四・用 接助 係助 下二・未 助動・打・体 格助 格助 下二・用 補尊・四・体 接助 副 シク・体
まま に、霧りふたがり て 道 も 見え ぬ 繁木 の 中 を 分け たまふ に、いと 荒ましき
入っていくにつれて、霧が立ち込めて道も見えないような茂った木々の中を分けて進んでおいでになると、ひどく荒々しい風の

格助 格助 副 下二・体 格助 格助 四・体 係助 副 ナリ・用
風 の 競ひ に、ほろほろと 落ち乱るる 木の葉 の 露 の 散りかかる も いと 冷ややかに、人やり
勢いに、はらはらと乱れ落ちる木の葉の露が散りかかってくるのもとても冷ややかで、人に強い

助動・断・未 助動・打・用 副 下二・用 補尊・四・未 助動・完・終 ラ変・体 副助 係助 副 四・用 補尊・四・未
なら ず、いたく 濡れ たまひ ぬ。かかる 歩き など も、をさをさ ならひ たまは
られたことではないが、ひどく濡れておしまいになった。このような忍び歩きなども、ほとんど慣れておいでにならないお気持

助動・打・体 格助 ク・用 シク・用 四・未 助動・自・用 助動・過・終
ぬ 心地 に、心細く、をかしく おぼさ れ けり。
ちにとっては、心細く、また興趣のあるものだとお感じになるのであった。

格助 下二・未 助動・打・体 格助 格助 係助 ク・用 ク・体 （代） 格助 終助
「山おろし に たへ ぬ 木の葉 の 露 より も あやなく もろき 我 が 涙 かな
「山おろしの激しい風に耐えられずに散り落ちる木の葉の露よりも多く、わけもなくこぼれやすい私の涙よ。

格助 四・体 係助 ク・終 格助 格助 係助 サ変・未 助動・使・用 補尊・四・未 助動・打・終 格助 格助
山がつ の おどろく も うるさし。」とて、随身《ずいじん》 の 音 も せ させ たまは ず。柴 の 籬 を
山の木こりなどが目を覚ますのもわずらわしい。」といって、随身の先払いの声を出すこともおさせにならない。（途中の家々の）柴の

下二・用 接助 ク・体 格助 格助 四・体 格助 係助 副 上二・用 接助 格助 サ変・用
分け つつ、そこはかとなき 水 の 流れども を 踏みしだく 駒 の 足音 も、なほ 忍び て と 用意し
垣根の間を踏み分けながら、どこと確かではない水の流れに踏み入ってたてる馬の足音さえも、なお人に聞かれないようにと気をつけて

たまへ〔補尊・四・已(命)〕**る**〔助動・存・体〕**に、**〔接助〕**隠れなき**〔ク・体〕**御にほひ　ぞ、**〔係助(係)〕**風　に**〔格助〕**従ひ**〔四・用〕**て、**〔接助〕**「主　知ら**〔四・未〕**ぬ**〔助動・打・体〕**香。」と**〔格助〕**おどろく、**〔四・体〕

いらっしゃるが、隠しようのない、薫の身にそなわったよいかおりが、風に乗って、「(古今集の歌ではないが、)主の知れないかおりがするよ。」

寝ざめ　の〔格助〕**家々　あり**〔ラ変・用〕**ける。**〔助動・過・体(結)〕

とはっとして、目を覚ます家々もあるのであった。

語句の解説

教706 208ページ　教708 172ページ

12 **この川《かわ》づら**　この宇治川のほとり。

八の宮邸は宇治川の京都側(北岸)であった。

14 **七日《なのか》のほど行《おこな》ひ《イ》たま《モ》ふ《ウ》**　七日の間勤行《ごんぎょう》をなさる。

「行ふ」は、ここでは「勤行をする」の意。

教706 209ページ　教708 173ページ

1 **ながめたまひ《イ》けるころ**　もの思いに沈んでおいでになる頃。

「ながむ」には、①「もの思いに沈む」、②「見やる、眺める」の意があり、ここでは①。

2 **思《おも》ひ《い》出《い》できこえたまひ《イ》けるままに**　思い出し申し上げなさるままに。

「きこえ」は謙譲の補助動詞で、「思ひ出づ」の対象の八の宮に対する敬意を表し、「たまひ」は尊敬の補助動詞で、中将の君に対する敬意を表す。二方面への敬語となる。「ままに」はここでは「ただちに」の意。

4 **やつれておはし《ワ》けり**　目立たない様子でおいでになった。

「やつる」は、他動詞「(身を)やつす」と対応する自動詞。ここでは、「目立たないようにする」の意。

5 **舟《ふね》などもわづら《ズ》はで《ワ》**　舟などの手間もかからず。

「わづらふ」は、①「悩む」、②「病気になる」、③「手間をかける」などの意があり、ここでは③。

8 **人《ひと》やりならず**　人に強いられたことではないが。

「人やり」は、「自分の意思ではなく、人からさせられること」。こんな山道に分け入って露に濡れるようなことを、他からの強制ではなく自ら求めてしているのだ、の意。

8 **を《オ》さを《オ》さならひ《イ》たまは《ワ》ぬ心地《ここち》に**　ほとんど慣れておいでにならないお気持ちにとっては。

「をさをさ」は、下に打消の語を伴って「ほとんど(…ない)」の意。「ならふ」は、ここでは「慣れる」の意。

10 **山《やま》おろしに…**　(歌)山おろしの激しい風に耐えられずに散り落ちる木の葉の露よりも多く、わけもなくこぼれやすい私の涙よ。

「山おろし」は、山から吹きおろす風。「木の葉の露」と「涙」を対比している。「あやなし」は、「道理が通らない、筋道がわからない」の意。「もろし」は、ここでは「涙がこぼれやすい」の意。晩秋の落葉がしみじみと身にしみて、悲しくなるのである。

1　**「あやなくもろき我が涙」とは誰のどのような様子か。**

答 中将の君（薫）の、自分でもなぜだかわからないながら、涙が抑えきれずに流れ落ちる様子。

11 **山《やま》がつのおどろくもうるさし**　山の木こりなどが目を覚ますのもわずらわしい。

「山がつ」は、木こりなど、山里で生活する身分の低い人。「おどろく」は、ここでは「目を覚ます」の意。「うるさし」は、ここでは「わずらわしい、面倒だ」の意。

13 **用意《ようい》したまへ《ェ》るに**　気をつけていらっしゃるが。

「用意す」は、「心遣いをする、気をつける」の意。現代語の「準備する」とは違うので注意。

〈霧の中の垣間見《かいまみ》〉【大　意】 教706 210ページ6行～211ページ9行 教708 174ページ6行～175ページ9行

薫が透垣《すいがい》の戸口からのぞくと、簾《すだれ》を巻き上げて、女房たちは月を眺めていた。琵琶の撥《ばち》のことで、たわいもなく言い合っている二人の姫君に、薫は心を引かれてしまう。人目につかない意外なところで美しい姫君を見いだすようなことは、昔物語の世界だけと思っていたが、実際にそのような場面に出くわして、感動を新たにするのであった。静かに奥へ引っ込む姫君たちの様子にも心が引かれる。

【品詞分解／現代語訳】

あなた（代）　に（格助）　通ふ（四・終）　べか（助動・推・体（音））　める（助動・定・体）　透垣　の（格助）　戸　を（格助）　少し（副）　押し開け（下二・用）　て（接助）　見（上一・用）　たまへ（補尊・四・已）　ば、（接助）　月
（薫が）あちら（の姫君の部屋）に通じているらしい透垣の戸を少し押し開けてご覧になると、月が

をかしき（シク・体）　ほど　に（格助）　霧りわたれ（四・已（命））　る（助動・存・体）　を（格助）　ながめ（下二・用）　て、（接助）　簾　を（格助）　短く（ク・用）　巻き上げ（下二・用）　て、（接助）　人々　ゐ（上一・用）　たり。（助動・存・終）
風情のある程度に一面に霧がかかっているのを眺めて、簾を高く巻き上げて、女房たちが座っている。

簀子《すのこ》　に、（格助）　いと（副）　寒げに、（ナリ・用）　身　細く（ク・用）　萎えばめ（四・已（命））　る（助動・存・体）　童　一人、　同じ（シク・体）　さま　なる（助動・断・体）　大人　など（副助）　ゐ（上一・用）　たり。（助動・存・終）
簀子に、たいそう寒そうに、体がほっそりして着なれて柔らかくなった着物を着た女童が一人と、同じような様子をした年輩の女房などが座っている。

内　なる（助動・在・体）　人、　一人　柱　に（格助）　少し（副）　ゐ隠れ（下二・用）　て、（接助）　琵琶　を（格助）　前　に（格助）　置き（四・用）　て、（接助）　撥　を（格助）　手まさぐり　に（格助）　し（サ変・用）
奥にいる人は、ひとり（中の君）は柱に少し隠れて座り、琵琶を前に置いて、撥を手先でもてあそびながら座っているとこ

つつ（接助）　ゐ（上一・用）　たる（助動・存・体）　に、（格助）　雲隠れ（下二・用）　たり（助動・存・用）　つる（助動・完・体）　月　の、（格助）　にはかに（ナリ・用）　いと（副）　明かく（ク・用）　さし出で（下二・用）　たれ（助動・完・已）　ば、（接助）　「扇
ろへ、雲に隠れていた月が、急にたいそう明るく差し出てきたので、「扇

助動・断・未　接助　(代)　格助　係助　係助　四・用　助動・強・終　助動・可・用　助動・詠・終　格助　四・用　助動・完・体

ならで、これしても月は招きつべかりけり。」とて、さしのぞきたる顔、

ではなくて、　これ(撥)でも月を招き寄せることができるのですね。」と言って、　(月の方を)さしのぞいた顔は、

シク・用　ナリ・用　ナリ・体　助動・推・終　四・用　助動・存・体　係助　格助　格助　四・用　接助

いみじくらうたげににほひやかなるべし。添ひ臥したる人は、琴の上にかたぶきかかりて、

非常にかわいらしくつやつやと美しいようだ。　(もう一人の)物に寄り添って横になっている姫(大君《おおいぎみ》)は、琴の上に上体を傾けて、

四・体　格助　四・体　係助(係)　ラ変・用　助動・過・已(結)　ナリ・用　係助　四・用　補尊・四・体　終助　格助

「入る日を返す撥こそありけれ、さま異にも思ひおよびたまふ御心かな。」とて、

「夕陽を呼び返す撥はあるけれど、　(月を招き寄せるとは)変わったことを思いつきなさるお心だこと。」と言って、

四・用　助動・完・体　副　副　ナリ・用　四・用　助動・存・終　四・未　助動・打・終　接助　(代)　係助　格助

うち笑ひたるけはひ、いま少し重りかによしづきたり。「およばずとも、これも月に

ほほえんだ様子は、　(中の君より)もう少し重々しく奥ゆかしい感じである。　(中の君は)「(撥で月を招き寄せることは)できなくても、撥

下二・体　係助　副助　ク・体　格助　下二・用　四・用　助動・存・体　副

離るるものかは。」など、はかなきことを、うち解けのたまひかはしたるけはひども、さらによそ

だって月に縁のないものではありませんよ。」などと、たわいもないことを、うちとけて話し合っていらっしゃる様子は、　よそながら想像し

格助　四・用　助動・過・体　格助　係助　上一・未　助動・打・用　副　ナリ・用　シク・用(音)　シク・終　副助　格助　下二・用

に思ひやりしには似ず、いとあはれになつかしうをかし。昔物語などに語り伝へ

ていたのとはまったく違って、　たいそうしみじみと身にしみて慕わしく風情がある。　昔物語などに語り伝えてあって、

接助　ク・体　副助　格助　四・体　格助　係助　四・体　接助　副　ナリ(語幹)　格助　格助　四・用　助動・存・体　副　副助　ラ変・未

て、若き女房などの読むをも聞くに、必ずかやうのことを言ひたる、さしもあら

若い女房などが読むのをも聞くと、　必ずこのようなことを述べているが、　(実際は)そうでもな

助動・打・用　助動・過推・終　格助　ク・用　四・未　助動・自・体　接助　副　ナリ・体　格助　ラ変・用　助動・強・終　助動・可・体

ざりけむ、と憎く推しはからるるを、げに、あはれなる物の隈ありぬべき

かったのだろう、　と(そんな物語が)憎らしく思われるけれども、　なるほど、(昔物語にあるとおり)しみじみと趣深い人目につかない物陰もあり

助動・断・用　助動・詠・終　格助　四・用　助動・強・終　助動・推・終

世なりけりと、心移りぬべし。

得る世の中なのだなあと、　(薫は)考えが変わってしまいそうである。

格助 ク・已 接助 ナリ・用 下二・終 助動・可・用 係助 補・ラ変・未 助動・打・終 副 下二・未 終助 格助 四・体
霧 の 深けれ ば、さやかに 見ゆ べく も あら ず。また、月 さし出で なむ と おぼす
霧が深いので、(姫君たちの姿は)はっきり見ることもできない。(薫が)もう一度、月が出てほしいとお思いになっている

格助 格助 格助 サ変・終 格助 下二・用 補謙・下二・体 係助(係) ラ変・未 助動・推・体(結) 四・用 接助
ほど に、奥 の 方 より、「人 おはす。」と 告げ きこゆる 人 や あら む、簾 下ろし て
うちに、奥の方から、「どなたかおいでです。」とお知らせ申す人がいるのだろうか、簾を下ろして

四・用 助動・完・終 助動・断・用 係助 補・ラ変・未 助動・打・用 ナリ・用 四・用 接助 副 下二・用
みな 入り ぬ。おどろき顔 に は あら ず、なごやかに もてなし て、やをら 隠れ
みな奥に入ってしまった。(二人の姫君は)驚いた様子ではなく、穏やかに振る舞って、そっと隠れていった

助動・完・体 格助 係助 サ変・未 助動・打・用 副 ナリ・用 シク・用 接助 シク・用(音) ナリ・用
ぬる けはひども、衣 の 音 も せ ず、いと なよらかに 心苦しく て、いみじう あてに
様子などは、衣《きぬ》ずれの音もせず、とてもものやわらかでいじらしくて、非常に上品で

ナリ・体 格助 ナリ(語幹) 格助 四・用 補尊・四・終
みやびかなる を、あはれ と 思ひ たまふ。
優雅なのを、(薫は)しみじみと心が引かれるとお思いになる。

(橋姫)

語句の解説

教706 210ページ 教708 174ページ

6 **あなたに通《かよ》ふべかめる** あちら(の姫君の部屋)に通じているらしい。
「あなた」は姫君たちの住む部屋の方を指す。「べかめる」は、「べかるめる」の撥《はつ》音便「べかんめる」の「ん」の無表記。

8 **萎《な》えばめる童《わらわ》** 着なれて柔らかくなった着物を着た女童。
「萎えばむ」は、萎えた状態になること。「萎ゆ」は、ここでは「着なれて柔らかくなる」の意。

9 **ゐ《イ》隠《かく》れて** 隠れて座り。
「ゐ」は「居る」で、「座っている」の意。

9 **琵琶《びわ》** 四弦(まれに五弦)の弦楽器。

10 **撥《ばち》** 琵琶を弾く道具。いちょうの葉のような形をしたもの。

13 **琴《こと》の上《うえ》にかたぶきかかりて** 琴の上に上体を傾けて。
室内から月をのぞこうとしている姿勢である。

13 **入《い》る日《ひ》を返《かえ》す撥《ばち》こそありけれ** 夕陽を呼び返す撥はあるけれど。
「こそ…けれ」の後に文が続く場合は、逆接の接続用法となる。

15 **重《おも》りかによしづきたり** 重々しく奥ゆかしい感じである。
「重りかなり」は、重厚な、落ち着いたさまをいう。「よしづく」は、「奥ゆかしい風情がある、由緒がありそうだ」の意。

16 **さらによそに思《おも》ひ《イ》やりしには似《に》ず** よそながら想像していたのとはまったく違って。

「さらに…ず」で、「まったく…ない」の意。副詞の呼応である。

2 「よそに思ひやりしには似ず」とはどのようなことか。

答 姫君の様子が、薫がそれまでに想像していたのとは違って、心引かれるさまであるということ。

教706 211ページ 教708 175ページ

2 **さしもあらざりけむ《ン》** そうでもなかったのだろう。
「さ」は「然《さ》」（そのような）。「しも」は強意の副助詞。

3 **物《もの》の隈《くま》ありぬべき世《よ》なりけり** 人目につかない物陰もあり得る世の中なのだなあ。
「ぬべし」は、「べし」が可能の場合は「…できるはずだ、…できそうだ」の意。「なりけり」は、断定＋詠嘆で、強い詠嘆。物陰に美しい人がいることもあり得るのだなあ、ということ。

4 **心《こころ》移《うつ》りぬべし** 考えが変わってしまいそうである。
薫の心が、「さしもあらざりけむ」（昔物語のようなことはなかっただろう）から、このような「物の隈」に美しい人がいることもあり得るという考えに変わるということ。「ぬべし」は「べし」が推量で「きっと…だろう」の意。

5 **さやかに見《み》ゆべくもあらず** はっきり見ることもできない。
「さやかなり」には、①「はっきりしている」、②「高く澄んでいる」、③「大変に明るい」の意があり、ここでは①。

5 **月《つき》さし出《い》でなむ《ン》** 月が出てほしい。
「なむ」は、他に対する願望の終助詞。未然形に接続する。

7 **なごやかにもてなして** 穏やかに振る舞って。
「もてなす」は、ここでは「振る舞う、動作する」の意。

8 **いとなよらかに心苦《こころぐる》しくて** とてもものやわらかでいじらしくて。
「なよらかなり」は、態度が「ものやわらかだ」の意。「心苦し」は「いじらしい、痛々しい」の意。姫君たちのかわいらしさが、薫にそのような心情を抱かせたのである。

学習のポイント

1 本文の内容を、いつ、誰が、どうした、という形式で、簡潔に要約してみよう。

解答例 秋の末頃、薫が、宇治の八の宮邸を訪れ、そこに住む美しい姉妹の姿を垣間見て、心引かれる。

2 「あなたに……見たまへば、」（706 210・6 708 174・6）以下は、薫が垣間見をする場面であるが、そのことを示している表現を指摘してみよう。

考え方 薫の動作や心情で、垣間見をしていることと結びつく表現を探す。室内の様子は、薫の視線に従って描き出されている。地の文が、薫の心中に添った書き方になっている。

解答例
・「透垣の戸を少し押し開けて見たまへば、」 706 210・6 708 174・6
・「いみじくらうたげににほひやかなるべし。」 706 210・12 708 174・12
・「うち笑ひたるけはひ、」 706 210・14 708 174・14

・「うち解けのたまひかはしたるけはひども、」706 210・16 708 174・16
・「いとあはれになつかしうをかし。」706 211・1 708 175・1
・「心移りぬべし。」706 211・4 708 175・4
・「いとなよらかに心苦しくて、」706 211・8 708 175・8
・「あはれと思ひたまふ。」706 211・9 708 175・9

3

本文の中に、二人の姫君の印象を述べた記述があるが、見つけて整理してみよう。

考え方 二人の姫君とは、中の君と大君《おおいぎみ》。脚注から、「内なる人、一人」が中の君、「添ひ臥《ふ》したる人」が大君である。

解答例
・柱に隠れて座っている姫君(中の君)
「さしのぞきたる顔、いみじくらうたげににほひやかなるべし」706 210・12 708 174・12…お顔がたいへんかわいらしくつやつやしているようだ。
・物に寄り添って横になっている姫君(大君)
「うち笑ひたるけはひ、いま少し重《おも》りかによしづきたり」706 210・14 708 174・14…ほほ笑んでいる様子は、もう少し重々しく奥ゆかしい感じである。

4

語句 次を品詞分解し、現代語訳してみよう。

① 随身《ずいじん》の音《おと》もせさせたまはず。(706 209・11 708 173・11)
② 扇ならで、これしても月は招きつべかりけり。(706 210・11 708 174・11)

解答
①随身(名詞)／の(格助詞)／音(名詞)／も(係助詞)／せ(サ変動詞「す」の未然形)／させ(使役の助動詞「さす」の連用形)／たまは(尊敬の補助動詞「たまふ」の未然形)／ず(打消の助動詞「ず」の終止形)
〔現代語訳〕随身の先払いの声を出すこともおさせにならない。
②扇(名詞)／なら(断定の助動詞「なり」の未然形)／で(接続助詞)／これ(代名詞)／して(格助詞)／も(係助詞)／月(名詞)／は(係助詞)／招き(四段動詞「招く」の連用形)／つ(強調の助動詞「つ」の終止形)／べかり(可能の助動詞「べし」の連用形)／けり(詠嘆の助動詞「けり」の終止形)
〔現代語訳〕扇ではなくて、これでも月を招き寄せることができるのですね。

6 近世の俳諧

● 俳諧とは

俳諧は、和歌の連歌《れんが》から生まれた。連歌は、五七五の句(長句)と七七の句(短句)を複数の作者が交互に詠んでいくが、その伝統を受け継ぐ。最初の句を「発句《ほっく》」として、長句と短句を連ねるのが「連句」である。「俳諧」は、この発句と連句の両方を含んだ呼び名である。本来は滑稽な連歌のことを「俳諧の連歌」と呼んでいた。俳諧を高い芸術性を備えた短詩文学として完成させたのは、松尾芭蕉《まつおばしょう》とその一門である。近世には、連句中心から発句中心へと転換されるが、発句が「俳句」として独立するのは近代の明治時代になってからである。

● 『市中《いちなか》の巻』とは

江戸時代前期の歌仙。元禄三(一六九〇)年、松尾芭蕉と弟子の野沢凡兆《のざわぼんちょう》、向井去来《むかいきょらい》の三人が、京都嵯峨野《さがの》の去来の家で詠んだ。「歌仙」は連句の形式で三十六句を一巻とする俳句の巻物。『猿蓑《さるみの》』所収。

俳句

教706 212〜213　教708 176〜177

【品詞分解/現代語訳】 教706 212ページ　教708 176ページ

雪月花　一度に(副)　見する(下二・体)　卯木　かな(終助)　**松永貞徳《まつながていとく》**

(雪のように白い花で名前が卯木《うつぎ》〈卯月《うづき》〉なので)雪・月・花を一度に見せる卯木だなあ。

● 『笈《おい》の小文《こぶみ》』とは

俳諧紀行文。作者は松尾芭蕉。貞享《じょうきょう》四(一六八七)年、江戸を出発し、故郷の伊賀上野、伊勢神宮、吉野の桜をたずね、奈良・大坂を経て須磨《すま》・明石《あかし》までの旅をつづったもの。

● 『三冊子《さんぞうし》』とは

俳論書。作者は服部土芳《はっとりどほう》。元禄一五(一七〇二)年頃の成立。「白冊子」「赤冊子」「忘れ水(黒冊子)」の三部から成る。芭蕉の俳論を正確に記述し、土芳自身の意見も述べられている。

● 『去来抄』とは

俳論書。作者は向井去来。安永四(一七七五)年刊。「先師評」「同門評」「故実」「修行」の四部から成る。芭蕉俳諧の「不易流行」「さび」「しをり」「軽み」などを論じ、芭蕉とその門人の俳論を集大成したものといえる。

語句の解説

1 **雪月花《せつげつか》**　雪と月と花。自然美の総称。
1 **見《み》する**　見せる。下二段活用の動詞「見す」の連体形。
1 **卯木《うつぎ》**　ユキノシタ科の落葉低木。初夏に白い花を咲かせる。
1 **かな**　「…だなあ、…であることよ」の意の詠嘆の終助詞。

1 **雪に見立てられているものは何か。**

答 卯木の(白い)花。

鑑賞 『俳諧発句帳《はいかいほっく》』所収。「卯木《うつぎ》」を「卯月《うづき》」に掛けて、「月」を見せるとし、白い花を雪に見立てて、夏なのに「雪」を見せるとする。つまり、卯木を見るだけで、雪月花を全て見ることができる、という。言葉遊びの趣である。卯木の花(卯の花)は、古来、和歌に詠まれてきた風物。「かな」は切れ字。季語は「卯木」で季節は夏。

【品詞分解/現代語訳】 教706 212ページ 教708 176ページ

ほととぎす いかに(感) **鬼神 も**(係助) **たしかに**(ナリ・用) **聞**(四・命) **西山宗因《にしやまそういん》**

夏の訪れを知らせるほととぎすの声を、やあ、鬼神もしっかり聞きなさい。

語句の解説

2 **ほととぎす** 初夏に渡ってきて夏を日本に知らせる渡り鳥。昔はほととぎすの初音《はつね》を待ちわびていた。

2 **いかに鬼神《きじん》もたしかに聞《きけ》** やあ、鬼神もしっかり聞きなさい。

「いかに」は、ここでは人に呼び掛ける感動詞。

鑑賞 「ほととぎす」は、俳句で夏の訪れを知らせる鳥として用いられる。謡曲「田村」の中の詞章「鬼神もしっかり聞けよ」を借り、このように言うことで、ほととぎすの初音を耳にした喜びを表現している。『古今和歌集』「仮名序」にも、言葉が鬼神の心にも情趣を起こさせるとあることもふまえる。季語は「ほととぎす」で季節は夏。

【品詞分解/現代語訳】 教706 212ページ 教708 176ページ

大晦日 定めなき(ク・体) **世 の**(格助) **さだめ かな**(終助) **井原西鶴《ゐはらさいかく》**

大晦日は、定めのない世の中で、借金を払うという定めがある日だよ。

語句の解説

2 **定めなき世の「さだめ」とは何か。**

答 一年の借金を支払うという決まり。

鑑賞 大晦日《おおみそか》は、一年の収支決算日であり、掛け買いの代金を支払うという決まりがある日である。定めのない無常な世で、大晦日だけは定めがあるのだなあ、という感慨。西鶴は『世間胸算用《せけんむねさんよう》』で、大晦日を舞台に、借金取りと借金取り撃退をはかる側との悲喜こもごものやり取りを描いている。「かな」は切れ字。季語は「大晦日」で季節は冬。

【品詞分解/現代語訳】 教706 212ページ 教708 176ページ

枯れ枝 に(格助) **烏 の**(格助) **とまり**(四・用) **けり**(助動・詠・終) **秋 の**(格助) **暮れ 松尾芭蕉《まつをばせう》**

(葉の落ちた)枯れ枝に烏がとまっているよ。寂しさが身にしむ秋の夕暮れ時である。

語句の解説

4 **枯《か》れ枝《えだ》** 葉の落ちた枝。立ったまま枯れている枝、という解釈もあるが、ここではとらない。

4 **烏**《からす》　群れをなして、カアカアと騒がしく鳴いている烏ではなく、一羽ぽつんととまっている烏である。

4 **とまりけり**　とまっているよ。
「けり」は、詠嘆の助動詞で、切れ字。

4 **秋**《あき》**の暮**《く》**れ**　「晩秋」の意、「秋の日の夕暮れ」の意のどちらにも用いられるが、ここでは後者。

鑑賞

秋の夕暮れの寂しさを、水墨画の画題などにある「寒鴉古木《かんあこぼく》」に見いだした句。秋の夕暮れ時に一羽の鳥が枯れ枝にとまっている、そのもの寂しい情景に情緒を感じたのである。初案では「とまりたるや」となっていたが、その後「さび」の境地に至るに及んで「とまりけり」と素直な表現に改めたという。秋の夕暮れ時のもの寂しさが見事に表現された句である。「けり」は切れ字。季語は「秋の暮れ」で季節は秋。

【品詞分解／現代語訳】 教706 212ページ　教708 176ページ

海辺 に(格助) **日 暮らし**(四・用) **て**(接助)
海辺で一日を過ごして

海 暮れ(下二・用) **て**(接助) **鴨 の**(格助) **こゑ ほのかに**(ナリ・用) **白し**(ク・終)　**松尾芭蕉**
海辺では日が暮れて、薄暗くなってきている。鴨《かも》の声が聞こえてくるが、その声はほんのりと白く感じられた。

語句の解説

6 **海**《うみ》**暮**《く》**れて**　海辺で日が暮れて、海も夕闇に包まれようとしている。

6 **鴨**《かも》　冬に日本にやって来る渡り鳥。旅の象徴としても用いられ、旅の途中にある作者の姿や漂泊の思いが重ねられている。

6 **ほのかに白**《しろ》**し**　ほんのりと白く感じられた。
そう感じられたのは「鴨の声」である。「白し」の「し」（形容詞の活用語尾）が切れ字。

鑑賞

『野ざらし紀行』に収められた、旅の途中で詠まれた句。作者らは師走の海を見ようと舟を出したらしい。薄暮の微妙な一瞬をとらえた句であるが、主観的な言葉はなく、あえて五・五・七という破調の形を用い、暮れゆく海ではなく、「鴨の声」という聴覚的素材を、「白し」と視覚的にとらえたことを強調している。漢文訓読のような調子もあり、大胆で斬新な句となっている。「し」は切れ字。季語は「鴨」で季節は冬。

【品詞分解／現代語訳】 教706 212ページ　教708 176ページ

大津 に(格助) **至る**(四・体) **道、山路 を**(格助) **越え**(下二・用) **て**(接助)
大津に行く途中、山道を越えて

山路 来(カ変・用) **て**(接助) **何**(代) **やら**(副助) **ゆかし**(シク・終) **すみれ草**　**松尾芭蕉**
春の山道を歩いてきて、ふと道端に咲くすみれの花を見つけた。（その可憐な紫色の姿に、）なんとなく心がひかれる思いがした。

語句の解説

8 **何**《なに》**やら**　なんとなく。
代名詞「何」に副助詞「やら」が付いたもの。これとは断定できないが、漠然と成り立つ判断を示す。

8ゆかし　心がひかれる。

すみれの花の小さく気品ある美しさに、慕わしさを覚えた。

鑑賞

古来、すみれは和歌では「野のすみれ」と詠まれる。「山路のすみれ」は新しい詩情であった。寂しい山道を黙々と歩いていると、そこに可憐なすみれの花が咲いていているのが目に留まり、その美しさは旅の疲れを癒やしてくれる。季語は「すみれ草」で季節は春。

【品詞分解／現代語訳】 教706 213ページ　教708 177ページ

病中吟
病中の作

旅 に 病ん で 夢 は 枯れ野 を かけめぐる　　松尾芭蕉

（に＝格助　病ん＝四・用(音)　で＝接助　は＝係助　を＝格助　かけめぐる＝四・終）

旅の途中で病気になって、(生死の境で)伏して見た夢は、(何かを追い求めて)枯れ野をかけめぐっている我が身であったことだ。

語句の解説

2**旅《たび》に病《や》んで**　旅の途中で病気になって。
「病んで」は四段動詞「病む」の連用形「病み」の撥《はつ》音便に、接続助詞「で」が付いたもの。死を間近に感じている。

2**枯《か》れ野《の》**　人目も草も枯れ果てた荒涼たる冬野の景。

鑑賞

芭蕉は生前、いわゆる辞世の句を残しておらず、そのため最後に詠んだこの句が辞世の句に代わるものとされる。「枯れ野」という言葉に、死を目前にした芭蕉の寂寞とした心境がうかがわれる。「旅に生き、旅に死んだ」漂泊の詩人芭蕉の生涯を飾るのにふさわしい一句といえる。季語は「枯れ野」で季節は冬。

【品詞分解／現代語訳】 教706 213ページ　教708 177ページ

五月雨 や 大河 を 前 に 家二軒　　与謝蕪村《よさぶそん》

（や＝間助　を＝格助　に＝格助）

五月雨が降り続いているよ。(増水し濁流となった)大河を前にして、家が二軒、心細そうに寄り添って立っている。

語句の解説

3**五月雨《さみだれ》や**　五月雨が降り続いているよ。
「五月雨」は、現在の梅雨のこと。「や」は、詠嘆の間投助詞。

3**大河《たいが》を前《まえ》に**　大河を前にして。
「大河」は、ここでは増水し濁流となって流れている河。

3**家二軒《いえにけん》**　下に「あり」を補う。実景はどうかわからないが、「二軒」としたことで、濁流を前に、心細く寄り添って立つ家の情景が表現されている。

3 「家二軒」にはどのような心情が込められているか。

答 大河を前に寄り添うように建っている二軒の家の、心細さと不安。

鑑賞

降り続く雨で増水し、濁流となって流れる河と、堤が決壊すればひとたまりもなく流されてしまうであろう二軒の家との対比が鮮やかである。また、「大河を前に」という表現が大河と向き合う緊迫感を、「一軒」でも「三軒」でもなく、「二軒」という数が危うさと心細さを見事に表現している。絵画的、客観的描写でありながら、これらを全て表現した、スケールの大きな句である。「や」は切れ字。季語は「五月雨」で季節は夏。

【品詞分解／現代語訳】 教706 213ページ　教708 177ページ

月 天心 貧しき 町 を 通り けり　　**与謝蕪村**

（貧しき＝シク・体　を＝格助　通り＝四・用　けり＝助動・詠・終）

月が空の中心に皓々《こうこう》と輝いて懸かっている。（その月光に照らされ、清められたかのような）貧しい町を、私は一人通り過ぎたのだ。

語句の解説

4 **通《とお》りけり**　通り過ぎたのだ。

「けり」は、詠嘆の助動詞。

鑑賞

漢語の使用は俳諧ならではのもので、漢語を用いて叙情的な雰囲気を作り上げるのは、蕪村の得意とするところであった。この句も「月天心」という漢語が使われ、この言葉で月の位置と時刻（深夜一二時）が明らかになり、その月の作る影は短く、地上はより明るく感じられることがわかる。空の中心に懸かる月の皓々《こうこう》たる光を浴びて、昼間は雑然としているだろう「貧しき町」も洗い清められたかのように見える。「けり」は切れ字。季語は「月」で季節は秋。

【品詞分解／現代語訳】 教706 213ページ　教708 177ページ

びいどろ の 魚 おどろき ぬ 今朝 の 秋　　**与謝蕪村**

（の＝格助　おどろき＝四・用　ぬ＝助動・完・終　の＝格助）

ガラスの水槽の中の魚《いお》が、はっと驚いたように動いた。どこか涼然の気漂う立秋の日の朝である。

語句の解説

5 **おどろきぬ**　驚いた。

「おどろく」は、①「びっくりする」、②「はっとして気づく」、③「眠りから覚める」などの意で、ここでは藤原敏行《ふじわらのとしゆき》の歌を踏まえた表現であることから②がよい。「ぬ」は完了の助動詞。

鑑賞

『蕪村遺稿』所収。『古今集』藤原敏行のよく知られた立秋の歌を下敷きに、魚の秋の訪れへの「おどろき」を表している。「びいどろのいをおどろきぬ」とイ列音とオ列音の構成は、耳に心地よい音律である。下の句「今朝の秋」のカ行音による固く澄んだ音調は、高く澄み渡る秋の季節感にふさわしい。「ぬ」は切れ字。季語は「今朝の秋」で季節は秋。

【品詞分解／現代語訳】 教706 213ページ　教708 177ページ

十二月二十四日、故郷 に 入る

（に＝格助　入る＝四・終）

十二月二十四日、故郷に帰り入る

これ が まあ つひ の 栖 か 雪五尺　　**小林一茶《こばやしいっさ》**

（これ＝(代)　が＝格助　まあ＝感　の＝格助　か＝終助）

これ（＝この地）がなんとまあ、自分の最後の住みかとなるのだなあ。眼前の雪は五尺も降り積もっていることだ。

語句の解説

7これ　故郷の柏原《かしわばら》（現長野県上水内郡信濃《しなの》町大字《おおあざ》柏原）の地。一茶は、文化《ぶんか》九（一八一二）年の冬、継母《ままはは》、異母弟たちとの一三年に及ぶ遺産相続問題に決着をつけるため、故郷に帰っている。

7つひ《イ》の栖《すみか》か　最後の住みかとなるのだなあ。「つひ」は、「終わり、最後」の意。「か」は詠嘆の終助詞。

7雪五尺《ゆきごしゃく》　雪は五尺も降り積もっていることだ。故郷が雪深い所であることをいう。五尺は約一五〇センチメートル。

鑑賞

この句は一茶が遺産相続に決着をつけるべく故郷の柏原に帰った折のもの。雪国の雪の恐ろしさや厳しさを熟知している一茶にとって、五尺も積もるところが「つひの栖」になるのかという慨嘆が、「これがまあ」という表現に表れている。しかし、それは、懐かしい故郷であるからこそつける悪態であり、そこには帰郷したという安堵《あんど》感をも感じることができるのである。「か」は切れ字。季語は「雪」で季節は冬。

【品詞分解／現代語訳】 教706 213ページ　教708 177ページ

いうぜんと　して　山　を　見る　蛙　かな　小林一茶

（いうぜんと：タリ・用／して：接助／を：格助／見る：上一・体／かな：終助）

蛙《かわず》が一匹ゆったりと（信濃の）山を眺めている。（ちっぽけな虫けらの類だけれど、その姿はまるで中国の詩人陶潜が南山を見ているのを思い起こさせる。）

語句の解説

8いう《ユウ》ぜんとして　ゆったりと。

「いうぜんと」は形容動詞「悠然《いうぜん》たり」の連用形。ゆったりと構えているさま、落ち着いて動じないさま。

鑑賞

陶潜《とうせん》（陶淵明《えんめい》）の「飲酒」の詩の一節を下敷きにしている。前足をついて頭を上げ、前方を見ている蛙《かわず》の姿に風格を認め、ユーモラスに表現している。山は見慣れた信州の山々である。一茶の「蛙のごとき我が身も悠然として山を見る人生でありたい」との願望が込められている。「かな」は切れ字。季語は「蛙」で季節は春。

【品詞分解／現代語訳】 教706 213ページ　教708 177ページ

露　の　世　は　露　の　世　ながら　さりながら　小林一茶

（の：格助／は：係助／の：格助／ながら：接助／さりながら：接）

この世は露のようにはかないものだと承知してはいるが、そうはいってもなあ。（やはり我が子の死に直面すると、どうにも諦めきれない悲しみに包まれる。）

語句の解説

9露《つゆ》の世《よ》　露のようにはかないこの世。

「露」は朝日に当たるとさっと消えてしまう。古来から、はかないもののたとえとして、和歌にも詠まれてきた。

9さりながら　そうはいってもなあ。

逆接の接続詞で、「そうではあっても、しかし」などの意。

4

「さりながら」にはどういう心情が込められているか。

答

世のはかないことを理解しながら、我が子の死を理不尽だと感じる矛盾した心情。

鑑賞

一茶の長女のさとは、生後一年余で天然痘《てんねんとう》を患って亡くなった。晩婚で五〇過ぎにできた子を、一茶は大切に育てようとしたのであろう。これまで、人生のはかなさ、つらさを経験してきたつもりでも、愛児の死に直面して、抑えても抑えきれない親の嘆きの心がよく表れている。季語は「露」で季節は秋。

学習のポイント

1 それぞれの句の季語とその季節、切れ字を指摘してみよう。

考え方　「切れ字」は、「や・かな・けり・ぞ」などが代表的なものである。

解答　季語／季節／切れ字(ないものもある)

「雪月花…」の句…卯木《うつぎ》／夏／かな

「ほととぎす…」の句…ほととぎす／夏

「大晦日《おほみそか》…」の句…大晦日／冬／かな

「枯れ枝に…」の句…秋の暮れ／秋／けり

「海暮れて…」の句…鴨《かも》／冬／(白)し

「山路来て…」の句…すみれ草／春

「旅に病んで…」の句…枯れ野／冬

「五月雨や…」の句…五月雨／夏／や

「月天心…」の句…月／秋／けり

「びいどろの…」の句…今朝の秋／秋／ぬ

「これがまあ…」の句…雪／冬／か

「いうぜんと…」の句…蛙《かはづ》／春／かな

「露の世は…」の句…露／秋

2 芭蕉・蕪村・一茶の句の特色を比較してみよう。

解答例

・芭蕉…「さび」「しをり」を基本とし、自然と人生とが一体化した境地を詠む。しみじみとした情趣、心の深みに特色がある。風雅の真実に迫る求道的姿勢が強い。

・蕪村…絵画的で印象鮮烈な句が多い。生活と区別した芸術主義的傾向が強い。漢語や古語を用いた浪漫的・唯美的な作風で、華麗で多彩な作品世界を展開する。

・一茶…伝統的な風雅の世界とは別で、生活そのものを詠むところに特色がある。極めて主観的かつ現実的作風で、俗語や方言を自由に使い、人間味あふれる作風である。

3 好きな句を選んで、その情景を絵や文章で表現してみよう。

考え方　文章で表現する時は、句の標準的解釈の枠から大きくはみ出さないように心がける。

市《いち》中《なか》の巻（歌仙）

教706 214〜215　教708 178〜179

【品詞分解】（現代語訳は教科書参照。）

市中 は(係助) 物 の(格助) にほひ や(間助) 夏 の(格助) 月　　凡兆《ぼんてう》
あつし(ク・終) あつし(ク・終) と(格助) 門々 の(格助) 声　　芭蕉《ばせう》
二番草 取り(四・用) も(係助) 果たさ(四・未) ず(助動・打・用) 穂 に(格助) 出で(下二・用) て(接助)　　去来《きょらい》
灰 うちたたく(四・体) うるめ 一枚　　兆
この(代) 筋 は(係助) 銀 も(係助) 見しら(四・未) ず(助動・打・終) 不自由さ よ(間助)　　蕉
ただ(副) とひやうしに(ナリ・用) 長き(ク・体) 脇差　　来

語句の解説

教706 214ページ　教708 178ページ

1 **にほひ《オイ》**　ここでは「におい、香り」の意。
「にほひ」は、古語では目に見える色つやの美しさを表すのが基本。

4 **あつしあつし**　暑い暑い。
畳語《じょうご》（重ねた言葉）が、臨場感を与えている。

学習のポイント　教706 215ページ　教708 179ページ

1 「市中の巻」について、前句と付句との二句ずつで、それぞれどのような情景が表現されているか、考えてみよう。

考え方　二句で一つの場面ができている。情景が次々と変化する。

解答例

・「市中は…」／「あつしあつしと…」
町に住む人々の、蒸し暑い夏の夕涼みの景。
・「あつしあつしと…」／「二番草…」
暑い夏、例年より稲の穂の生育の早い農村の景。
・「二番草…」／「灰うちたたく…」
農繁期の農民の、慌ただしい食事の様子。
・「灰うちたたく…」／「この筋は…」
都会から離れた辺鄙《へんぴ》な土地の茶店で食事する旅人の様子。
・「この筋は…」／「ただとひやうしに…」
いばりくさっている博徒《ばくと》・侠客《きょうかく》の様子。

2 **探究**　三人一組となり、次の条件を守って、秋の発句（五七五）、脇（七七）、第三（五七五）を作ってみよう。

① 各句に秋の季語を入れる。
② 「三句がらみ」にならないよう、「第三」を転じる。

考え方　「連句について」706 216〜217　708 180〜181を参照する。「発句」「脇」「第三」のルール（式目《しきもく》）を押さえる。秋の季語は歳時記で調べよう。「三句がらみ」とは、三つの句が一連の連想でつながってしまうことである。

造化《ざうくわ》にしたがひ造化にかへれ

※本教材は教708では学習しません。

〔笈《おひ》の小文《こぶみ》〕 松尾芭蕉《ばせう》

教706 218〜219

【大意】 1 教706 218ページ1〜7行

人間（＝私）の体の中に、「風羅坊《ふうらぼう》」というものが宿っている。彼は俳諧に親しんできたが、ある時には投げ出そうとしたり、ある時は人より優れた句を作ろうとしたり、思い悩んで落ち着かなかった。立身出世や学問を志すが、俳諧に妨げられ、結局俳諧一筋に生きる。

【品詞分解／現代語訳】

百骸九竅 の〔格助〕 中 に〔格助〕 もの あり〔ラ変・終〕。 かりに〔ナリ・用〕 名づけ〔下二・用〕 て〔接助〕 風羅坊 と〔格助〕 いふ〔四・終〕。 まことに〔副〕 うすもの の〔格助〕 風 に〔格助〕

人間（＝私）の身体の中に（宿る）ものがある。仮に名づけて風羅坊と言う。実に（その身が）薄い絹の織物が風に

破れやすから〔ク・未〕 ん〔助動・婉・体〕 こと を〔格助〕 いふ〔四・体〕 に〔助動・断・用〕 や〔係助（係）〕 あら〔補・ラ変・未〕 ん〔助動・推・体（結）〕。 かれ〔（代）〕 狂句 を〔格助〕 好む〔四・体〕 こと 久し〔シク・終〕。

破れやすいような（はかない存在である）ことを言うのであろうか。彼は俳諧を愛好することが長い。

つひに〔副〕 生涯 の〔格助〕 はかりごと と〔格助〕 なす〔四・終〕。 ある〔連体〕 時 は〔係助〕 倦み〔四・用〕 て〔接助〕 放擲せ〔サ変・未〕 ん〔助動・意・体〕 こと を〔格助〕 思ひ〔四・用〕、 ある〔連体〕 時 は〔係助〕

ついに生涯の仕事とする。ある時は嫌になって投げ出そうと思い、ある時は進んで

進ん〔四・用（音）〕 で〔接助〕 人 に〔格助〕 勝た〔四・未〕 ん〔助動・意・体〕 こと を〔格助〕 誇り〔四・用〕、 是非 胸中 に〔格助〕 たたかう〔四・用（音）〕 て〔接助〕、 これ〔（代）〕 が〔格助〕 ため に〔格助〕 身

（励み）人に（俳諧で）勝って誇ろうとし、（それの）是非を心の中で闘って、このために心身が落ち着かない

安から〔ク・未〕 ず〔助動・打・終〕。 しばらく〔副〕 身 を〔格助〕 立て〔下二・未〕 ん〔助動・意・体〕 こと を〔格助〕 願へ〔四・已〕 ども〔接助〕、 これ〔（代）〕 が〔格助〕 ため に〔格助〕 障へ〔下二・未〕 られ〔助動・受・用〕、

（こともあった）。少しの間立身出世しようと望んだが、これ（＝俳諧）のために妨げられ、

しばらく〔副〕 学ん〔四・用（音）〕 で〔接助〕 愚 を〔格助〕 さとら〔四・未〕 ん〔助動・意・体〕 こと を〔格助〕 思へ〔四・已〕 ども〔接助〕、 これ〔（代）〕 が〔格助〕 ため に〔格助〕 破ら〔四・未〕 れ〔助動・受・用〕、 つひに〔副〕

少しの間仏教を学んで（自分の）愚かなことを悟ろうと思ったが、これ（＝俳諧）のために（志を）破られ、とうとう

助動・断・用　接助　副　(代)　格助　格助　四・終
無能無芸　に　して、ただ　こ　の　一筋　に　つながる。
無能無芸で、ただこの（俳諧）一筋に携わる。

語句の解説 1

教706 218ページ

2 **破《やぶ》れやすからんこと**　破れやすいようなこと。
助動詞「ん」は、婉曲。仮定・婉曲は連体形で用いる。

2 **いふにやあらん**　言うのであろうか。
疑問の係り結び。「にやあらん」で「…であろうか」の意。

3 **倦《う》みて**　嫌になって。
「倦む」は、「嫌になる、退屈する」の意。

5 **身安《みやす》からず**　心身が落ち着かない（こともあった）。
「安し」は、ここでは「落ち着く、安らかだ」の意。

1　「この一筋」とは何を指すか。

答　「狂句」すなわち俳諧。

【大　意】 2　教706 218ページ8行～219ページ7行

和歌・連歌《れんが》・絵・茶などの根底を貫いているものは、同じ風雅の誠である。芸術において自然に従い、自然に帰れというのである。一〇月の初め、時雨模様のはっきりしない様子に、散る木の葉のようにあてどない気持ちがして、句を詠んだ。

【品詞分解／現代語訳】

格助　格助　四・已(命)　助動・完・体　格助　格助　四・已(命)　助動・完・体　格助　格助　四・已(命)　助動・完・体
西行　の　和歌　に　おけ　る、宗祇《そうぎ》　の　連歌　に　おけ　る、雪舟《せっしゅう》　の　絵　に　おけ　る、
西行の和歌における、宗祇の連歌における、雪舟の絵における、

格助　格助　四・已(命)　助動・完・体　(代)　格助　サ変・体　係助　助動・断・終　接　格助　四・已(命)　助動・完・体
利休　が　茶　に　おけ　る、そ　の　貫道　する　もの　は　一　なり。しかも　風雅　に　おけ　る
利休の茶における、その道の根本を貫いているものは一つ（、すなわち風雅の誠）である。なおその上芸術に携わる者は、

格助　四・用　接助　格助　格助　サ変・終　上一・体　助動・断・用　補・ラ変・未　助動・打・終　格助　四・体
もの、造化　に　したがひ　て　四時　を　友　と　す。見る　ところ、花　に　あら　ず　と　いふ
天地自然に従って四季（の移り変わり）を友とする。（そうして初めて目に）見るもの（全て）が、花（のように美しいもの）でないものは

ク・終　四・体　助動・断・用　補・ラ変・未　助動・打・終　格助　四・体　ク・終　助動・断・用　補・ラ変・未　打・体
こと　なし。思ふ　ところ、月　に　あら　ず　と　いふ　こと　なし。像、花　に　あら　ざる
ない。心に思うもの（全て）が、月（のように清らか）でないものはない。（目に映る）ものの姿が、花（のように美しいも

時は〔係助〕、夷狄に〔格助〕ひとし〔シク・終〕。心、花に〔助動・断・用〕あら〔補・ラ変・未〕ざる〔助動・打・体〕時は〔係助〕、鳥獣に〔格助〕類す〔サ変・終〕。夷狄を〔格助〕出で〔下二・用〕、鳥獣を〔格助〕離れ〔下二・用〕て〔接助〕、造化に〔格助〕したがひ〔四・用〕、造化に〔格助〕かへれ〔四・命〕と〔格助〕なり〔助動・断・終〕。

(俳諧を志すならば)野蛮人(のようなもの)でない時は、野蛮な人と同じである。心(に思うこと)が、花(のように美しいもの)でない時は、鳥や獣と同類となる。(俳諧を志すならば)野蛮人(のような境地)から出て、鳥や獣(のような境地)から離れて、天地自然に従い、天地自然に帰れというのである。

神無月の〔格助〕初め、空定めなき〔ク・体〕けしき、身は〔係助〕風葉の〔格助〕行く末なき〔ク・体〕心地し〔サ変・用〕て〔接助〕、

一〇月の初め、空は(時雨模様の)はっきりしない様子で、わが身は風に散る木の葉のようにあてどない気持ちがして、

旅人と〔格助〕我〔(代)〕が〔格助〕名よば〔四・未〕れ〔助動・受・未〕ん〔助動・意・終〕初しぐれ

(敬愛する漂泊の詩人のように)早く私も「旅人」と呼ばれたいものだ。この初時雨の降る中、旅に出よう。

また〔接〕山茶花を〔格助〕宿々に〔格助〕し〔サ変・用〕て〔接助〕

その上にまた、山茶花《さざんか》の咲く宿々に泊まりを重ねて、

磐城《いわき》の〔格助〕住、長太郎と〔格助〕いふ〔四・体〕もの、こ〔(代)〕の〔格助〕脇を〔格助〕付け〔下二・用〕て〔接助〕、其角亭に〔格助〕おい〔四・用〕て〔接助〕関送りせ〔サ変・未〕ん〔助動・意・終〕と〔格助〕もてなす〔四・終〕。

磐城の国の住人、長太郎という者が、この脇句を付けて、其角亭で旅立つ人を見送る宴を開いてくれた。

語句の解説 2

教706 218ページ

2 「風雅」とは何を指すか。

答 詩歌などの文芸で、ここでは俳諧。

10 花《はな》にあらずといふ《う》ことなし　花でないものはない。二重否定。全て美しさをもっているということ。「花」は、「美」。自然の美しさの代表として挙げている。あとの「月」も同じ。

教706 219ページ
3 **空定《そらさだ》めなきけしき** 空ははっきりしない様子で。「けしき」は、ここでは「(自然の)有様、様子」の意。
4 **よばれん** 呼ばれよう。呼ばれたいものだ。

この句はここで切れる。二句切れ。
4 **初《はつ》しぐれ** 季語で、季節は冬。
5 **山茶花《さざんか》を宿々《やどやど》にして** 山茶花の咲く宿々に泊まりを重ねて。「山茶花」は晩秋から冬にかけて花を咲かせる。冬の季語。

学習のポイント

1 「造化にしたがひ、造化にかへれ」(706 219・1)とはどういうことか、説明してみよう。

考え方 「天地自然にのっとり、天地自然に帰れ」という意味である。

解答例 天地自然に逆らわず従って、正しい心がけで俳諧を詠むということ。

2 「旅人と…」の句に込められた芭蕉の心情をふまえ、芭蕉にとっての「旅」を『おくの細道』などと比較して考えてみよう。

考え方 「旅人と…」の句には、さあ旅に出発だという芭蕉の心のはずみがうかがえる。『おくの細道』では旅立つ支度をしながら「古《こ》人《じん》も多く旅に死せるあり」と述べる。敬愛する漂泊の詩人のように、旅の中で死んでもかまわないという覚悟である。「旅」は芭蕉にとっては生きることそのものであったと考えられる。

不易《ふえき》と変化

〔三冊子《さんざうし》〕 服部土芳《はっとりどはう》

教706 220～221 教708 182～183

【大意】 教706 220ページ1行～221ページ3行 教708 182ページ1行～183ページ3行

師芭蕉《ばしょう》の俳論には「不易」と「変化(流行)」の二つがある。どちらも根本は「風雅の誠《まこと》」に帰着する。「不易」とは「誠」に立脚し、作品が永遠に変化しない面である。一方「風雅の誠」を追求しようとすれば作風は変化せざるをえない。これが「変化(流行)」である。

【品詞分解/現代語訳】

師 の(格助) 風雅 に(格助)、万代不易 あり(ラ変・用)、一時 の(格助) 変化 あり(ラ変・終)。こ(代) の(格助) 二つ に(格助) きはまり(四・用)、そ(代) の(格助) 本 一つ

師である松尾芭蕉の俳諧には、「万代不易」(永遠に変化しない面)と、「一時の変化」(時に応じて変化していく面)とがある。(師の俳諧は)この二つに帰着するが、

なり《助動・断・終》。そ《(代)》の《格助》一つと《格助》いふ《四・体》は《係助》、風雅の《格助》誠なり《助動・断・終》。不易を《格助》知ら《四・未》ざれ《助動・打・已》ば《接助》、まことに《副》知れ《四・已(命)》

その根源は一つである。その一つ(の根源)というのは、「風雅の誠」(風雅の道における真実)である。不易を理解しなかったならば、本当に(俳諧を)理解して

る《助動・存・体》に《助動・断・用》あら《補・ラ変・未》ず《助動・打・終》。不易と《格助》いふ《四・体》は《係助》、新古に《格助》よら《四・未》ず《助動・打・用》、変化流行に《格助》も《係助》かかはら《四・未》

いることにはならない。不易というのは、(時代の)新古にかかわりなく、(その時々の作風の)変化や流行にもかかわ

ず《助動・打・用》、誠に《格助》よく《副》立ち《四・用》たる《助動・存・体》姿なり《助動・断・終》。

らず、(風雅の)誠にしっかり脚をすえて立った(俳諧の真実にもとづいた)姿なのである。

代々の《格助》歌人の《格助》歌を《格助》見る《上一・体》に《接助》、代々そ《(代)》の《格助》変化あり《ラ変・終》。また《接》新古に《格助》も《係助》わたら《四・未》ず《助動・打・用》、今見る《上一・体》

歴代の歌人の歌を見ると、その時代によって作風の変化がある。また(時代の)新古にも関係なく、現在見る

ところ、昔見《上一・用》し《助動・過・体》に《格助》変はら《四・未》ず《助動・打・用》、あはれなる《ナリ・体》歌多し《ク・終》。これ《(代)》まづ《副》不易と《格助》心得《下二・終》べし《助動・適・終》。

ところも、昔(の人々が)見たのと変わることなく、しみじみと感動を起こさせる歌が多い。こうした面をまず不易と考えるのがよい。

また《接》、千変万化する《サ変・体》ものは《係助》、自然の《格助》理なり《助動・断・終》。変化に《格助》移ら《四・未》ざれ《助動・打・已》ば《接助》、風あらたまら《四・未》ず《助動・打・終》。

一方、(万物が)さまざまに変化するということは、自然の道理である。俳諧も変化流行に移っていかなければ、俳風は改まらない。

これ《(代)》に《格助》おし移ら《四・未》ず《助動・打・終》と《格助》いふ《四・体》は《係助》、一旦の《格助》流行に《格助》口質時を《格助》得《下二・用》たる《助動・存・体》ばかり《副助》に《助動・断・用》

これ(＝新しい俳風)に移り変わらないということは、一時期だけの俳風の変化に(自分の)詠みぶりが合ってもてはやされたというだけのことであって、

て《接助》、そ《(代)》の《格助》誠を《格助》責め《下二・未》ざる《助動・打・体》ゆゑなり《助動・断・終》。責め《下二・未》ず《助動・打・用》、心を《格助》こらさ《四・未》ざる《助動・打・体》者、誠

風雅の誠をきわめようとはつとめないからである。俳諧の誠を追求しようとせず、心を専一に努力しない者が、誠に

の《格助》変化を《格助》知る《四・終》と《格助》いふ《四・体》ことなし《ク・終》。ただ《副》人に《格助》あやかり《四・用》て《接助》行く《四・体》のみ《副助》なり《助動・断・終》。責むる《下二・体》者は《係助》、

もとづいた俳風の変化を知るということはない。ただ人に影響されて似ていくだけである。(俳諧の誠を)追求する

その(代) 地 に(格助) 足 を(格助) すゑがたく(ク・用)、一歩 自然に(ナリ・用) 進む(四・体) 理 なり(助動・断・終)。行くすゑ 幾千変万化する(サ変・体) とも(接助)、誠 の(格助)
変化 は(係助) みな(副) 師 の(格助) 俳諧 なり(助動・断・終)。「かりに(ナリ・用) も(係助) 古人 の(格助) 涎 を(格助) なむる(下二・体) こと なかれ(ク・命)。四時 の(格助) おし移る(四・体)
ごとく(助動・比・用) もの あらたまる(四・体)、みな(副) かく(副) の(格助) ごとし(助動・比・終)。」と(格助) も(係助) 言へ(四・已(命)) り(助動・存・終)。

者は、現在の境地に足をとどめることはできず、一歩自然に前進するのが当然の道理である。将来(俳風が)どんなに多様に変化したとしても、誠(の追求)に立脚した変化は師の説かれた俳諧なのである。「かりにも古人のまねをしてはならない。四季が変化していくように万物はみな変化していくのであって、全てはこれと同じことなのだ。」とも(師は)言っている。

(赤冊子)

語句の解説

教706 220ページ　教708 182ページ

3 **新古《しんこ》によらず**　新古にかかわりなく。
「新古」は、新しい時代、古い時代ということ。

4 **姿《すがた》**　句のスタイルではなく、俳諧という文芸の本質的様相のこと。

1 **何が変化するというのか。**

答 和歌の作風。

6 **あは《ワ》れなる歌《うた》**　しみじみと感動を起こさせる歌。

8 **千変万化《せんぺんばんか》するものは、自然《じねん》の理《ことわり》なり**　(万物が)さまざまに変化するということは、自然の道理である。
「森羅万象全てが変化するのであってそれが自然の理法だ」の意。
「自然」は仏教関係では「ジネン」と読むことが多い。「理《ことわり》」は、「道理」。

2 **「変化に移」るとはどういうことか。**

答 時代に応じて、俳風は移り変わるということ。

9 **これにおし移《うつ》らずといふ《ウ》は**　これに移り変わらないということは。
「これ」は、変化した新しい俳風を指す。「おし移る」は、「時勢や物事が移り変わる」の意。

10 **誠《まこと》の変化《へんか》**　誠にもとづいた俳風の変化。
俳諧の「誠」を責める(追求する)ところから生じた変化。「ほんとうの変化」という意ではない。

11 **人《ひと》にあやかりて行《い》くのみなり**　ただ人に影響されて似ていくだけである。
「あやかる」は、「(影響をうけてそれに)似る」の意。

教706 221ページ　教708 183ページ

3 **みなかくのごとし**　全てはこれと同じことなのだ。
万物はみな新たに変化していくものであって、俳諧もまた同様であるということ。

学習のポイント

1 「不易」「変化」「風雅の誠《まこと》」の三者の関係について、まとめてみよう。

考え方 「この二つにきはまり、その本《もと》一つなり。その一つといふは、風雅の誠なり」 706 220・1 708 182・1とある。

解答例 「不易」も「変化」もともに「風雅の誠」の一面である。「不易」とは、不変の面においてとらえられた「風雅の誠」であり、「変化（流行）」とは、変化の面においてとらえられた「風雅の誠」である。「不易」の「風雅の誠」の追求から生まれた句には、時代を超えて人々の心に感動を与え続ける面がある。それが「万代不易」である。一方、「変化」の「風雅の誠」を追求すれば、同じ境地にとどまることに満足できず、自然と一歩前進する。そこに新しさが生まれる。それが「変化流行」である。

2 ここで説かれていることを、芸術一般に広げて考えてみよう。

考え方 優れた芸術家というのは、己の芸術の真実（誠）を追求して、自己の脱皮を遂げ続け、作風の変化をも経てきた人である。その結果、そこに新しさも生まれ、同時に永遠なる芸術性をもった作品を残すことができるといえる。不易流行の論は、俳諧に限らず、芸術一般に通ずるものであり、私たちの人生にも通ずるものであるだろう。

行く春を 〔去来抄〕 向井《むかゐ》去来

教706 222〜223

※本教材は教708では学習しません。

【大 意】 教706 222ページ1〜10行

芭蕉《ばしょう》の「行く春を…」の句を尚白《しょうはく》が批判した。芭蕉が私、去来《きょらい》に意見を求めたので、近江《おうみ》である必然性と、実際に見た風景であることを挙げ、反論した。芭蕉は古人も多くこの地で春を惜しんだことを言う。さらに私が、その土地や風景、時季にあった句が与える感動に感銘を受けた、と言うのを聞いて、芭蕉は大いに喜んだ。

【品詞分解／現代語訳】

行く	春	を	近江	の	人	と	惜しみ	けり
四・体		格助		格助		格助	四・用	助動・詠・終

芭蕉

（多くの古人が、琵琶《びわ》湖の春の過ぎ去るのを惜しんだものだが、私も）過ぎゆく春を近江の国の（親しい）人たちと惜しんだことだよ。

(連語) 格助 格助 係助 格助 係助 四・体 係助 四・体 格助 係助 四・終 助動・可・終 格助
先師いはく、「尚白が難に、『近江は丹波にも、行く春は行く歳にもふるべし。』と
亡き師(芭蕉)がおっしゃるには、「尚白の批判に、『近江は丹波にも、行く春は行く年にも置き換えられる。』と

四・已(命) 助動・存・終 (代) 副 四・用 補丁・ラ変・体 係助 (連語) 格助 四・未 助動・打・終
言へり。なんぢいかが聞きはべるや。」去来いはく、「尚白が難あたらず。湖水
言っている。おまえは(その批判を)どのように聞きますか。」(私)去来が申すには、「尚白の批判は当たっていません。(琵琶湖

タリ・用 接助 格助 四・体 格助 ラ変・体 助動・推・終 副 格助 格助 ラ変・体 格助 四・終
朦朧として春を惜しむに便りあるべし。ことに今日の上にはべる。」と申す。
の)湖面がかすんでいて春を惜しむのにふさわしいでしょう。とくに(この句は)実際に体験している現在の情景でございます。」と申し上げる。

(連語) ラ変・終 係助 (代) 格助 格助 格助 サ変・体 副 格助 四・未 助動・打・体
先師いはく、「しかり。古人もこの国に春を愛すること、をさをさ都に劣らざる
亡き師がおっしゃるには、「そのとおりだ。昔の歌人たちもこの(近江の)国で春を愛するということは、少しも都(の春を愛すること)に劣らないので

終助
ものを。」
あるよなあ。」

(連語) (代) 格助 格助 サ変・終 四・体 格助 上一・用 補尊・四・未 接助 副 係助(係)
去来いはく、「この一言、心に徹す。行く歳近江にゐたまはば、いかでか
(私)去来が申すには、「この一言は、心に深く感銘を覚えます。年の暮れに近江にいらっしゃったなら、どうしてこの(句の)ような感慨がお起こ

(代) 格助 四・未 助動・推・体(結) 四・体 格助 四・未 接助 副 (代) 格助 四・終 助動・打推・終
この感ましまさん。行く春丹波にいまさば、もとよりこの情浮かぶまじ。風光
りになるでしょうか(、いえ、起こらないでしょう)。春が過ぎゆく頃に丹波にいらっしゃったなら、もちろんこの情が浮かぶことはないでしょう。自然の

格助 格助 サ変・未 助動・使・体 助動・断・体 終助 格助 四・終 (連語) (代) 係助
の人を感動せしむること、まことなるかな。」と申す。先師いはく、「去来、なんぢは
情景が人を感動させることは、真実なのですね。」と申し上げる。亡き師がおっしゃるには、「去来よ、おまえは

(連語) 格助 四・終 助動・可・体 助動・断・終 格助 ナリ・用 四・用 補尊・四・用 助動・過・終
ともに風雅を語るべき者なり。」と、ことさらに喜びたまひけり。
いっしょに俳諧について語り合うことのできる者だ。」と(おっしゃって)、ひときわお喜びになりました。

語句の解説

教706 222ページ

1 **行《ゆ》く春《はる》を…**　過ぎゆく春を近江の国の人たちと惜しんだことだよ。
「行く春」は春の季語。去りゆく春を惜しむ心が表されている。

「近江」は今の滋賀県で、琵琶《びわ》湖が中心の土地。「けり」は詠嘆の助動詞。古人もこの地で春を惜しんだことをふまえている。

2 **いは《ワ》く**　おっしゃるには。
「言ふ」の未然形＋接尾語「く」の連語。漢文で「曰」などをこのように訓読したので、漢文訓読調の文章に用いられることが多い。「いはく、『……』と言ふ。」が基本の形。

1 **尚白の説に従い、句のことばを置き換えて考えてみよう。**

答 「行く春を丹波の人と惜しみけり」、「行く歳を近江の人と惜しみけり」と置き換えてみる。学習のポイント1参照。

3 **なんぢ《ジ》**　あなた。おまえ。
二人称代名詞。この場合は去来を指す。

3 **いかが聞《き》きはべるや**　どのように聞きますか。
「いかが」は「いかにか」が転じたもので、疑問の副詞。さらに疑問の係助詞「や」を添えている。

4 **春《はる》を惜《お》しむに便《たよ》りあるべし**　春を惜しむのにふさわしいでしょう。
「便り」は、ここでは春を惜しむ気持ちの「よりどころ」の意。よりどころがある、つまりふさわしいということ。

5 **申《もう》す**　申し上げる。
先師（芭蕉）に答えているので、謙譲語「申す」を用いている。

5 **を《オ》さを《オ》さ都《みやこ》に劣《おと》らざるものを**　少しも都（の春を愛すること）に劣らないのであるよなあ。
「をさをさ」は、下に打消の語を伴って、「少しも（…ない）、めったに（…ない）」という意味を表す。「ものを」は詠嘆の終助詞。

7 **いかでかこの感《かん》ましまさん**　どうしてこの（句の）ような感慨がお起こりになるでしょうか（、いいえ、起こらないでしょう）。
「いかでか」の「か」は反語を表す。「いかでか」で一語の副詞としてもよい。年の暮れに近江にいたら、このような感慨は起こらない、ということ。「まします」は、「あり」などの尊敬語。去来の芭蕉に対する敬意を表す。

8 **いまさば**　いらっしゃったなら。
「いまさ」（四段活用動詞「います」の未然形）＋接続助詞「ば」。順接の仮定条件を表す。「います」は、「あり」「居り」「行く」「来」の尊敬語で、ここでは「いらっしゃる」の意。

10 **ともに**　いっしょに。
名詞「とも」＋格助詞「に」。

学習のポイント

1 **「行く春を…」の句について、尚白・芭蕉・去来は、それぞれどのように考えているか、前半を整理してみよう。**

考え方　句中のことばを置き換えられるかどうかという点について、三者がどう発言しているかを確認し、理由を明らかにする。

解答例

尚白…「近江」「行く春」には使用の必然性がなく、「近江」は「丹波」でもよいし、「行く春」は「行く歳」としてもさしつかえない。

芭蕉…昔の歌人たちも、この近江の春を愛し、ここで春を惜しむ作品を作ってきたのであり、「行く春」と「近江」には必然性があることから、他の語に置き換えることはできない。

去来…琵琶湖の情景は春を惜しむのにふさわしく、しかもこの句は芭蕉の実体験にもとづいた作である。「行く春」と「近江」には必然性があることから、他の語に置き換えることはできない。

2 **近江の春を詠んだ和歌にはどのようなものがあるか、近江のうみ(琵琶《びわ》湖)・桜などを素材として調べてみよう。**

解答例

・さざ波や志賀《しが》の都は荒れにしを昔ながらの山桜かな
（『千載和歌集』巻一、よみ人知らず）

・桜咲く比良《ひら》の山風吹くままに花になりゆく志賀の浦波
（『千載和歌集』巻二、藤原良経《ふじわらのよしつね》）

・花さそふ比良の山風吹きにけり漕ぎゆく舟の跡見ゆるまで
（『新古今和歌集』巻二、宮内卿《くないきょう》）

3 **探究** **蕉門の俳人の句から同じ題材を詠んだ別の句を選んで句合《くあわせ》(批評会)をしてみよう。**

考え方 句合は句の優劣を競うもの。

蕉門の服部嵐雪《はっとりらんせつ》と去来に、「花見」を題材とした句がある。

・兼好も莚《むしろ》織りけり花ざかり　嵐雪

季語は「花ざかり」(春)。意味は「かの兼好法師も、満開の花を見て浮かれるなど風流とはいえないと言いながらも、花見客に莚を織って売っていたのだろうよ、この盛りの桜の折には」。兼好とは『徒然草《つれづれぐさ》』の作者兼好法師のこと。『徒然草』の中で、兼好は満開の花を見るばかりが桜の楽しみ方ではないと述べている。また、生活のために兼好は莚を織って売っていたという逸話が伝わっている。

・何事ぞ花みる人の長刀《ながかたな》　去来

季語は「花みる」(春)。意味は「いったい何事か。花見に来るのに長い刀を差してくるとは」。花見に刀を差してやってくる武士を野暮だと非難した句である。

それぞれ理由を示して批評してみよう。

7芸　能

●『風姿花伝《ふうしかでん》』とは

能楽論書。作者は、能役者・能作者の世阿弥《ぜあみ》。室町時代中期の成立。全七編から成る。「年来稽古条々《ねんらいけいこでうでう》」「物学条々《ものまね》」「問答条々」など。第七編は「別紙口伝《くでん》」と称される。内容は、修業や演技の心得から、演出、演技論、能芸美論にわたる。

●「隅田川《すみだがわ》」とは

能の演目。作者は、能役者・能作者の観世《かんぜ》十郎元雅《もとまさ》。世阿弥の子である。室町時代の作。「狂女物《きょうじょもの》」に分類される。子供を誘拐されて「物狂《ものぐるい》」となった母親の悲嘆を描く。

●『難波土産《なにわみやげ》』とは

浄瑠璃《じょうるり》注釈書。江戸時代中期元文三(一七三八)年刊。作者は三木平《みきへい》右衛門《えもん》。巻頭の「発端」に収められた近松門左衛門《ちかまつもんざえもん》の聞き書き「虚《きょ》実皮膜《じつひにく》の論《ろん》」は、近松の芸術観を知る上で貴重である。

●『曽根崎《そねざき》心中』とは

浄瑠璃の演目。作者は近松門左衛門。元禄一六(一七〇三)年に大坂曽根崎の森で起こった、遊女お初と手代徳兵衛《とくべえ》の心中事件を取材したもの。人形浄瑠璃として上演される。町人社会の風俗や人情・恋愛など、庶民の世界を題材とした世話浄瑠璃の最初の作品。

因果《いんぐわ》の花

〈風姿花伝《ふうしくわでん》〉世阿弥《ぜあみ》

教706 224〜226　教708 184〜186

【大　意】　1　教706 224ページ1行〜225ページ2行　教708 184ページ1行〜185ページ2行

能を極め名声を得るためには、初心の時から稽古が必要である。短い時間でも、運がついている男時《おどき》とついていない女時《めどき》があり、人力ではどうにもならない。重要でない能は控え目に演じ、大事な勝負の日こそ優れた芸を見せると、観客に意外感が湧き、勝負に勝てる。

【品詞分解／現代語訳】

因果 の(格助) 花 を(格助) 知る(四・体) こと、極め なる(助動・断・体) べし(助動・推・終)。一切 みな(副) 因果 なり(助動・断・終)。初心 より(格助) の(格助) 芸能 の(格助)

花(優れた舞台成果)をもたらすための原因と結果の道理を知ることが、最も大切なことであろう。(この世の)一切はみな原因結果の関係にある。初心の時

数々 は(係助)、因 なり(助動・断・終)。能 を(格助) 極め(下二・用)、名 を(格助) 得る(下二・体) こと は(係助)、果 なり(助動・断・終)。しかれ ば(接)、稽古する(サ変・体) ところ の(格助)

からの稽古によって得られた技能の数々は、因である。能に熟達し、名声を得ることは、果である。だから、稽古をするというところの

ナリ·已 接助 格助 四·体 係助 ク·終 (代) 格助 副 四·終 助動·当·終 接 格助 係助
因 おろそかなれ ば、果 を はたす こと も 難し。これ を よくよく 知る べし。また、時分 に も
因がなおざりであると、良い結果を得るということも困難である。この道理をよくよく理解するべきだ。また、時の運というものをも

下二·終 助動·当·終 ラ変·未 接助 係助 ク·体 助動·推·体 格助 四·終 助動·当·終 格助
恐る べし。去年 盛り あら ば、今年 は 花 なかる べき こと を 知る べし。時 の 間
恐れ慎まなければならない。去年芸の花盛りがあったならば、今年は花がないかもしれないと知るべきである。短い時間にも

格助 係助 格助 ラ変·体 助動·推·終 副 サ変·已 接助 格助 係助 ク·体 ラ変·已 接助 副 ク·体
に も 男時 女時 とて ある べし。いかに すれ ども、能 に も よき 時 あれ ば、必ず 悪き こと
優勢で運がついている時が男時、ついていない時が女時というのがあるだろう。どんなに(努力)しても、能にも良い時があれば、(反面)必ず悪いことも

副 ラ変·体 助動·当·終 (代) ク·体 助動·断·終 (代) 格助 下二·用 接助 副 副助 格助 助動·断·用
また ある べし。これ、力 なき 因果 なり。これ を 心得 て、さ のみ に 大事 に
またあるだろう。これは、人力ではどうしようもない因果の道理である。このようなことを得て、それほど大切でないような時の演能の場

ク·未 助動·婉·体 格助 格助 係助 格助 (代) 副助 格助 格助 四·未 助動·打·用 格助
なから ん 時 の 申楽 に は、立ち合ひ勝負 に、それ ほど に 我意執 を 起こさ ず、骨 を
では、競演にどうしても勝ちたいという執着心を起こさず、無駄骨を

係助 四·未 助動·打·用 格助 下二·体 接助 格助 下二·未 助動·打·用 格助 四·用 接助 副 格助
も 折ら ず、勝負 に 負くる とも 心 に かけ ず、手 を 貯ひ て 少な少なと 能 を
折らず、勝負に負けても気にかけず、技を出しきらずに残しておいて控えめに能を演ずると、

サ変·已 接助 係助 (代) 係助 ナリ·体 係助 格助 下二·用 助動·完·体 格助 格助
すれ ば、見物衆 も、「これ は いかやうなる ぞ。」と 思ひ醒め たる ところ に、大事 の 申楽
見物の人々も、「これはどうしたことか。」とがっかりしたところに、(いざ)大事な演能の日

格助 格助 下二·用 接助 格助 格助 サ変·用 接助 格助 四·已 接助 (代) 接 上一·体 格助
の 日、手立て を 変へ て 得手 の 能 を し て、精励 を いだせ ば、これ また、見る 人 の
(という時)、演じ方を変えて最も得意とする能をして、技術の最も優れたところを発揮すれば、これまた、見物の人の心に

格助 助動·断·体 カ変·已 接助 格助 格助 格助 副 四·体 ラ変·終
思ひ の ほか なる 心 出で来れ ば、肝要 の 立ち合ひ、大事 の 勝負 に、定めて 勝つ こと あり。
意外感が湧き起こるので、大切な競演、重要な勝負に、きっと勝つのである。

これ（代）、珍しき（シク・体） 大用 なり（助動・断・終）。こ（代） の（格助） ほど 悪かり（ク・用） つる（助動・完・体） 因果 に（格助）、また（副） よき（ク・体） なり（助動・断・終）。

これは、珍しさのもたらす大きな効果である。先日来の悪かったことが原因となって、今度は良くなったのである。

語句の解説 1

教706 224ページ 教708 184ページ

1 **極《きわ》めなるべし** 最も大切なことであろう。

「極め」は、「最も大切なこと、到達点」の意。

3 **おろそかなれば** なおざりであると。

「おろそかなり」は、「なおざりだ、いいかげんだ」の意。

3 **難《かた》し** 困難である。難しい。

4 **去年盛《こぞさか》りあらば** 去年芸の花盛りがあったならば。

「去年《こぞ》」は文字通りの意味だが、「こぞ」と読むことに注意する。

答 大事の勝負に勝つための手段として、それほど大事ではない勝負にはこだわらず、技の全てを出しきらないようにしているから。

9 **思《おも》ひ《イ》醒《さ》めたるところに** がっかりしたところに。

「思ひ醒め」は、マ行下二段活用動詞「思ひ醒む」の連用形。「興がさめる、情熱がさめる」の意。

11 **思《おも》ひ《イ》のほかなる心出《こころい》で来《く》れば** 意外感が湧き起こるので。

下手だと思っていたのに、うまいではないか、という意外さ。

教706 225ページ 教708 185ページ

1 **定《さだ》めて勝《か》つことあり** きっと勝つのである。

「定めて」は副詞で、「きっと、必ず」の意

1 なぜ勝負に負けても気にしないでいられるのか。

【大 意】 2 教706 225ページ3行～226ページ1行 教708 185ページ3行～186ページ1行

三日間も能がある時は、ここぞと思う日に得意の能を演ずべきである。こちらが女時の時は逆らわず、相手が女時に下がった時に得意の能をたたみかける。男時と女時は敵と我の間を行ったり来たりする。勝つ神がこちらに来たと思う時に自信のある能をするのがよい。こういうことが演能の場での因果である。

【品詞分解／現代語訳】

およそ（副） 三日 に（格助） 三庭 の（格助） 申楽 あら（ラ変・未） ん（助動・婉・体） 時 は（係助）、指し寄り の（格助） 一日 なんど（副助） は（係助）、手 を（格助） 貯ひ（四・用）

だいたい三日間にわたり三度催される演能があるような時は、最初の一日などは、技を出しきらずに

て（接助） あひしらひ（四・用） て（接助）、三日 の（格助） うち に（格助） 殊に（副） 折角 の（格助） 日 と（格助） おぼしから（シク・未） ん（助動・婉・体） 時、よき（ク・体） 能 の（格助） 得手

残しておいて適当に演じて、三日のうちで特に（将軍が見物したりする）重大な日と思われるような時、（できの）良い能で得意芸に

に 向き たら ん を、眼睛 を いだし て す べし。一日 の うち にて も、立ち合ひ

合っているようなのを、その最も優れた部分が見えるように演ずべきである。一日の間でも、競演の際

なんど に、自然 女時 に 取り逢ひ たら ば、初め を ば 手 を 貯ひ て、敵 の 男時、女時 に

などに、もし女時にぶつかったならば、はじめのうちは技をしまっておき、相手の男時が女時に下がる頃に、

下がる 時分、よき 能 を 揉み寄せ て す べし。その 時分、また、こなた の 男時 に 返る

できの良い能をたたみかけて演じるのがよい。その時が、また、こちらが男時に返る頃なのである。

時分 なり。ここ にて 能 よく 出で来 ぬれ ば、その 日 の 第一 を す べし。

ここで能がうまく演じられたなら、その日のとっておきの曲を演じるのがよい。

この 男時 女時 と は、一切 の 勝負 に、定めて、一方 色めき て、よき 時分 に なる こと あり。

この男時・女時というのは、全ての勝負事に、きっと、一方が華やかに調子づいて、良い運勢の時がある。

これ を 男時 と 心得 べし。勝負 の 物数 久しけれ ば、両方 へ 移り変はり 移り変はり す

これを男時と心得るのがよい。勝負の上演される能の数が多くて時間が長時間になると、(男時は敵・味方)両方へ行ったり来たりするに

べし。ある もの に いはく、「勝負神 とて、勝つ 神 負くる 神、勝負 の 座敷 を 定めて 守ら

違いない。あるもの(書物など)に言うには、「勝負神といって、勝つ神・負ける神が(いらして)、勝負の場を必ず見守っていらっしゃるに違いない。」

せ たまふ べし。」弓矢 の 道 に、宗と 秘する こと なり。敵方 の 申楽 よく 出で来

と。兵法の道で、特に秘密としていることである。相手方の演能(のできばえ)が良かったならば、

たら ば、勝神 あなた に まします と 心得 て、まづ 恐れ を なす べし。これ、時 の

勝つ神があちらにいらっしゃると心得て、まず慎みの心を持つべきである。この神は、短い間の

間 の 因果 の 二神 に て ましませ ば、両方 へ 移り変はり 移り変はり て、また 我 が 方
格助　格助　　　格助　助動・断・用　接助　接助　　　格助　　四・用　　　接助　副　　格助

因果の二神でいらっしゃるので、
両方へ行ったり来たりして、また自分の〔方〕勝神が

の 時分 に なる と 思は ん 時 に、頼み たる 能 を す べし。
格助　　　格助　四・終　格助　四・未　助動・婉・体　格助　格助　四・用　助動・存・体　格助　サ変・終　助動・当・終

移ってこられる〕時だと思うような時に、
自信を持っている能をするのがよい。

これ すなはち、座敷
〔代〕接

これがすなわち、競演の
座敷

の うち の 因果 なり。
格助　　格助　　　助動・断・終

場の中での因果である。

返す返す、
副

かえすがえす、

おろそかに 思ふ べから ず。
ナリ・用　　四・終　助動・命・末　助動・打・終

この道理をなおざりに思ってはならない。

信 あれ ば 徳 ある べし。
　　ラ変・已　接助　　ラ変・体　助動・当・終

信じる心があれば必ず功徳があるに相違ない。

語句の解説 2

教706 225ページ　教708 185ページ

3 手を貯ひてあひしらひて
技を出しきらずに残しておいて適当に演じて。
「あひしらふ」は、「程よく受け答えする」という意で、ここでは能力を出しきらず、程よく演じておくということ。

2
何が「移り変はり移り変はり」するのか。

答

12 **勝負の座敷** 勝負の場
勝ち負けを決める演能が行われる場。
12 **守らせたまふべし** 見守っていらっしゃるに違いない。
「守る」は、ここでは「見守る」の意。
13 **勝神あなたにまします** 勝つ神があちらにいらっしゃる。
「あなた」は、「あちら、向こう側」の意。「まします」は、「居り」の尊敬語。

勝負神(勝つ神くる神)。

学習のポイント

1
「因果の花を知ること、極めなるべし。」(706 224・1 708 184・1)とあるが、申楽における「因」と「果」とは、それぞれ何であると述べられているか。

解答例
「因」とは、舞台に「花」、つまり優れた舞台成果をもたらすもととなるもの。稽古によって得られた技能、時の運、みな「花」の「因」である。「果」とは、「因」によって得られる優れた舞台成果で、最高の芸境であり、名声である。

2
「男時」と「女時」について、具体的にどのように述べられているか、まとめてみよう。また、現代の勝負の世界では、これをどのように表現しているか、考えてみよう。

解答例 「男時」は、「一切の勝負に、定めて、一方色《いっぽう》めきて、よき時分になる」706 225・9 708 185・9 時。「女時」は「男時」の逆で、「いかにすれども、……必ず悪《わる》きこともまたあるべし」706 224・5 708 184・5 とある中の「悪き」時。勝つ神がいるほうが男時、負くる神がいるほうが女時で、両者は短時間で移り変わる。

現代でも、「勝負のツキ」「時の運」「好・不調の波」「ジンクス」など、さまざまに表現されている。

3 **語句** 最後の段落から助動詞「べし」を抜き出し、その用法について考えてみよう。

解答例 ・「心得べし。」706 225・10 708 185・10…適当・当然（心得るがよい。）

・「移り変はりすべし。」706 225・11 708 185・11…当然（移り変わるに違いない。）

・「守らせたまふべし。」706 225・12 708 185・12…当然（見守っていらっしゃるに違いない。）

・「恐れをなすべし。」706 225・13 708 185・13…当然（慎みの心を持つべきである。）

・「頼みたる能をすべし。」706 225・15 708 185・15…適当・当然（自信を持っている能をするのがよい。）

・「おろそかに思ふべからず。」706 225・16 708 185・16…命令（なおざりに思ってはならない。）

・「徳あるべし。」706 226・1 708 186・1…当然（功徳があるに相違ない。）

4 **探究** 『風姿花伝』で述べられているほかの「花」についても調べてみよう。

解答例 「秘すれば花なり、秘せずは花なるべからず、となり。」

芸事は、秘密にすることで観客に感動を与えることができる。

「花と、面白きと、めづらしきと、これ三つは同じ心なり。」

観客の予想しない演技を行うことで新鮮な印象を与えることができる。「珍しきが花」「新しきが花」も同。

「ただ、時に用ゆるをもて花と知るべし。」

その時の状況や観客の好みなどを考え、それに合わせて上演することで好評を得ることができる。

隅田川

観世十郎元雅《もとまさ》

教706 227〜234　教708 187〜192

【大　意】 1　教706 227ページ7行〜229ページ13行　教708 187ページ7行〜189ページ13行

人商人《ひとあきびと》にさらわれた子供を捜して隅田川までやってきた母親が、渡し守に舟に乗せてほしいと頼み、『伊勢物語』の「あづま下り」をふまえた問答をする。渡し守は、都からかどわかされてきた少年がこの川岸で病死し、今日が一周忌であると語る。

【品詞分解／現代語訳】

シテ「なうなう われ を も 舟 に 乗せ て たまはり 候へ。

（なうなう：感／われ：(代)／を：格助／も：係助／に：格助／乗せ：下二・用／て：接助／たまはり：補尊・四・用／候へ：補丁・四・命）

「もしもし、私も舟に乗せてくださいませ。

ワキ「おこと は いづく より いづかた へ 下る 人 ぞ。

（おこと：(代)／は：係助／いづく：(代)／より：格助／いづかた：(代)／へ：格助／下る：四・体／ぞ：係助）

「あなたはどこからどこへ下る人なのか。

シテ「これ は 都 より 人 を 尋ね て 下る 者 に て 候ふ。

（これ：(代)／は：係助／より：格助／を：格助／尋ね：下二・用／て：接助／下る：四・体／に：助動・断・用／て：接助／候ふ：補丁・四・終）

「私は都から人を尋ねて下る者でございます。

ワキ「都 の 人 と いひ 狂人 と いひ、面白う 狂う て 見せ 候へ。狂は ず は

（の：格助／と：格助／いひ：四・用／と：格助／いひ：四・用／面白う：ク・用(音)／狂う：四・用(音)／て：接助／見せ：下二・用／候へ：補丁・四・命／狂は：四・未／ず：助動・打・用／は：係助）

「都の人であるし狂人であるのだから、面白く(舞などの)芸をしてお見せなさい。芸をしないのなら

こ の 舟 に は 乗せ まじい ぞ と よ。

（こ：(代)／の：格助／に：格助／は：係助／乗せ：下二・未／まじい：助動・打意・体(音)／ぞ：係助／と：格助／よ：間助）

この舟には乗せてやるまいよ。

シテ「うたて や な、隅田川 の 渡し守 なら ば、日 も 暮れ ぬ、舟 に 乗れ と こそ

（うたて：ク(語幹)／や：間助／な：終助／の：格助／なら：助動・断・未／ば：接助／も：係助／暮れ：下二・用／ぬ：助動・完・終／に：格助／乗れ：四・命／と：格助／こそ：係助(係)）

「嘆かわしいことよ、隅田川の渡し守ならば、『日も暮れた、舟に乗れ』と

承る べけれ。〽かた の ごとく も 都 の 者 を、舟 に 乗る な と 承る は、隅田川 の 渡し守
おっしゃるべきです。〽形ばかりでも都の者なのに、『舟に乗るな』とおっしゃるのは、隅田川の渡し守とも、

とも、覚え ぬ こと なのたまひ そ よ。
思われないこと（です。そう）おっしゃいますな。

ワキ「げに げに 都 の 人 とて、名 に し 負ひ たる やさしさ よ。
「本当にまあ都の人といって、その名にふさわしい優雅さであることよ。

シテ「なう その 言葉 も こなた は 耳 に 留まる ものを。かの 業平 も この 渡り にて、
「もし、その言葉もこちらは耳に留まるものなのに。あの業平《なりひら》もこの渡りで、

〽名 に し 負は ば、いざ 言問は ん 都鳥、わ が 思ふ 人 は、あり や なし や と。
〽『名にし負はば、いざ言問はん都鳥、わが思ふ人はありやなしやと』と（詠んでいる）。

「なう 舟人。あれ に 白き 鳥 の 見え たる は、都 にて は 見馴れ ぬ 鳥 なり。
「もし、船頭さん。あそこに白い鳥が見えているのは、都では見慣れない鳥である。

あれ を ば 何 と 申し 候ふ ぞ。
あれは何と申しますのでしょうか。

ワキ「あれ こそ 沖 の 鷗 候ふ よ。
「あれこそ沖の鷗《かもめ》ですよ。

シテ「うたて や な、浦 にて は 千鳥 と も 言へ 鷗 と も 言へ、など この 隅田川 にて
「嘆かわしいことよ、海辺では千鳥と言っても鷗と言ってもよいが、どうしてこの隅田川で

白き《ク・体》鳥を《格助》ば《係助》、都鳥と《格助》は《係助》答へ《下二・用》たまは《補尊・四・未》ぬ《助動・打・体》。
白い鳥を、都鳥とお答えにならないのか。

ワキ　〽げに《副》げに《副》誤り申し《四・用》たり《助動・完・終》。名所に《格助》は《係助》住め《四・已》ども《接助》心なく《ク・体》て《接助》、都鳥と《格助》は《係助》答へ《下二・用》申さ《補謙・四・未》で《接助》、
〽まったく本当に言い誤り申した。名所には住んでいても風雅な心がなくて、都鳥とはお答えしないで、

シテ　〽沖の《格助》鷗と《格助》夕波の《格助》、
〽沖の鷗と言ってしまったが、夕方の波の上で、

ワキ　〽昔に《格助》帰る《四・体》業平も《係助》、
〽昔に帰ると業平も、

シテ　〽あり《ラ変・終》や《係助》なし《ク・終》や《係助》と《格助》言問ひ《四・用》し《助動・過・体》も《係助》、
〽無事でいるのかいないのかと尋ねたのも、

ワキ　〽都の《格助》人を《格助》思ひ妻。
〽都の恋しく思う妻を思って(のこと)。

シテ　〽わらは《(代)》も《係助》東に《格助》思ひ子の《格助》、行方を《格助》問ふ《四・体》は《係助》同じ《シク・体》心の《格助》、
〽わたくしも東国に愛する我が子がおり、その行方を尋ねているのは同じ気持ちで、

ワキ　〽妻を《格助》しのび《四・用》、
〽妻をしのんだのも、

シテ　〽子を《格助》尋ぬる《下二・体》も《係助》、
〽子を尋ねるのも、

係助　シク・体
ワキ　〽思ひ　は　同じ、
〽思いは同じ、

助動・断・已　接助
シテ　〽恋路　なれ　ば、
〽恋の旅路なのだから、

(代)　係助　副　感　四・未　助動・意・終　感　四・未　助動・意・終　(代)　格助　係助
地謡　〽われ　も　また、いざ　言問は　ん　都鳥、いざ　言問は　ん　都鳥、わ　が　思ひ子　は
〽私もまた、さあ尋ねよう都鳥よ、さあ尋ねよう都鳥よ、私の愛する子は

格助　ラ変・終　係助　ク・終　係助　格助　四・已　接助　四・已　接助　下二・未　助動・打・体　係助　ク(語幹)　格助　格助
東路　に、あり　や　なし　や　と、問へ　ども　問へ　ども、答へ　ぬ　は　うたて　都鳥、鄙　の　鳥　と
東国に、いるのかいないのかと、尋ねても尋ねても、答えないのは情けない都鳥だこと、(「都」ではない)「鄙《ひな》」

係助(係)　四・用　助動・強・未　助動・意・体(結)　副　間助　四・体　格助　格助　格助　上一・用　接助　四・体　係助
や　言ひ　て　まし。げに　や　舟競ふ、堀江　の　川　の　水際　に、来居　つつ　鳴く　は　都鳥、
(田舎)の鳥とでも言ってやろうか。本当に『舟競ふ、堀江の川の水際に、来居つつ鳴くは都鳥かも』(とは言うけれ

(代)　係助　(代)　係助　接　格助　副助　四・已　接助　ク・用　ク・用　係助　カ変・用　助動・完・体
それ　は　難波江　これ　は　また、隅田川　の　東　まで、思へ　ば　限りなく、遠く　も　来　ぬる　もの
ど)、それは難波江《なにわえ》でのこと、これはまた、隅田川のある東国まで、思えば限りなく、遠くも来てしまったことだなあ、

終助　接　係助　四・用　接助　ク・用　接助　下二・未　助動・尊・用　補尊・四・命　接　係助
かな、さりとて　は　渡し守、舟　こぞり　て　狭く　とも、乗せ　させ　たまへ　渡し守、さりとて　は
どうか渡し守よ、舟に乗客が混み合って狭くても、乗せてくださいませ、渡し守よ、どうか乗せてくださ

下二・用　接助　補尊・四・用　補尊・四・命
乗せ　て　賜び　たまへ。
いませ。

語句の解説 1

教706 227ページ　教708 187ページ

7 なうなう《ノウノウ》　もしもし。人に呼びかける時に発する語。

8 おこと　あなた。そなた。親しんで言う二人称代名詞。

教706 228ページ　教708 188ページ

1うたてやな　嘆かわしいことよ。

ク活用形容詞の語幹「うたて」に間投助詞「や」、終助詞「な」が付いて悲嘆の情を表す。「うたてし」は、ここでは「嘆かわしい、情けない」の意。他に「気にくわない、嫌だ」の意がある。

4やさしさよ　優雅さであることよ。

「やさし」は、ここでは「優雅だ、優美だ」の意。

6いざ言問《こととワ》はん都鳥《みやこどり》　では尋ねてみよう、都鳥よ。

「言問《こと と》ふ」は、ここでは「尋ねる」の意。

答 1　なぜこう言ったのか。

隅田川で白い鳥の名を尋ねられたら、『伊勢物語』の「あづま下り」をふまえて「都鳥」と答えるべきだったのに、「沖の鷗」と答えてしまったから。

教706 229ページ　教708 189ページ

2思《おも》ひ《イ》妻《づま》　恋しく思う妻。

「（都の人を）思ひ」との掛詞《かけことば》。

7恋路《こいじ》　恋の成り行きを路にたとえた語。

子を思う旅路の意を重ねる。あとの「東路」を引き出す。

【大　意】　2　教706 230ページ12行〜231ページ5行　教708 190ページ12行〜191ページ4行

その少年がわが子と知った母親は、墓前で一心に念仏を唱える。

【品詞分解／現代語訳】

ワキ「なうなう［感］ これ［代］ こそ［係助(係)］ か［代］ の［格助］ 人 の［格助］ 墓所 に［助動・断・用］ て［接助］ 候へ［補丁・四・已(結)］。よくよく［副］ 御弔ひ［四・用］ 候へ［補丁・四・命］。

「もしもし、これこそあの人の墓でございますよ。よくよくお弔いなさい。

シテ〽今 まで［副助］ は［係助］ さりとも［副］ 逢は［四・未］ ん［助動・推・体］ を［格助］ 頼み に［格助］ こそ［係助(結流)］、知ら［四・未］ ぬ［助動・打・体］ 東 に［格助］ 下り［ラ変・用］ たる［助動・完・体］ に［接助］、

〽今まではそれにしても(行方は知れずともいつかは)逢えるだろうと頼みにして、見知らぬ東国まで下ってきたのに、

今 は［係助］ こ［代］ の［格助］ 世 に［格助］ 亡き［ク・体］ 跡 の［格助］、しるし ばかり［副助］ を［格助］ 見る［上一・体］ こと よ［間助］。さても［感］ 無慚［ナリ(語幹)］ や［間助］ 死 の［格助］ 縁

今はもう我が子はこの世にはなく、その亡き跡を示す墓標だけを見ることになるとは。なんとも痛ましいことだ、ここで死ぬべき前世

とて［格助］、生所 を［格助］ 去つ［四・用(音)］ て［接助］ 東 の［格助］ 果て の［格助］、道 の［格助］ ほとり の［格助］ 土 と［格助］ なり［四・用］ て［接助］、春 の［格助］ 草 のみ［副助］

からの因縁があって、生まれた土地を離れて、東国の果ての、道のほとりの土となって、春の草ばかりが生い茂っ

生ひ茂り（四・用）たる、（助動・存・体）こ（(代)）の（格助）下に（格助）こそ（係助(係)）ある（ラ変・体）らめ（助動・現推・已(結)）や。（間助）

ている、この塚の下に(我が子は)いるのだろうか。

地謡〽さりとて（接）は（係助）人々、こ（(代)）の（格助）土を（格助）返し（四・用）て（接助）今一度、（副）こ（(代)）の（格助）世の（格助）姿を（格助）母に（格助）見せ（下二・未）させ（助動・尊・用）たまへ（補尊・四・命）や。（間助）

〽どうか人々よ、この土を掘り返してもう一度、我が子のこの世にいる姿を母に見せてくださいませ。

残り（四・用）て（接助）も、（係助）かひある（ラ変・体）べき（助動・当・体）は（係助）空しく（シク・用）て、（接助）かひある（ラ変・体）べき（助動・当・体）は（係助）空しく（シク・用）て、（接助）ある（ラ変・体）は（係助）かひなき（ク・体）帚木の、（格助）見え（下二・用）つ（助動・並・終）隠れ（下二・用）つ（助動・並・終）面影の、（格助）定めなき（ク・体）世の（格助）習ひ。

この世に生き残っていても、そのかいがあるはずの我が子は死んでしまって、生きがいのあるはずの者は空しくなって、生きているのはそのかいもない母ばかりで、我が子の面影が見えたり隠れたりして定めないが、定めないのはこの世の常のこと。

人間憂ひの（格助）花盛り、無常の（格助）嵐音添ひ、（四・用）生死長夜の（格助）月の（格助）影、不定の（格助）雲覆へ（四・已(命)）り。（助動・存・終）

人の世は憂いばかりで、花盛りと見えてもすぐに嵐が音立てて散らすように無常であり、長く生死の闇夜に迷っていると、悟りの月が照らしてもすぐに雲に覆われてしまうように定めないものである。

げに（副）目の（格助）前の（格助）憂き世かな、（終助）げに（副）目の（格助）前の（格助）憂き世かな。（終助）

まことに目の前にある憂き世であることだ、本当に目の前に憂き世を見ているのだ。

語句の解説 2

教706 230ページ　教708 190ページ

13 **さりとも**　それにしても。かどわかされてしまったといっても、ということ。

13 **頼《たの》みにこそ、知《し》らぬ東《あずま》に下《くだ》りたるに**　頼みにして、見知らぬ東国まで下って来たのに。「こそ」の係り結びは、「たる」に接続助詞「に」が付いて文が続いているので、流れている。

教706 231ページ　教708 190ページ

2　何をどうすることか。

答　墓の土を掘り返すこと。

【大　意】 3 教706 231ページ8行～233ページ3行 ※本教材は教708では学習しません。

子供の亡霊が現れ、母親と手を取り合うが、夜が明けるとそこは草が生い茂った浅茅《あさじ》が原であった。

【品詞分解／現代語訳】

シテ 〽隅田川原 の〔格助〕、 波風 も〔係助〕 声 立て〔下二・用〕 添へ〔下二・用〕 て〔接助〕、

〽隅田川原の、 波も風も音を立てて念仏に声を添えて、

地謡 〽南無阿弥陀仏《なむあみだぶつ》〔連語〕 南無阿弥陀仏〔連語〕、 南無阿弥陀仏〔連語〕。

〽南無阿弥陀仏、 南無阿弥陀仏、 南無阿弥陀仏。

シテ 〽名 に〔格助〕 し〔副助〕 負は〔四・未〕 ば〔接助〕、 都鳥 も〔係助〕 音 を〔格助〕 添へ〔下二・用〕 て〔接助〕、

〽都という名を持っているのだから、 都鳥も声を添えて、

子方・地謡 〽南無阿弥陀仏〔連語〕、 南無阿弥陀仏〔連語〕、 南無阿弥陀仏〔連語〕。

〽南無阿弥陀仏、 南無阿弥陀仏、 南無阿弥陀仏。

シテ 〽なうなう〔感〕 今 の〔格助〕 念仏 の〔格助〕 声 は〔係助〕、 まさしく〔シク・用〕 わ（代） が〔格助〕 子 の〔格助〕 声 に〔助動・断・用〕 て〔接助〕 候ふ〔補丁・四・終〕。 こ（代） の〔格助〕 塚 の〔格助〕

〽もしもし、 今の念仏の声は、 確かに我が子の声でございます。 この塚の

うち にて〔格助〕 ありげに〔ナリ・用〕 候ふ〔補丁・四・終〕 よ〔間助〕。

中であったようでございますよ。

ワキ 「われら（代） も〔係助〕 さやうに〔ナリ・用〕 聞き〔四・用〕 て〔接助〕 候ふ〔補丁・四・終〕。 所詮〔副〕 こなた（代） の〔格助〕 念仏 を〔格助〕 ば〔係助〕 留め〔下二・用〕 候ふ〔補丁・四・終〕 べし〔助動・意・終〕。

「私どももそのように聞きました。 とにかくこちらの念仏をやめましょう。

母御 一人、 御申し〔四・用〕 候へ〔補丁・四・命〕。

母御おひとりで、 お唱えなさい。

シテ 〽いま 一声 こそ 聞か まほしけれ、南無阿弥陀仏、

副　係助(係)　四・未　助動・希・已(結)　(連語)

〽もうひと声だけでも聞きたいものよ、南無阿弥陀仏、

子方 〽南無阿弥陀仏、南無阿弥陀仏 と、

(連語)　(連語)　格助

〽南無阿弥陀仏、南無阿弥陀仏と、

地謡 〽声 の うち より、幻 に 見え けれ ば、

格助　格助　格助　下二・用　助動・過・已　接助

〽声とともに、幻に見えたので、

シテ 〽あれ は わ が 子 か。

(代)　係助　(代)　格助　係助

〽あれは我が子か。

子方 〽母 に て まします か と、

助動・断・用　接助　補尊・四・体　係助　格助

〽母でいらっしゃいますかと、

地謡 〽互ひに 手 に 手 を 取り交はせ ば、また 消え消えと なり行け ば、いよいよ 思ひ は 真澄鏡、

副　格助　格助　四・已　接助　副　副　四・已　接助　副　係助

〽互いに手と手を取り交わすと、また(子供の亡霊は)消えていってしまうので、いよいよ(母の)思いは増すばかりで、

面影 も 幻 も、見え つ 隠れ つ する ほど に、東雲 の 空 も ほのぼのと、

係助　係助　下二・用　助動・並・終　下二・用　助動・並・終　サ変・体　格助　格助　係助　副

(生前の)面影も(今見える)幻も、見えたり隠れたりするうちに、明け方の空もほのぼのと、

明け行け ば 跡 絶え て、わ が 子 と 見え し は 塚 の 上 の、草 茫々と して

四・已　接助　下二・用　接助　(代)　格助　格助　下二・用　助動・過・体　係助　格助　格助　タリ・用　接助

明けてゆくとあとかたもなくなって、我が子と見えたのは塚の上の草で、草が茫々と生い茂った中

ただ、しるし ばかり の 浅茅が原 と、なる こそ あはれなり けれ、なる こそ あはれなり けれ。

副　副助　格助　格助　四・体　係助(係)　ナリ・用　助動・過・已(結)　四・体　係助(係)　ナリ・用　助動・過・已(結)

にただ、墓標ばかりがある浅茅が原となるのはあわれなことだった、なんともあわれなことであった。

語句の解説 3

教706 232ページ

1 **所詮《しょせん》** とにかく。それでは。

13 **東雲《しののめ》の空《そら》** 明け方の空。暁の空。「東雲」は「しののめ」と読み、「明け方、暁」のこと。

参考 『伊勢物語』第九段より

【現代語訳】 さらに行き進んでゆくと、武蔵《むさし》の国と下総《しもうさ》の国との間にたいそう大きな河がある。それをすみだ河という。その河のほとりに集まり座って、(はるかな都の京に)思いをはせると、ずいぶん遠くまで来てしまったよ、と嘆き合っていると、渡し守が、「早く船に乗れ。日が暮れてしまう。」と言うので、乗って渡ろうとするが、皆、何となく切なくなって、京に恋しく思う人がいないわけではない。ちょうどその時、白い鳥で、嘴《くちばし》と脚とが赤く、鴫《しぎ》ぐらいの大きさの鳥が、水の上で遊びながら魚を食べている。京では見かけない鳥なので、誰も知らない。渡し守に尋ねると、「これが都鳥だ。」と言うのを聞いて、「都という名を持っているならば、さあ尋ねよう、都鳥よ。私が恋しく思っている人は都で無事でいるかどうかと。」と詠んだので、船の中の人は皆泣いてしまった。

学習のポイント

1 **写真で示してある場面において、それぞれの登場人物は何をしているのか、本文を参照して考えてみよう。**

解答例

・「思へば限りなく、遠くも来ぬるものかな」706 229 708 189…我が子を尋ね、はるばる東国までやって来たことを表現している。
・(舟の中、狂女の嘆き) 706 230 708 190…舟の中で、渡し守の語りを聞いているうちに我が子の死を知り、悲嘆にくれている。
・「さりとては人々、この土を返して…」706 231 708 191…もう一度我が子の姿を見たいので、皆に墓の土を掘り返すことを頼んでいる。
・「声のうちより、幻に…」706 232…現れた我が子の亡霊を見ている。
・「互ひに手に手を取り交はせば…」706 233…母親が亡霊の我が子と手を取り合っている。
・「いよいよ思ひは真澄鏡…」706 233…我が子の姿がしだいに消えてゆくのにつれて、我が子への思いが増し、悲しみにくれている。
・「ただ、しるしばかりの浅茅が原と…」706 233…夜も明け、我が子も消え失せて、母親は、浅茅が原に茫然と立ち尽くしている。

2 探究 **グループで役割を決めて朗読してみよう。**

考え方 それぞれの登場人物の心情を理解し、節を付けて謡《うた》う印(へ)と節のない言葉の印(ㄱ)に気を付けて読んでみよう。

3 **上演された能を、録音や録画されたもので鑑賞し、できれば実際の舞台を見てみよう。**

考え方 能は日本の代表的な古典芸能。一四世紀室町時代に成立し、六〇〇年にわたって独自の様式を磨き上げて現在に至る。面を着け美しい装束を用い、地謡《じうたい》に合わせて、能舞台で上演される歌舞劇である。なかなか実際の舞台を鑑賞する機会はないかもしれないが、人間の哀《かな》しみや情を描いた、奥深い能の世界を鑑賞してみよう。

4 **本文中に『伊勢物語』の第九段「あづま下り」がどのように生かされているか、確かめてみよう。**

解答例 シテがワキに舟に乗せてほしいと頼むところで、「あづま下り」をふまえた問答となり、業平が妻をしのんだのに対し、シテは子を尋ねてきたことを述べる。また、シテが鉦《かね》を持って、念仏を唱えるところで、「名にし負はば、都鳥……」と「あづま下り」の歌を響かせている。

虚実皮膜《ひにく》の論

〔難波土産《なにはみやげ》〕 三木平右衛門《みきへいえもん》

教706 235〜236 教708 193〜194

【大 意】 教706 235ページ1行〜236ページ3行 教708 193ページ1行〜194ページ3行

ある人が、近頃の人は理屈が通った事実に違いないことを好み、役者も演技が事実に似ているのを第一とする、と言った。それに対し、近松(門左衛門《もんざえもん》)は、芸とは事実と虚構との境目にあり、その現実と虚構の紙一重の間に、芸を見る観客の楽しみがあるのである、と言った。

【品詞分解/現代語訳】

ある 人 の いはく、「今時 の 人 は、よくよく 理詰め の 実 らしき こと に あら ざれ
連体 格助 (連語) 格助 係助 副 格助 助動・定・体 助動・断・用 補・ラ変・未 助動・打・已
ある人が言うことには、「近頃の人は、きわめて理屈が通って本当らしいことでないと、

ば、合点せ ぬ 世の中、昔語り に ある こと に、当世 請け取ら ぬ こと 多し。されば こそ、
接助 サ変・未 助動・打・体 格助 ラ変・体 格助 四・未 助動・打・体 ク・終 接 係助(結略)
承知しない世の中で、昔の話にあることに(ついても)、現代では承知しないことが多い。そうであるからこそ、

歌舞伎 の 役者 なども、とかく その 所作 が 実事 に 似る を 上手 と す。立役 の 家老職
格助 副助 係助 副 (代) 格助 格助 格助 上一・体 格助 格助 サ変・終 格助
歌舞伎の役者なども、ともすればその演技が実際のことに似ているのを上手(な役者)とする。善人の男の役の家老職は、

は、本 の 家老 に 似せ、大名 は 大名 に 似る を もつ て 第一 と す。昔 の やうなる、
係助 格助 格助 下二・用 係助 格助 上一・体 格助 四・用(音) 接助 格助 サ変・終 格助 助動・比・体
本当の家老に似せ、大名(の役)は(本当の)大名に似ていることを最も大切なこととする。昔のような、子供だましの

格助　下二・用　助動・存・体　係助　四・未　助動・打・終
子供だまし の あじやらけ たる こと は 取ら ず。」
ふざけた演じ方は認めない。」

下二・用　接助　(連語)　(代)　格助　ナリ(語幹)　格助　助動・比・已　接助　格助　四・体　格助　格助
近松 答へ て いはく、「こ の 論 もつとも の やうなれ ども、芸 と いふ もの の 真実 の
近松が答えて言うことには、「この論はもっとものようだが、芸というものの本当のあり方を知らない論である。

格助　四・未　助動・打・体　助動・断・終　格助　四・体　係助　格助　格助　格助　格助　格助　ラ変・体
いきかた を 知ら ぬ 説 なり。芸 と いふ もの は、実 と 虚 と の 皮膜 の 間 に ある
芸というものは、事実と虚構との境目の微妙なところにあるものなのだ。

助動・断・終　副　格助　格助　副　四・体　格助　四・体　係助　格助　格助
もの なり。なるほど 今 の 世、実事 に よく 写す を 好む ゆゑ、家老 は、まこと の 家老 の
いかにも今の世は、事実を写実的に演じるのを好むため、家老(の役)は、本当の家老の身ぶりや口ぶりを

格助　四・終　格助　係助　四・已　接助　接　格助　格助　格助　副助　格助　格助
身振り・口上 を 写す と は いへ ども、さらば とて、まこと の 大名 の 家老 など が、立役 の
まねるとはいっても、そうだからといって、本当の大名の家老などが、善人の男の役

助動・比・用　格助　格助　四・体　ラ変・終　係助　接　格助　係助　格助　四・未　助動・打・体
ごとく、顔 に 紅脂・白粉 を 塗る こと あり や。また、まこと の 家老 は 顔 を 飾ら ぬ
のように、顔に紅やおしろいを塗ることがあるだろうか(、いや、ありはしない)。また、本当の家老は顔を飾らないといって、

格助　格助　副　係助　(連語)　係助　(連語)　格助　格助　下二・用　接助　格助　サ変・未
とて、立役 が、むしやむしやと ひげ は 生えなり、頭 は はげなり に、舞台 へ 出 て 芸 を せ
善人の男の役が、もじゃもじゃとひげは生えたまま、頭ははげたままで、舞台へ出て芸をすれば、

接助　格助　四・終　助動・当・体　係助　格助　格助　四・体　格助　(代)　助動・断・終　助動・断・用　接助　助動・断・用
ば、慰み に なる べき や。皮膜 の 間 と いふ が ここ なり。虚 に して 虚 に
(観客の心の)楽しみになるだろうか(、いや、ならない)。(事実と虚構との)境目の微妙なところというのがここである。虚構であって(まったくの)虚構

補・ラ変・未　助動・打・用　助動・断・用　接助　助動・断・用　補・ラ変・未　助動・打・終　(代)　格助　格助　格助　ラ変・用(音)　助動・存・体
あら ず、実 に して 実 に あら ず、こ の 間 に 慰み が あつ た
でなく、事実であって(まったくの)事実でない、この境(の微妙なところ)に(観客の)楽しみがあるものなのだ。」

もの　なり。」（助動・断・終）

語句の解説

教706 235ページ　教708 193ページ

1 **よくよく理詰《りづ》めの実《じつ》らしきこと**　きわめて理屈が通って本当らしいこと。

「理詰め」は、「理屈が通っていること」。「実」は、ここでは「事実、真実」の意。「らし」は、根拠のある推定を表す。

2 **さればこそ**　そうであるからこそ。

「されば」は、ここでは「そうであるから、そうなので」。「こそ」の結び（「あれ」など）は省略されている。

4 **本《ほん》の家老《かろう》に似《に》せ**　本当の家老に似せ。

「似す」は、「似る」に対する他動詞。外見的な共通点を意識することで、受け手に似ていると感じさせようとすることを表す語。

4 **大名《だいみょう》は大名《だいみょう》に似《に》る**　大名（の役）は（本当の）大名に似ている。

ただ武士を演じればよいのではなく、階級に応じた演じ分けが必要だ、ということ。

4 **もつ《ッ》て**　「もつ」の連用形「もち」＋接続助詞「て」→「もちて」の促音便化した語。前の事柄を強調して示す。

1　**近松以前の歌舞伎はどのようなものであったか、調べてみよう。**

答　江戸時代初めに出雲《いずも》の阿国《おくに》が演じた「かぶき踊り」や「女歌舞伎」、その後の「若衆《わかしゅ》歌舞伎」「野郎《やろう》歌舞伎」は、簡単な劇を伴う小歌仕立ての踊りだった。元禄時代に近松らの優れた脚本により演劇性が高まった。

6 **もつ《ッ》とものやう《ヨウ》なれども**　もっとものようだが。

「もっとも」は、「もっともなり」の語幹。

7 **虚《うそ》**　うそ。いつわり。作りごと。

ここでは、芸の虚構性のことをいう。

9 **さらばとて**　そうだからといって。

「さらば」は、ここでは順接の仮定条件を表す接続詞で、「それならば、そうしたら」の意。

10 **ありや**　あるだろうか（、いや、ありはしない）。

「や」は、係助詞の文末用法。反語を表す。

教706 236ページ　教708 194ページ

1 **慰《なぐさ》みになるべきや**　楽しみになるだろうか（、いや、ならない）。

「慰み」は、ここでは「楽しみ」の意。

2　**「慰み」とはどういうことか。**

答　（観客の心の）楽しみ。

2 **あつ《ッ》たものなり**　あるものなのだ。

「ありたるものなり」の口語的表現。「た」は完了というより、確定した存在（事態）を確認する意が強い。

学習のポイント

1 「芸といふものは、実《じつ》と虚《うそ》との皮膜の間《あひだ》にあるものなり。」(706 235・7 708 193・7)とあるが、どういうことを言っているのか、本文に即してまとめてみよう。

解答例 芸は、現実をそのまま写すのではなく、たとえば、実在の家老が顔に紅脂《べに》・白粉《おしろい》を塗らないように、立役は写実とはいってもひげもじゃ・はげ頭で舞台に出て芸をしない。芸は、虚構が存在してはじめて観客の感動を呼ぶということ。

2 この文章は文語体であるが、談話の口調が残されている。この特色のうかがえる部分を指摘してみよう。

考え方 談話の口調は、くだけた表現、俗っぽい表現に認められる。

解答例 ・「よくよく理詰めの」706 235・1 708 193・1
・「子供だましのあじやらけたること」706 235・5 708 193・5
・「この論もつとものやうなれども」706 235・6 708 193・6
・「むしやむしやとひげは生えなり、頭ははげなりに」706 235・11 708 193・11
・「この間に慰みがあつたものなり」706 236・2 708 194・2

3 探究 「虚にして虚にあらず、実にして実にあらず。」(706 236・2 708 194・2)という近松の考え方にもとづいて、古典や現代の演劇を鑑賞してみよう。また自分で演劇の批評文を書いてみよう。

考え方 芸(演劇)は「虚構であってまったくの虚構ではなく、事実であってまったくの事実ではない」という考えである。事実を脚色したストーリーで、実際を模倣して演じるということだろう。実在した人物を題材とした舞台などは、虚実の間をゆくものといえる。「実」を知っている作品を鑑賞し、「実」がどのように「虚」に脚色されているか、役者の演技をどのように感じたかなどを書いてみよう。

道行《みちゆき》 〔曽《そ》根《ね》崎《ざき》心中〕 近松門《もん》左《ざ》衛《ゑ》門《もん》

教706 237〜239 教708 195〜197

【大　意】 教706 237ページ1行〜238ページ16行 教708 195ページ1行〜196ページ16行

遊女お初と商家の手代徳兵衛《とくべえ》は、死んだ後まで夫婦として添い遂げようと涙ながらに約束していると、川向こうの二階から巷《ちまた》の心中事件を歌詞にした歌が聞こえてくる。二人は自分たちの身の上をさらに哀れに感じて声も惜しまず泣く。天神の森で死のうと、夜に追い立てられながら数珠《じゅず》をたぐり進んで、ついに曽根崎の森にたどり着く。

【品詞分解/現代語訳】

(代) 格助 格助 係助 格助 四·体 格助 下二·已 接助 格助 格助

この世のなごり、夜もなごり、死にに行く身をたとふれば、あだしが原の道の霜、

この世の別れ、夜も別れと、死にに行く身をたとえると、あだしが原の道の霜が、

格助 下二·用 接助 四·体 格助 係助(係) ナリ·已(結) 感 下二·已 接助 格助 格助 格助

一足づつに消えて行く、夢の夢こそあはれなれ。あれ数ふれば、暁の、七つの時が

一足ごとに消えていく(ように)、夢の中で見る夢のように哀れなものである。あれ数えると、明け方の、七つ時《どき》(午前四時)を告げる

四·用 接助 四·体 格助 格助 格助 格助 格助 四·体 助動·断·終 副助

六つ鳴りて、残る一つが今生の、鐘の響きの聞き納め、寂滅為楽《じゃくめついらく》と響くなり。鐘ばかり

鐘が六つ鳴って、残る一つ(の鐘の音)がこの世での、鐘の音の聞き納め(となり)、寂滅為楽と響くのである。鐘(の音)ばかり

係助 係助 係助 係助 格助 下二·已 接助 ク·体 格助 係助 下二·用 接助 四·体

かは、草も木も、空もなごりと見上ぐれば、雲心なき水の音、北斗は冴えて影映る、

であろうか(いや、そうではなく)、草も木も、空も別れと見上げてみると、雲は何の苦しみもなく流れ、水も無心に音をたてて流れ、北斗星は冴えて(水面

格助 格助 格助 格助 格助 四·用 接助 (代) 副助 係助 (代) 格助 (代) 係助

星の妹背の天の川、梅田の橋を鵲の橋と契りて、いつまでも、我とそなたは婦夫星、

に星)影を映し、夫婦の星である牽牛《けんぎゅう》と織女は天の川の両側に分かれているが、梅田の鵲《かささぎ》の橋(二人の逢瀬《おうせ》を助ける橋)と約束して、いつまでも、私とあなたは

副 副 格助 四·用 格助 格助 四·体 格助 係助 四·終 助動·推·終

かならずさうとすがり寄り、二人がなかに降る涙、川の水嵩も増るべし。

夫婦星、必ずそのようになろうとすがり寄り(泣くと)、二人の間に落ちる涙で、川の水のかさも増えるであろう。

格助 係助 格助 係助 助動·断·用 接助 副 下二·未 助動·打·体 ク·用

向かふの二階は、何屋とも、おぼつかなさけ最中にて、まだ寝ぬ灯影、声高く、

川向こうの茶屋の二階は、何屋とも、おぼつかないが恋の逢瀬の最中で、まだ寝ないのか灯影(が見えて)、声高《こわだか》に、

格助 格助 係助(係) 四·終 助動·現推·体(結) 四·体 接助 係助 ク(語幹) 間助

今年の心中よしあしの、言の葉草や繁るらん。聞くに心もくれはどり、あやなや、

今年の心中の善し悪《あ》し(批評)を、さかんに語っているのであろう。(それを)聞くにつけても心が暗くなり、わけがわからぬ

副助 係助 格助 四·用 助動·過·体 接助 格助 係助 (代) 係助 格助 格助 四·用 格助 四·未

昨日今日までも、よそに言ひしが、明日よりは我も噂の数に入り、世にうたは

ままに、昨日今日までは、(心中を)他人事として話題にしていたが、明日からは自分も噂《うわさ》の数に入り、世間でうたわれるだろ

助動・受・未　助動・推・終　四・未　接助　四・命　四・体　格助　四・已　接助
れ　ん。うたは　ば　うたへ、うたふ　を　聞け　ば、
う。　うたうならうたえと、　うたうのを聞くと、

副　格助　係助(係)　四・用　間助　補尊・サ変・終　助動・打推・体(結)　四・未　助動・打・体　助動・断・終　格助　四・已　接助
「どうで　女房　に　や　持ち　や　さんす　まい。いら　ぬ　もの　ぢや　と　思へ　ども」
「どうせ女房には(私を)持ちなさるまい。　(私は)いらないものだと思うけれども」

副　四・已　接助　四・已　接助　係助　係助　四・体　助動・断・未　助動・打・用　(代)　格助　格助　格助
げに　思へ　ども、嘆け　ども、身　も　世　も　思ふ　まま　なら　ず、いつ　を　今日　とて　今日　が　日
まったく(あの歌のように)思っても、嘆いても、自分の身も世の中も思うようにはならず、　いつ今日のようなことになろうかと今日の日まで、

副助　格助　上二・用　助動・過・体　係助　ク・用　四・未　助動・打・体　格助　格助
まで、心　の　伸び　し　夜半　も　なく、思は　ぬ　色　に、苦しみ　に、
心が安らかになった夜もなく、　思いがけない恋に、　苦しんできたが、

副　サ変・用　助動・過・体　格助　助動・断・体　副助　下二・体　係助　ク・体　終助　(代)　格助　下二・用　四・未
「どう　し　た　こと　の　縁　ぢや　やら、忘るる　暇　は　ない　わいな。それ　に　振り捨て　行か
「(あなたと私は)どのような縁なのか、　(あなたのことを)忘れる暇はありません。　それなのに(私を)振り捨てて行こう

助動・意・終　格助　係助　ラ変・用　間助　サ変・用　助動・丁・未　助動・打・体　係助　格助　下二・用　接助　サ変・用　接助　補・四・用　接助　四・未
う　と　は、やり　や　し　ませ　ぬ　ぞ。手　に　かけ　て、殺し　て　おい　て　行か
とは、　行かせませんよ。　(振り捨てて行くのなら、)手にかけて、(私を)殺しておいてから行き

助動・尊・命　終助　四・用　係助　四・未　助動・打意・終　格助　四・用　助動・過・已　接助
んせ　な。放ち　は　やら　じ　と　泣き　けれ　ば」
なさいよ。　放しはしないと泣くと」

係助　ク・体　接助　(代)　格助　格助　係助(係)　ラ変・已(結)　副助　四・体　係助　(代)　係助　係助　四・体　係助　(代)
歌　も　多き　に　あ　の　歌　を、時　こそ　あれ　今宵　しも、うたふ　は　誰　ぞ　や、聞く　は　我、
(世の中には)歌も多いであろうにあの歌を、　時もあろうにこの宵に、　うたうのは誰なのか、　(あの歌を)聞くのは我々で、

下二・用　助動・完・用　助動・過・体　係助　(代)　係助　格助　四・用　係助　四・未　助動・打・用　四・用　補・上一・用
過ぎ　に　し　人　も　我々　も、一つ思ひ　と　すがり付き、声　も　惜しま　ず　泣き　ゐ
死んでいった人も我々も、　同じ思いであると(二人は)すがりつき、　声も惜しまずに泣いていた。

助動・存・終 (代) 係助 副 係助 ラ変・命 (代) 格助 係助 副 副 係助 ク・未 接助 係助 格助 格助
たり。いつはさもあれ、この夜半は、せめてしばしは長からで、心もなつの夜の
いつもはそうあってもよいが、この夜は、せめてしばらくは長い夜であってほしいのに、そうではなくて、無情な夏の夜の

格助 四・未 助動・受・体 格助 下二・用 助動・完・未 接助 ク・終 間助 格助 接助 ナ変・未
習ひ、命を追はゆる鶏の声、明けなばうしや天神の、森で死な
習いで、命を追われる(ような)鶏の声がして、(夜が)明ければつらいことだ、(曽根崎)天神の、森で死のうと手を引い

助動・意・終 格助 格助 四・用 接助 格助 係助 (代) 格助 格助 係助 係助 副
んと手を引きて、梅田堤の小夜烏、明日は我が身を餌食ぞや。まことに今年
て(歩いていった)、梅田堤の小夜烏《さよがらす》は、明日は(死んだ)我々の身を餌食《えじき》にすることであろう。まことに今年はあなた

係助 (代) 係助 格助 格助 (代) 係助 格助 格助 四・用 助動・存・体 格助
はこな様も、二十五歳の厄の年、わしも十九の厄年とて、思ひ合うたる厄祟り、縁の
様も、二五歳の厄年《やくどし》で、私も一九歳の厄年で、思い合わせたように厄年の難(に遭うのは)、縁の

格助 終助 間助 格助 四・用 助動・過・体 格助 格助 副 (代) 格助 格助 サ変・用
深さのしるしかや。神や仏にかけおきし、現世の願を今ここで、未来へ回向し、後
深さのしるしなのであろうか。神や仏にかけておいた、現世での(夫婦になりたいという)願いを今ここで、自分の修めた現世の功徳を未来に回し向けて、

格助 係助 副 副 係助 間助 格助 四・体 格助 格助 格助 格助 四・用 接助 サ変・未
の世も、なほしも一つ蓮ぞやと、爪繰る数珠の百八に、涙の玉の数添ひて、尽きせ
後の世においても、またぜひとも極楽浄土の同じ蓮華《れんげ》の上に往生しようと、つまぐる数珠の珠《たま》の一〇八(の数)に、涙の玉の数を添えて、哀れさは

助動・打・体 上二・体 係助 係助 ク・用 タリ・体 格助 格助 係助(係)
ぬあはれ、尽きる道、心も空も影暗く、風しんしんたる曽根崎の森にぞ
尽きないが、天神に至る道は尽きて、心も空も暗くくもり、風が身にしみる曽根崎の森にたどり着いた。

四・用 助動・完・用 助動・過・体(結)
たどり着きにける。

語句の解説

教706 237ページ　教708 195ページ

道行《みちゆき》 元来は単に「道を行くこと、旅すること」の意味であるが、浄瑠璃や歌舞伎では、「相愛の男女の駆け落ち、情死行」などの場面の意味を表す。

3 **今生《こんじょう》** この世に生きている間。現世。

4 **鐘《かね》ばかりかは《ワ》**　鐘(の音)ばかりであろうか(、いや、そうではなく)。
「かは」は、反語を表す係助詞。

9 **言《こと》の葉草《はぐさ》や繁《しげ》るらん**　さかんに語っているのであろう。
「言の葉」は、ここでは遊郭における客と遊女の会話のこと。「葉草の繁る」で会話がはずんでいることを表す。「葉」と「草」は縁語。「や」は疑問の係助詞、「らん」は現在推量の連体形。

答 1 **どのような気持ちで聞いたのか。**

これから心中しようという自分たちを思い、死んだ後にはこのように噂されてしまうのかと、我が身を情けなくつらく思う気持ち。

10 **あやなや**　わけがわからないままに。
「あやな」はク活用の形容詞「あやなし」の語幹。「や」は間投助詞で、感動や詠嘆を表す。「あやなし」は、ここでは「わけがわからない、道理が立たない」の意。

4 **どうしたことの…泣《な》きければ**　流行歌の一説。

答 2 **泣いているのはどのような境遇の人か。**

男に別れを告げられた女。

7 **時《とき》こそあれ**　時もあろうに。
「こそあれ」は、係助詞「こそ」にラ変動詞「あり」の已然形が付いたもので、逆接の条件を表す。

7 **うたふ《ウ》は誰《た》そや**　歌うのは誰なのか。
「そ」は係助詞「ぞ」と同じ。「や」は疑問の係助詞。「そや」で、疑問のままうち捨てておく意を表す。

11 **こなた様《さま》**　あなた様。
「こなた様」の略。女性語で、二人称の代名詞。

15 **風《かぜ》しんしんたる**　風が身にしみる。
「しんしんたり」は、ここでは「寒気が身にしみるさま」の意。曽根崎の森のひっそりと奥深いさまも表す。

教706 238ページ　教708 196ページ

学習のポイント

1 **「いつはさもあれ、この夜半《よは》は、……明日《あす》は我が身を餌食《えじき》ぞや。」(706 238・8〜11 708 196・8〜11)という表現には、どのような工夫がこらされているか、考えてみよう。**

解答例　一つの句が、直後の句に、内容面で縁語的に重なっていく重層的な文章構造になっている。「心もなつの」では「無し」と「夏」、「うしや」では「憂《う》し」と「牛」の掛詞《かけことば》が使われている。また、「牛」と「天神」、「鶏《とり》」と「小夜烏《さよがらす》」と縁語も用いられている。

2 探究 **「この世のなごり、……寂滅《じやくめつ》為楽《ゐらく》と響くなり。」(706 237・1〜4 708 195・1〜4)の部分を、情景に合ったリズムを考えて朗読してみよう。**

考え方　流れるような七五調のリズムをつかんで朗読しよう。

8 物語（三）

海《うみ》幸《さち》山《やま》幸《さち》 〔古事記〕

※本教材は教708では学習しません。

教706 240〜244

【大意】 1 教706 240ページ7行〜241ページ14行

海《わた》の神の娘豊玉毘売《とよたまびめ》の侍女が井戸に行くと、桂《かつら》の木の上に美しい青年（山幸彦・火遠理命《ほおりのみこと》）がおり、水を所望した。その青年は、侍女が差し出した器に、身につけていた宝玉を吐き入れた。侍女が持ち帰った宝玉入りの器を見て、豊玉毘売は火遠理命のもとに現れる。二人は一目で互いを気に入り、火遠理命の貴い身分を知る海の神に祝福され、結婚する。火遠理命は海の神の国に留まり、三年の月日が流れた。

【品詞分解／現代語訳】

ここに(接) 海 の(格助) 神 の(格助) 女 豊玉毘売 の(格助) 婢、玉器 を(格助) 持ち(四・用) て(接助) 水 を(格助) くま(四・未) む(助動・意・終) と(格助) する(サ変・体) 時、

するとこの海の神の娘の豊玉毘売の侍女が、美しい器を持って（現れ）水を汲もうとする時に、

井 に(格助) 光 あり(ラ変・終)。仰ぎ見れ(上一・已) ば(接助)、うるはしき(シク・体) 壮夫 あり(ラ変・終)。いと(副) あやし(シク・終) と(格助) 思ひ(四・用) き(助動・過・終)。ここに(接) 火遠理命、

井戸の水面に光り輝く人の姿が映った。仰いで見ると、端正な美青年がいる。（侍女は）たいそう不思議に思った。そこで火遠理命が、

そ(代) の(格助) 婢 を(格助) 見(上一・用) て(接助)、「水 を(格助) 得(下二・未) まくほし(連語)。」と(格助) 乞ひ(四・用) たまひ(補尊・四・用) き(助動・過・終)。婢、すなはち(副) 水 を(格助) くみ(四・用)

その侍女を見て、「水をもらいたい。」と所望なさった。侍女が、すぐに水を汲んで、

て(接助)、玉器 に(格助) 入れ(下二・用) て(接助) たてまつり(四・用) き(助動・過・終)。ここに(接) 水 を(格助) 飲ま(四・未) さ(助動・尊・未) ず(助動・打・用) て(接助)、御頸 の(格助) 璵 を(格助)

美しい器に入れて差し上げた。すると（火遠理命は）水をお飲みにならないで、お首にかけた首飾りの宝

解き(四・用) て(接助) 口 に(格助) 含み(四・用) て(接助)、そ(代) の(格助) 玉器 に(格助) 唾き入れ(下二・用) たまひ(補尊・四・用) き(助動・過・終)。ここに(接) そ(代) の(格助) 璵、器 に(格助) 著き(四・用)

玉を（紐から）お解きになって口に含んで、その器に吐き入れなさった。するとその宝玉は、器にくっついて、

接助　格助　副　四・未　助動・打・終　接　四・已(命)　助動・存・体　格助　四・用　助動・過・終
て、婢、璵をえ離たず。かれ、璵著けるまにまに豊玉毘売命にたてまつりき。
侍女は、(その)宝玉を(器から)離すことができない。それで、宝玉が付いているままで豊玉毘売に(器を)差し上げた。

接　(代)　格助　格助　上一・用　接助　格助　四・用　接助　(連語)　副　格助　格助　ラ変・終　係助　格助　四・已
ここにその璵を見て、婢に問ひていはく、「もし、人、門の外にありや。」と言へ
そこで(豊玉毘売が)その宝玉を見て、侍女に尋ねて言うことには、「もしや、人が、門の外にいるのか。」と言ったところ、

接助　下二・用　接助　(連語)　ラ変・用　接助　(代)　格助　格助　格助　格助　格助　四・終　副　シク・体
ば、答へてまをさく、「人ありて我が井の上の香木の上にいます。いとうるはしき
(侍女が)答えて申し上げるには、「人がおりまして私どもの井戸の上の桂の木の上におられます。(その方は)たいそう端正

助動・断・用　補尊・四・終　(代)　格助　格助　四・用　接助　副　ク・終　接　(代)　格助　格助　四・未　助動・尊・体
壮夫にます。我が王にまして、いと貴し。かれ、その人水を乞はすゆゑ
な美青年でいらっしゃいます。私どもの王様にもまして、尊い(お方のよう)です。そして、その方が水をお求めになりましたので

格助　格助　四・已　接助　格助　四・未　助動・尊・未　助動・打・用　接助　(代)　格助　格助　下二・用　補尊・四・用　助動・過・終
に水をたてまつれば、水を飲まさずて、この璵を唾き入れたまひき。
水を差し上げたところ、水をお飲みにならないで、この宝玉を吐き入れなさいました。

(代)　副　四・未　助動・打・終　接　下二・用　助動・過・体　格助　カ変・用　接助　四・用　助動・完・終　格助　四・用　助動・過・終
これえ離たず。かれ、入れしまにまに持ち来てたてまつりぬ。」とまをしき。
この宝玉は引きはがすことができません。それで、入れたままで持ってきて差し上げたのです。」と申し上げた。

接　シク・終　格助　四・用　接助　上一・用　接助　副　下二・用　接助　サ変・用　接助　(代)　格助　格助
ここに豊玉毘売命、あやしと思ひて、出で見て、すなはち見感でて目合して、その父に
そこで豊玉毘売は、不思議にお思いになって、(門の外に)出て見て、ただちに(その青年を)一目見て気に入って互いに目くばせして、その父

四・用　接助　(連語)　(代)　格助　格助　シク・体　ラ変・終　格助　四・用　助動・過・終　接　格助　副
まをしていはく、「吾が門にうるはしき人あり。」とまをしき。ここに海の神みづから
に申し上げて言うには、「私どもの門に立派な方がおります。」と申し上げた。そこで海の神は自分で(門の外に)出て(そ

上一・用　接助　(代)　格助　係助　格助　係助　格助　四・用　接助　副　格助　上一・用　接助
出で見て、「この人は天津日高の御子、虚空津日高ぞ。」と言ひて、すなはち内に率て
の青年を)見て、「この方は天津《あまつ》日高《ひたか》の御子《みこ》の、虚空津《そらつ》日高《ひたか》の君であるぞ。」と言って、すぐに(宮の)内に連れて入って、

入り〔四・用〕て〔接助〕、みち の〔格助〕皮 の〔格助〕畳 八重 を〔格助〕敷き〔四・用〕、また〔接〕絹畳 八重 を〔格助〕そ〔(代)〕の〔格助〕上 に〔格助〕敷き〔四・用〕、そ〔(代)〕の〔格助〕上 に〔格助〕

アシカの皮の敷物を何枚も重ねて敷き、またあらい絹の敷物をその上に何枚も敷いて、(火遠理命を)その上に

いませ〔下二・用〕て〔接助〕、百取り の〔格助〕机代 の〔格助〕物 を〔格助〕具へ〔下二・用〕、御饗 し〔サ変・用〕て〔接助〕、すなはち〔接〕そ〔(代)〕の〔格助〕女 豊玉毘売 を〔格助〕婚は〔四・未〕しめ〔助動・使・用〕

座らせ申し上げて、机に載せた多くの結納品を差し上げて、ごちそうをお出しして、そうしてその娘の豊玉毘売と結婚させ申し上げた。

まつり〔補謙・四・用〕き〔助動・過・終〕。かれ〔接〕、三年 に〔格助〕至る〔四・体〕まで〔副助〕そ〔(代)〕の〔格助〕国 に〔格助〕住み〔四・用〕たまひ〔補尊・四・用〕き〔助動・過・終〕。

そして、三年になるまで(火遠理命は)その国で結婚生活をお送りになった。

語句の解説 1

教706 240ページ

7 **ここに** すると。そこで。前の話を受けて次の展開につなげる接続詞。

7 **豊玉毘売《とよたまびめ》** 初代天皇とされる神武《じんむ》天皇の祖母にあたる女神。海《わた》の神豊玉彦命《とよたまひこのみこと》の娘。巫女《みこ》の力をもつ女神という意味。

7 **井《い》に光《かげ》あり** 井戸の水面に光り輝く人の姿が映った。「かげ」はここでは「姿、形」の意味だが、「光」の字をあてて「日の神の子孫として、光り輝く姿をしている」ことを示す。なお、「かげ(影)」には「(日や月、星などの)光」という意味もある。

9 **火遠理命《ほおりのみこと》** 天孫(天照大御神《あまてらすおおみかみ》の孫)である邇邇芸命《ににぎのみこと》の息子。名の由来は、母・木花佐久夜毘売《このはなさくやびめ》が出産の際に産屋《うぶや》に火を放ち、その火勢が弱まった時に産まれたことにある。

9 **水《みず》を得《え》まくほし** 水をもらいたい。水がほしい。「まくほし」は「…したい、…でありたい」の意。推量の助動「む」の未然形「ま」+接尾語「く」に形容詞「欲《ほ》し」が付いた連語。

10 **たてまつりき** 差し上げた。献上した。「たてまつる」は、「与ふ、やる」の謙譲語。

教706 241ページ

1 **唾《つわ》き入《い》れたまひ《イ》き** 吐き入れなさいました。「唾《つは》く」は、「唾を吐き出す」の意。ここでは唾を吐くように、口中の宝玉を吐き出した、ということ。

2 **璵《たま》をえ離《はな》たず** 宝玉を器から離せない。「え…打消」で不可能を表す。器にくっついた宝玉をはずせない。

2 **かれ** それで。そのため。「かれ」は接続詞で、ここでは順接を表す。

1 誰のことか。

答 火遠理命(山幸彦)。

2 璵著《たまつ》けるまにまに　宝玉が付いているままで。「まにまに」は、名詞「まにま」+格助詞「に」。ここでは「ことの成り行きや他者の意志に従って」の意。「…のままで」。

3 いは《ワ》く　言うには。言うことには。四段活用動詞「言ふ」に接尾語「く」が付いてできた連語。

4 まを《オ》さく　申し上げることには。「まをす」は「申《まを》す」。上代語。「く」は接尾語。

5 上《うえ》にいます。…壮夫《おとこ》にます　上におられます。…美青年でいらっしゃいます。

「います」は、四段活用動詞(上代)で「あり」「居《を》り」の尊敬語。「ます」は、尊敬の補助動詞。

答 2　**「我が王」とは誰のことか。**

海の神(わたつみの神)。

6 水《みず》を乞《こ》は《ワ》す　水を所望なさる。

「乞ふ」は四段活用の他動詞。「す」は、上代の尊敬の助動詞。

12 八重《やえ》　数が多いことを表す語。ここでは「何枚も」の意。

12 その上《うえ》にいませて　その上に座らせ申し上げて。

「います」は、ここでは下二段活用動詞で、使役の意味をもつ語。「あらしむ」の謙譲語。「いらっしゃるようにさせる」の意。

13 豊玉毘売《とよたまびめ》を婚《あ》は《ワ》しめまつりき　(火遠理命に)豊玉毘売を(妻として)結婚させ申し上げた。

「婚ふ」は四段活用動詞で「結婚する」。「しむ」は使役の助動詞。「まつる」は上代の謙譲の補助動詞で「…し申し上げる、…して差し上げる」。

答 3　**「その国」とはどの国を指すか。**

海の神の国。

14 住《す》みたまひ《イ》き　(豊玉毘売と一緒に)お住まいになった。

「住む」は、ここでは「結婚生活を送る」という意味。

【大　意】　2　教706 241ページ15行～242ページ10行

ある日、火遠理命がため息を漏らすのを聞いた豊玉毘売は、そのことを父の海の神に告げる。海の神に理由を尋ねられた火遠理命は、ここに至った理由を語った。海の神は魚たちを集めて釣り針のありかを調べ、それを鯛《たい》ののどから見つけ出した。

【品詞分解／現代語訳】

ここに(接)　**火遠理命、**　**そ**(代)　**の**(格助)　**初め**　**の**(格助)　**こと**　**を**(格助)　**思ほし**(四・用)　**て、**(接助)　**大きなる**(ナリ・体)　**嘆き**　**し**(サ変・用)　**たまひ**(補尊・四・用)　**き。**(助動・過・終)

さてある時火遠理命は、このようになった最初のこと(兄の釣り針をなくしたこと)をお思いになって、大きなため息をつきなさった。

かれ、豊玉毘売命、その嘆きを聞かして、その父にまをしていはく、「三年住みたまへども、つねは嘆かすこともなかりしに、今夜大きなる嘆きしたまひつ。もし何のゆゑかある。」とまをしき。

そこで、豊玉毘売が、そのため息をお聞きになって、その父に申し上げて言うには、「(あの方は)三年(この国で私と)お住まいですが、いつもはため息をおつきになることもありませんでしたのに、今夜大きなため息をつきなさいました。もしや何か事情があるのでしょうか。」と申し上げた。

かれ、その父の大神、その聟夫に問ひていはく、「けさ我が女の語るを聞けば、『三年いませども、つねは嘆かすこともなかりしに、今夜大きなる嘆きしたまひつ。』と言ひき。もしゆゑありや。また、ここに至りしゆゑはいかに。」と言ひき。

そこで、その父の大神が、その婿の君(火遠理命)に尋ねて言うことには、「今朝私の娘の語るのを聞いたところ、『三年(この国に)おいでになるけれども、いつもはため息をおつきになることもなかったのに、今夜大きなため息をつきなさいました。』と言いました。もしや何かわけがあるのでしょうか。また、ここにおいでになることに至った事情はどのようなものでしょうか。」と言った。

ここにその大神に、つぶさにその兄の、失せにし鉤を罰りしさまのごとく語りたまひき。

そこで(火遠理命は)その大神に、こと細かに自分の兄が、なくなった釣り針を厳しく請求した様子をそのとおりに語りなさった。

ここをもちて海の神、ことごとに海大小魚を召し集へて問ひていはく、「もしこの鉤を取れる魚

そこで海の神が、残らず(海中の魚を)大きい魚も小さい魚も呼び集めなさって尋ねて言うには、「もしや(火遠理命のなくした)釣り針を取った魚はあるか。」

ラ変・終	係助	格助	四・用	助動・過・終	接		格助		(連語)				格助	
あり	や。」	と	言ひ	き。	かれ、	もろもろ	の	魚ども	まをさく、	「このごろ	赤海鯽魚、	喉	に	鯁

と言った。そうすると、多くの魚どもが申すには、「この頃鯛《たい》が、のどに刺さった

ラ変・用	接助		副	四・未	助動・打・終	格助	下二・用	四・已(命)	助動・存・終	接	副	(代)	四・用	助動・強・終	助動・現推・終
あり	て、	物	え	食は	ず	と	愁へ	言へ	り。	かれ、	必ず	これ	取り	つ	らむ。」

とげがあって、物が食えないと悲しんで言っています。よって、きっとこれが(釣り針を)飲み込んでいるのでしょう。」

格助	四・用	助動・過・終	接		格助		格助	四・已	接助		ラ変・終
と	まをし	き。	ここに	赤海鯽魚	の	喉	を	探れ	ば、	鉤	あり。

と申し上げた。そこで(海の神が)鯛ののどを探ったところ、釣り針があった。

語句の解説 2

教706 241ページ

15 **思《おも》ほ《ォ》して**　お思いになって。
「思ほす」は「思ふ」の尊敬語。

16 **聞《き》かして**　お聞きになって。
「し」は上代の尊敬の助動詞「す」の連用形。

教706 242ページ

1 **嘆《なげ》かす**　ため息をおつきになる。
「す」は尊敬の助動詞。「乞はす」「聞かす」と同様の形。

6 **兄《いろせ》**　同じ母から生まれた兄。

7 **ここをもちて**　そこで。このようなわけで。
「もちて」は、四段活用動詞「もつ」の連用形＋接続助詞「て」の連語。「ここをもて」ともいう。「こういうわけで、それだから」の意。

7 **召《め》し集《つど》へ《ェ》て**　呼び集めなさって。
「召す」は「呼ぶ」「呼び寄す」の尊敬語。

4　何のために「召し集へ」たのか。

答　火遠理命がなくした釣り針の行方を知っている魚がいないか、尋ねるため。

8 **もろもろ**　全てのもの。多くのもの。

9 **必《かなら》ずこれ取《と》りつらむ《ン》**　きっとこれが飲み込んでいるのでしょう。
「これ」は「赤海鯽魚《たひ》(鯛《たい》)」を指す。「つ」は下に推量の助動詞を伴って強調の意になる。「らむ」は現在推量の助動詞で、「(今、)…しているだろう」の意。

10 **探《さぐ》れば**　探ったところ。
「已然形(探れ)＋ば」は、ここでは順接の確定条件。

【大　意】　3　教706 242ページ11行〜244ページ4行

海の神は、鯛ののどから取り出した釣り針を洗い清めて火遠理命に返した。また、兄への釣り針の返し方や、呪力《じゅりょく》をもつ塩盈珠《しおみつたま》・塩乾珠《しおふるたま》

を用いて兄を懲《こ》らしめる方法を教えた。その後、「一日の内に火遠理命を地上にお連れできる」と申し出た一尋和邇《ひとひろわに》に火遠理命を乗せ、地上の故国に送り届けた。一尋和邇は火遠理命から褒美に小刀を与えられ、佐比持神《さひもちのかみ》（刀を持った神）と呼ばれるようになった。

【品詞分解／現代語訳】

副　下二・用　接助　四・用　接助　格助　四・用　助動・過・体　(代)　格助　格助
すなはち 取り出で て 清め洗ひ て、火遠理命 に たてまつり し 時、そ の わたつみ の 大神
すぐに（釣り針を）取り出して洗い清めて、火遠理命に差し上げた時に、その海の大神が教えて言うことに、

下二・用　接助　(連語)　(代)　格助　格助　(連語)　(代)　格助　格助　四・未　助動・婉・体　四・用　補尊・四・未　助動・婉・体
誨へ て いはく、「こ の 鉤 を もちて そ の 兄 に たまは む 時、言り たまは む
「この釣り針をその（お話にあった）兄上にお与えになる時に、おっしゃることは、

係助　(代)　格助　係助　格助　四・用　接助　格助　四・命　接　(代)
さま は、『こ の 鉤 は、おぼ鉤・すす鉤・貧鉤・うる鉤。』と 言ひ て、後手 に たまへ。しかして そ
『この釣り針は、心がぼんやりとしてしまう釣り針・心がすさんで荒れ狂う釣り針・貧しくなる釣り針・愚かになる釣り針。』と言って、後ろ向きになって渡しなさい。そうしてその兄

格助　格助　四・未　接助　(代)　係助　格助　四・用　補尊・四・命　(代)　格助　格助　四・未　接助　(代)　係助
の 兄 高田 を つくら ば、汝命 は 下田 を つくり たまへ。そ の 兄 下田 を つくら ば、汝命 は
上が高い所に田を作るなら、あなた様は低い所に田をお作りなさい。その兄上が低い所に田を作るなら、あなた様は

格助　四・用　補尊・四・命　副　サ変・用　補尊・四・未　接助　(代)　格助　四・已(命)　助動・存・体　格助　格助
高田 を つくり たまへ。しか し たまは ば、吾 水 を 掌れ る ゆゑ に、三年 の
高い所に田をお作りなさい。そうなさるならば、私は水をつかさどっておりますから、三年の

格助　副　(代)　格助　シク・用　四・用　助動・強・未　助動・推・終　副　(代)　副　サ変・用　補尊・四・体　格助　上二・用
間 に 必ず そ の 兄 貧窮しく なり な む。もし それ、しか し たまふ こと を 恨怨み
間にきっとその兄上は貧しくなるでしょう。もしその兄上が、（あなた様が）そのようになさったことを恨んで（あなた様

接助　下二・用　四・未　接助　格助　四・用　接助　四・用　副　(代)　下二・用　四・未　接助　格助　四・用　接助
て 攻め 戦は ば、塩盈珠 を いだし て 溺らし、もし それ、愁へ 請は ば、塩乾珠 を いだし て
を）攻撃し打ち負かそうとしたら、潮を満たす呪力をもつ珠を出して溺れさせ、もし兄上が、嘆き訴えて許しを請うならば、潮を引かせる呪力をもつ珠を出して

四・用　副　四・用　下二・用　補尊・四・命　格助　四・用　接助　下二・用　接助　格助　下二・用　接助
活かし、かく なやまし 苦しめ たまへ。」と 言ひ て、塩盈珠・塩乾珠 あはせ て 両箇 を 授け て、
生かし、このようにして（兄上を）困らせ苦しめなさい。」と言って、潮を満たす呪力をもつ珠と潮を引かせる呪力をもつ珠合わせて二つを授け

副 副 格助 下二・用 接助 四・用 接助 (連語) 格助

すなはち ことごとに 和邇魚 を 召し集へ て 問ひ て いはく、「今、天津日高 の 御子、虚空津日高、

て、すぐに和邇魚を残らず呼び集めなさって尋ねて言うには、「今、天津日高の御子の、虚空津日高の君が、

格助 四・未 助動・意・終 格助 サ変・用 補尊・四・終 (代) 係助(係) 格助 四・用 補謙・四・用 接助 四・未

上つ国 に 出幸でまさ む と し たまふ。たれ か 幾日 に 送り まつり て、覆 奏さ

上の国においでになろうとしている。誰が幾日かのうちにお送り申し上げて、御報告申し

助動・推・体(結) 格助 四・用 助動・過・終 接 (代) 格助 格助 格助 格助 格助 四・用 接助 四・体

む。」と 言ひ き。かれ、各 己 が 身 の 尋長 の まにま に、日 を 限り て まをす 中

上げるか。」と尋ねた。そこで、(和邇魚どもは)それぞれ自分の身の長さに応じて、日数を限って申し上げる中に、

格助 (連語) (代) 係助 格助 四・終 副 カ変・未 助動・意・終 格助 四・用 助動・過・終 接

に、一尋和邇 まをさく、「僕 は 一日 に 送る。すなはち 還り来 む。」と まをし き。かれ、

一尋和邇が申し上げるには、「私は一日でお送りします。そして(その日のうちに)すぐ還《かえ》って来ましょう。」と申し上げた。それで、

接 (代) 格助 格助 接 (代) 四・用 補謙・四・命 副 格助 四・体 副 四・未

ここに その 一尋和邇 に、「しからば 汝 送り まつれ。もし 海中 を わたる 時、な 恐れかしこま

その一尋和邇に、「それならばお前がお送り申し上げよ。万が一にも海中を渡る時に、(火遠理命に)決して恐ろしい思いをさ

助動・使・用 補謙・四・用 終助 格助 四・用 接助 副 (代) 格助 格助 格助 下二・用 接助 四・用 補謙・四・用

せ まつり そ。」と 告り て、すなはち その 和邇 の 頸 に のせ て 送りいだし まつり

せ申すな。」と言って、即座にその和邇の首に(火遠理命を)乗せて送り出し申し上げた。

助動・過・終 接 四・用 助動・過・体 格助 助動・比(語幹) 格助 格助 四・用 補謙・四・用 助動・過・終 (代) 格助 格助

き。かれ、ちぎり し が ごと 一日 の 内 に 送り まつり き。その 和邇 を

そうして、(一尋和邇は)約束したとおりに一日で(火遠理命をもとの国に)お送り申し上げた。その和邇を(海の国へ)

四・未 助動・意・終 格助 サ変・用 補尊・四・体 四・未 助動・尊・已(命) 助動・存・体 格助 四・用 接助 (代) 格助 格助

返さ む と し たまふ 時、佩か せ る 紐小刀 を 解き て、その 頸 に

返そうとなさる時、(火遠理命は)腰につけておられた紐付きの小刀をはずして、その(和邇の)首に

下二・用 接助 四・用 補尊・四・用 助動・過・終 接 (代) 格助 係助 格助 格助 四・終

著け て 返し たまひ き。かれ、その 一尋和邇 は、今 に 佐比持神 と いふ。

つけてお返しになった。そこで、その一尋和邇を、今でも佐比持神(刀を持った神)と呼んでいる。

語句の解説 3

教706 242ページ

12 **兄《いろせ》にたまはむ《ワン》時《とき》** 兄上にお与えになる(ような)時。

「たまふ」は「与ふ」「やる」の尊敬語。「む」は文中連体形の用法で、仮定・婉曲の意。

12 **言《の》りたまはむ《ワン》さま** おっしゃることは。

「言《の》る」は、呪力をもった言葉を発するという意味。「告る・宣る」とも書く。直後の『　』中の言葉は、のろいやまじないの力をもつ語。

14 **後《しりえ》手《で》にたまへ《エ》** 後ろ向きになって渡しなさい。

後ろに手を回して行うのも一種ののろいのしぐさである。

14 **高田《たかた》／下田《しもた》** 「高田」は高地にあり、水利に恵まれない田。「下田」は低地にあり、水の多い田。

15 **しかしたまはば《ワ》** そうなさるならば。

副詞「しか」＋サ変動詞「す」の連用形＋尊敬の補助動詞「たまふ」の未然形＋接続助詞「ば」。

5 **「しか」とはどのようなことか。**

答 兄(海幸彦・火照命)が高い所に田を作るならば、自分(山幸彦・火遠理命)は低い所に田を作り、兄が低い所に田を作るならば、自分は高い所に田を作ること。

16 **貧窮《まず》しくなりなむ《ン》** きっと貧しくなるでしょう。

「なむ」は、強調の助動詞「ぬ」の未然形＋推量の助動詞「む」の終止形。「きっと…だろう」の意。

教706 243ページ

7 **上《うわ》つ国《こく》** 上の国。

海の神の国から見て上の方の国、すなわち地上の世界のこと。

7 **出幸《い》でまさむ《ン》** おいでになろうとしている。

「出幸でます」は、「行く」「出づ」の尊敬語。

9 **覆奏《かえりごとまお》さむ《ン》** 命令されたことの結果をご報告する。

「奏す」は、中古以降の時代では絶対敬語で「そうす」と読み、「(天皇や上皇に)申し上げる」の意であるが、ここでは「まをす」で、海の神に対する敬意を示す。

10 **まにまに** …に応じて。…にしたがって。

15 **もし** 万が一にも。かりにも。

16 **な恐《おそ》れかしこませまつりそ** 決して恐ろしい思いをさせ申すな。

「な…そ」で禁止の意。「恐れかしこむ」は「恐れる、恐ろしく思う」の意。「せ」は使役。「まつる」は上代の謙譲の補助動詞。

教706 244ページ

2 **ちぎりしがごと** 約束したとおりに。

「ちぎる」は、ここでは「固く約束する」の意。「ごと」は比況の助動詞「ごとく」の語幹で、「ごとく」と同じ働きをする。

【大　意】 4 教706 244ページ5～10行

火遠理命は、海の神に教わった方法で兄に釣り針を返し、貧窮した兄は怒り狂って火遠理命を攻撃した。火遠理命は塩盈珠《しおみつたま》・塩乾珠《しおふるたま》を用いて兄を苦しめた。兄は頭を下げて、護衛人として仕えましょうと乞い願い、今に至るまで、絶えることなく天皇に仕えているのである。

【品詞分解／現代語訳】

ここ	を	もちて	つぶさに	海	の	神	の	教へ	し	言	の	ごとく	し	て、	その	鉤	を
(代)	格助	(連語)	ナリ・用		格助		格助	下二・用	助動・過・体		格助	助動・比・用	サ変・用	接助	(代)		格助

このようにして何から何まで海の神の教えた言葉のとおりにして、その釣り針を(兄に)

与へ	たまひ	き。	かれ、	それ	より	のち	は、	いよよ	貧しく	なり	て、	さらに	荒き	心	を
下二・用	補尊・四・用	助動・過・終	接	(代)	格助		係助	副	シク・用	四・用	接助	副	ク・体		格助

お返しになった。それで、その時より後は、(兄は)ますます貧しくなって、いっそう猛々《たけだけ》しい心を

起こし	て	迫め来。	攻め	む	と	する	時、	塩盈珠	を	いだし	て	溺らし、	それ	愁へ	請へ	ば、
四・用	接助	カ変・終	下二・未	助動・意・終	格助	サ変・体			格助	四・用	接助	四・用	(代)	下二・用	四・已	接助

起こして攻めて来た。(兄が)攻めてこようとした時は、潮を満たす呪力をもつ珠を出して溺れさせ、兄が嘆き訴えて許しを請うと、

塩乾珠	を	いだし	て	救ひ、	かく	なやまし	苦しめ	たまふ	時、	稽首	まをさく、	「僕	は	今	より	のち、
	格助	四・用	接助	四・用	副	四・用	下二・用	補尊・四・体		四・用	(連語)	(代)	係助		格助	

潮を引かせる呪力をもつ珠を出して救い、このように困らせ苦しめなさったところ、(兄の火照命が)頭を下げて乞い願うことには、「私は今から後、

汝命	の	昼夜	の	守護人	と	なり	て	仕へ	まつら	む。」	と	まをし	き。	かれ、	今	に
(代)	格助		格助		格助	四・用	接助	下二・用	補謙・四・未	助動・意・終	格助	四・用	助動・過・終	接		格助

あなた様の昼夜の護衛となってお仕え申しましょう。」と申し上げた。そこで、今に至る

至る	まで、	その	溺れ	し	時	の	種々	の	態、	絶えず	仕へ	まつる	なり。
四・体	副助	(代)	下二・用	助動・過・体		格助		格助		副	下二・用	補謙・四・体	助動・断・終

まで、(兄の子孫の隼人族は)その潮に溺れた時のさまざまのしぐさを演じて、絶えることなく(火遠理命の子孫の天皇に)お仕え申しているのである。

(上巻)

語句の解説 4

教706 244ページ

6いよよ　ますます。いよいよ。

6 誰が貧しくなったのか。

答 兄(海幸彦・火照命)。

7愁《うれ》へ《エ》請《こ》へ《エ》ば　嘆き訴えて許しを請うと。
「已然形(請へ)＋ば」は順接の確定条件。塩盈珠・塩乾珠を使って兄を溺れさせたり助けたり、ということが何回か繰り返されたことを示している。

9 汝命《いましみこと》の昼夜《ひるよる》の守護人《まもりびと》となりて仕《つか》へまつらむ　あなた様の昼夜の護衛となってお仕え申しましょう。

後世、兄の火照命の子孫とされる隼人《はやと》族が皇族の警護を担当することになった由縁を示している。

学習のポイント

1 山幸彦が豊玉毘売に会うまでの話の展開をまとめてみよう。

解答例 兄の海幸彦と猟具を交換する。→借りた釣り針をなくし、兄に返せと責め立てられる。→海岸で嘆いていたところ、塩椎神《しおつちのかみ》がきて、海の神の宮へ行って桂の木に登り、海の神の娘を待つように言われる。→言われたとおりにすると、海の神の娘である豊玉毘売の侍女がやってくる。→侍女に向かって水を所望し、器に首飾りの宝玉を吐き入れる。→侍女が宝玉入りの器を豊玉毘売に献上し、訝《いぶか》しんだ毘売が山幸彦のもとに現れる。

2 この話と浦島太郎の話との共通点について、話し合ってみよう。

考え方 次のような共通点が考えられる。

・どちらも「仙郷滝留譚《せんきょうえんりゅうたん》(別世界訪問)」と言われる型の説話である。
・どちらも魚釣りからことが始まる。
・どちらも海中の宮に行き、もてなしを受け、そこに住む美姫と結婚する。
・三年後に主人公の男は故郷に帰る。

その他、本文にはないが、結婚相手の姫がどちらも海中の生物の化身であることや、男が禁忌を破ってしまうこと(浦島は玉手箱を開けてしまう、山幸彦は産屋《うぶや》を開けてのぞいてしまう)といった共通点もある。

3 探究 本文中には奈良時代特有の語や表現がみられる。古語辞典を使って、意味や変遷を確かめてみよう。

考え方 本文中には上代特有語が多数存在する。「語句の解説」を参照しつつ、古語辞典における「上代語」の表記を手がかりに調べてみるとよい。例としては、「まつる」という謙譲の補助動詞は、『源氏物語』に代表される中古の時代には使われていない。代わりに「たてまつる」が頻繁に用いられる。他、「わたつみ」「上つ国」の「つ」は連体修飾格の格助詞であるが、中古以降は「天《あま》つ風」などという複合語として残っているだけである。また、「兄」は「せ」ではなく「いろせ」であるなど、漢字の読み方が中古以降とは違うものに着目するとよい。

大晦日《おほつごもり》は合はぬ算用

〔西鶴《さいかく》諸国ばなし〕　井原西鶴《ゐはらさいかく》

教706 245～248　教708 198～201

【大　意】 1　教706 245ページ1～10行　教708 198ページ1～10行

原田内助《ないすけ》は無理を通して暮らす男で、広く世に知られた浪人である。貧しい生活を送っていたが、年の暮れに医者をしている義理の兄に借金を頼んだところ、金子《きんす》十両が送られてきた。

【品詞分解／現代語訳】

榧・かち栗・神の松・やま草　の（格助）　売り声　も（係助）　せはしく（シク・用）、餅　つく（四・体）　宿　の（格助）　隣　に（格助）、煤　を（格助）　も（係助）　払は（四・未）　ず（助動・打・用）、

榧《かや》、かち栗、神の松、裏白の売り声もせわしなく、餅をつく家の隣で、正月の準備の大掃除もせず、

二十八日　まで（副助）　髭　も（係助）　そら（四・未）　ず（助動・打・用）、朱鞘　の（格助）　そり　を（格助）　かへし（四・用）　て（接助）、「春　まで（副助）　待て（四・命）　と（格助）　言ふ（四・体）　に（接助）、是非（副）　に（格助）　待た（四・未）　ぬ（助動・打・体）　か（係助）。」と（格助）、米屋　の（格助）　若い者　を（格助）、にらみつけ（下二・用）　て（接助）、すぐなる（ナリ・体）　今の世　を（格助）、横　に（格助）　わたる（四・体）　男　あり（ラ変・終）。

二八日まで髭《ひげ》もそらず、（いつでも抜けるように）朱塗りの鞘《さや》の刀の刃の向きを変えて、「（支払いは）春まで待てと言うのに、何としても待たないのか。」と、米屋の若い者を、にらみつけて、正しい（政治が行われている）今の世の中を、世間に迷惑をかけて暮らす男がいる。

名　は（係助）　原田内助　と（格助）　申し（四・用）　て（接助）、かくれ　も（係助）　なき（ク・体）、浪人。広き（ク・体）　江戸　に（格助）　さへ（副助）　住みかね（下二・用）、こ（代）　の（格助）　四、五年、

名は原田内助と申して、広く世に知られた、仕えるべき主人のいない武士（である）。広い江戸にすら住みにくくなり、この四、五年は、

品川　の（格助）　藤茶屋　の（格助）　あたり　に（格助）　棚借り（四・用）　て（接助）、朝　の（格助）　薪　に（格助）　こと　を（格助）　欠き（四・用）、夕べ　の（格助）　油火　を（格助）　も（係助）　見（上一・未）

品川の藤茶屋《ふじぢゃや》の辺りに借家住まいをして、朝食を作る薪《たきぎ》に不自由し、夕方の油がなく灯火がともせない。

ず（助動・打・終）。これ（代）　は（係助）　かなしき（シク・体）、年　の（格助）　暮れ　に（格助）、女房　の（格助）　兄、半井清庵　と（格助）　申し（四・用）　て（接助）、神田の明神　の（格助）　横町

こんな貧しい、年の暮れに、女房の兄で、半井清庵《なからいせいあん》と申して、神田明神の横町に、

に（格助）、薬師 あり（ラ変・終）。こ（代） の（格助） もと へ（格助）、無心 の（格助） 状 を（格助）、遣はし（四・用） ける（助動・過・体） に（接助）、たびたび（副） 迷惑 ながら（接助）、

医者がいる。この（医者の）もとに、借金を頼む手紙をやったところ、たびたびのことで迷惑であるが、

見捨てがたく（ク・用）、金子 十両 包み（四・用） て（接助）、上書き に（格助） 「貧病 の（格助） 妙薬、金用丸、よろづに（副） よし（ク・終）。」 と（格助） しるし（四・用）

見捨てにくく、小判一〇枚を包んで、上書きに「貧病の妙薬、金用丸、全てに効く。」と書いて、

て（接助）、内儀 の（格助） かた へ（格助） おくら（四・未） れ（助動・尊・用） ける（助動・過・体）。

（内助の）妻のところにお送りになった。

語句の解説 1

教706 245ページ　教708 198ページ

1 売《う》り声《ごえ》もせは《ワ》しく　売り声もせわしなく。

売り声のせわしさに重ねて、迎春の準備に忙しい雰囲気を表している。「せはし」は、ここでは「せわしない、忙しい、あわただしい」の意。

1 **何を「待て」と言っているのか。**

答 掛け買いの代金の支払い。

3 是非《ぜひ》に待《ま》たぬか　何としても待たないのか。

「是非に」で「どうしても、必ず、何としても」の意味。一語の副詞とも考えられる。「か」は疑問の係助詞の文末用法。

6 これは《ワ》かなしき、年《とし》の暮《く》れに　こんな貧しい、年の暮れに。

形容詞「かなし」は、①「いとしい」、②「心をひかれる」、③「悲しい」、④「残念だ」、⑤「貧しい」などの意味をもつ。ここでは⑤の意味で使われている。なお、①・②は「愛し」、③〜⑤は「悲し・哀し」で、⑤は近世の文章に見られる用法。

9 よろづ《ズ》によし　全てに効く。

「よし」は、ここでは「効く、有効である」の意。

10 内儀《ないぎ》のかたへ《エ》おくられける　妻のところにお送りになった。

「ける」は過去の助動詞「けり」の連体形。近世では連体形と終止形の区別があいまいになってきており、連体形で文が終わっていても余情表現ではないことも多い。

【大　意】 2　教706 245ページ11行〜246ページ10行　教708 198ページ11行〜199ページ10行

金子一〇両を受けとった内助は、親しい浪人仲間を酒宴に招いた。十両を包んだ紙の上書きの趣向を紹介するために小判を取り出し、回覧したが、酒宴が終わって回収すると一両不足していた。

【品詞分解／現代語訳】

四・用　副　四・体　格助　四・未　助動・意・終　格助　四・用　格助　四・用　副

内助 よろこび、日ごろ 別して 語る 浪人仲間 へ、「酒 ひとつ 盛ら ん。」と、呼び に 遣はし、幸ひ

内助は喜んで、ふだん特別に親しくする浪人仲間に、「酒を一献差し上げよう。」と、呼びにやり、幸いに

格助　格助　副助　係助　(連語)　格助　格助　下二・用　接助　感　(代)　格助　格助

雪 の 夜 の おもしろさ、今 まで は、くづれ次第 の、柴の戸 を 開け て、「さあ これ へ。」と

も雪の夜の(景色の)素晴らしさ、今までは、崩れるに任せていた、柴の戸を開けて、「さあこちらに。」と言ふ。

四・終　格助　(代)　係助　格助　格助　下二・用　助動・断・未　助動・打・体　副

言ふ。以上 七人 の 客、いづれ も 紙子 の 袖 を つらね、時 なら ぬ 一重羽織、どこやら

全部合わせて七人の客は、どの人も紙子の袖を連ね、季節外れの一重羽織(であるが)、どこか

格助　下二・未　助動・打・終　格助　上二・用　接助　格助　下二・用　接助　(代)　格助　格助

むかし を 忘れ ず。常 の 礼儀 すぎ て から、亭主 まかり出で て、「私 仕合はせ の 合力 を

昔を忘れない(感じである)。型どおりの挨拶がすんでから、亭主(内助)が出て参って、「私は運のよい金銭などの援助を受けて、

下二・用　接助　格助　格助　四・終　格助　四・已　接助　副　(代)　係助　格助

請け て、思ひ まま の 正月 を つかまつる。」と 申せ ば、おのおの、「それ は、あやかりもの。」と

思いのままの(よい)正月をいたします。」と申すと、(客人たちは)それぞれ、「それは、あやかりたいほどの果報だ。」

四・終　(代)　格助　四・用　格助　ラ変・終　格助　連体　格助　四・已　接助　感　ナリ・体

言ふ。「それ に つき 上書き に 一作 あり。」と、くだんの 小判 を いだせ ば、「さても 軽口なる

と言う。(内助が)「それについて(金包みの)上書きに面白いひと趣向がある。」と、例の小判を出すと、「本当にまあ軽妙で洒落《しゃれ》た

格助　上一・用　接助　四・已　接助　格助　四・用　接助　ク・体(音)　副　格助　格助

御事。」と 見 て 回せ ば、杯 の 数 かさなり て、「よい 年忘れ、ことに 長座。」と、千秋楽 を

御趣向。」と(言って)回覧するうちに、盃も数が重なって、「素晴らしい年忘れ(の会)で、ことさらに長居(してしまった)。」と、

四・用　格助　格助　サ変・用　接助　下二・未　助動・使・用　係助　副　四・用　補丁・四・命　格助

うたひ出し、燗鍋・塩辛壺 を 手ぐり に し て あげ させ、「小判 も まづ、御仕舞ひ 候へ。」と

宴を辞去する挨拶を始め、燗鍋《かんなべ》や塩辛の壺《つぼ》を手から手に渡してかたづけさせ、「小判もとりあえず、おしまいください。」と集めると、

集むる〔下二・体〕に〔接助〕、十両あり〔ラ変・用〕し〔助動・過・体〕うち、一両足ら〔四・未〕ず〔助動・打・終〕。座中居直り〔四・用〕、袖など〔副助〕ふるひ〔四・用〕、前後を〔格助〕見れ〔上一・已〕ども〔接助〕、いよいよ〔副〕ない〔ク・体(音)〕に〔格助〕極まり〔四・用〕ける〔助動・過・体〕。

一〇両あったうち、一両足りない。一座の人はきちんと座り直し、袖などを振って、周りを見るけれども、とうとう(どこにも)ないという結論になった。

語句の解説 2

教706 245ページ 教708 198ページ

11 別《べっ》して語《かた》る浪人仲間《ろうにんなかま》 特別に親しくする浪人仲間。

「別して」は副詞で、「特別に、ことさら」の意。「語る」は、ここでは「親しくする、懇意にする」の意。

教706 246ページ 教708 199ページ

1 くづ《ズ》れ次第《しだい》の、柴《しば》の戸《と》 崩れるに任せていた、柴の戸。

「次第」は接尾語で、①「物事のなりゆきに任せる様子」、②「ある動作に続けてすぐ起こること」を示す。ここでは①の意。

3 どこやらむかしを忘《わす》れず どこか昔を忘れない(感じである)。

「どこやら」は、「何処《どこ》(代名詞)＋やら(副助詞)」が一語の副詞となったもの。「むかし」は、以前仕官していた頃。客として招かれ、礼装して威儀を正すのは、貧乏の中にありながら、格式を忘れない客たちの律義さを示している。

4 正月《しょうがつ》をつかまつる 正月をいたします。

「つかまつる」は、ここでは「す」「行ふ」の丁寧語。

6 くだんの小判《こばん》 例の小判。

「くだんの」は、「くだり(件)の」の撥《はつ》音便で、「例の、前述の」の意。女房の兄から送られてきた小判一〇両のこと。

7 よい年忘《としわす》れ 素晴らしい年忘れ(の会)で。

「よい」は形容詞「よし」の連体形「よき」のイ音便。

9 座中居直《ざちゅういなお》り 一座の人はきちんと座り直し。

「居る」は「座る」の意味で、「居直る」で「座り直す」となる。急におどすような態度に変わるという意はない。

10 ないに極《きわ》まりける (どこにも)ないという結論になった。

「ない」は形容詞「なし」の連体形「なき」のイ音便。「極まる」は、ここでは「決まる」の意。

【大　意】 3 教706 246ページ11行〜247ページ12行 教708 199ページ11行〜200ページ12行

内助は、すでに一両使っていたのを忘れていたことにして、その場を収めようとしたが、客たちは、確かに一〇両あったと言う。衣服を脱いで身の潔白を証明しようとする客たちであったが、その中の一人が偶然にも小判を持ち合わせており、一時的であっても疑われる恥辱に耐えがたいので自害すると言いだし、刀に手をかけた。その時、客のうちの一人が丸行灯《まるあんどん》のかげから小判を見つけ、また、ちょうどその時、内助の妻が、重箱のふたに小判が付いていたと言って持ってきた。そのため、小判が全部で一一両になってしまった。

【品詞分解／現代語訳】

格助 四・体 係助 (代) 格助 係助 連体 格助 四・用 助動・過・体 接助 (代) 格助 格助
あるじ の 申す は、「その うち 一両 は、さる 方 へ 払ひ し に、拙者 の 覚え違へ。」と
亭主(内助)が申すことには、「そのうちの一両は、あるところに払ったのに、私の勘違い(でした)。」と言う。

四・終 副助 ナリ(語幹) 下二・用 助動・過・体 接助 格助 係助 終助 副 係助 格助
言ふ。「ただ今 まで たしか 十両 見え し に、めいよ の こと ぞ かし。とかく は めいめい の
(しかし、)「たった今まで確かに一〇両あったのに、奇妙なことだよ。とにかくはおのおのの身の潔白を証

格助 格助 格助 四・已 接助 (代) 格助 係助 下二・用 助動・過・体 格助 ラ変・用 助動・過・体
身晴れ。」と、上座 から 帯 を とけ ば、その 次 も 改め ける。三人目 に あり し 男、
明すること(が肝心だ)。」と(言って)、上座(に座っていた人)から帯を解くので、その次の人も(帯を解いて衣服を脱いで)調べた。三番目に座っていた男は、

四・用(音) 接助 格助 係助 四・未 助動・打・用 助動・過・体 接助 四・用 格助 係助 ラ変・体 係助
渋面 つくつ て もの を も 言は ざり し が、膝 立て直し、「浮世 に は、かかる 難儀 も
顔をしかめて口もきかなかったが、居ずまいを正して正座して、「世の中には、このような面倒なことも

ラ変・体 終助 (代) 係助 四・体 副助 係助 ク・終 下二・終 係助(係) 助動・断・已(結)
ある もの かな。それがし は、身 ふるふ まで も なし。金子 一両 持ち合はす こそ、因果 なれ。
あるものだなあ。私は、衣服を振(って確かめ)るまでもない。金子一両を(たまたま)持ち合わせていることが、不運である。

四・用 係助 四・未 助動・打・体 格助 格助 下二・体 格助 四・用(音) 接助 四・已 接助 格助 下二・用 接助
思ひ も よら ぬ こと に、一命 を 捨つる。」と 思ひ切つ て 申せ ば、一座 口 を そろへ て、
思いもよらないことで、この命を捨てる(ことになった)よ。」と覚悟を決めて申すので、一座の者は口をそろえて、

(代) 格助 四・未 助動・打・用 シク・体 助動・断・已 接助 格助 四・終 助動・打推・体 助動・断・用 係助
「こなた に 限ら ず、あさましき 身 なれ ば とて、小判 一両 持つ まじき もの に も
「あなたに限らず、落ちぶれた身であるからといって、小判一両を持たないというものでもない。」と申す。

補・ラ変・未 助動・打・終 格助 四・終 副 (代) 格助 格助 係助 (代) 四・用 助動・存・体
あら ず。」と 申す。「いかにも この 金子 の 出所 は、私 持ち来たり たる、徳乗の小柄《こづか》、
(覚悟を決めた男は、)「確かにこの金子の出所は、私がずっと持っていた、徳乗の小柄を、

唐物屋十左衛門かたへ、一両二歩に、昨日売り候ふこと、まぎれはなけれども、折ふしわるし。
唐物屋の十左衛門のところに、一両二歩で、昨日売りましたことに、間違いはないけれども、時機が悪い。

つねづね語り合はせたるよしみには、生害におよびしあとにて、御尋ねあそばし、
いつも親しくしてきた縁で、(私が)自害した後で、お調べになって、

かばねの恥を、せめては頼む。」と申しもあへず、革柄に手を掛くる時、「小判は
死後まで残る恥を、せめて(晴らしてくれるよう)頼む。」と申すやいなや、革柄に手を掛ける(まさにその)時、(客のうちの誰

これにあり。」と、丸行灯の影より、投げいだせば、「さては。」と事を静め、「ものには、念
かが)「小判はここにある。」と、丸行灯のかげから、(小判を)投げ出すので、「それでは(見つかったか)。」と騒ぎを静め、「ものごとは(念には)、念

を入れたるがよい。」と言ふ時、内証より、内儀声を立てて、「小判はこの方へ
を入れたほうがよい。」と言う(その)時、台所から、(内助の)妻が声を上げて、「小判はこちらに来ておりました。」と、

まゐつた。」と、重箱の蓋につけて、座敷へいだされける。これは宵に、
重箱の蓋に付けて、座敷にお出しになった。これは宵のうちに、

山の芋の、煮しめものを入れていだされしが、その湯気にて、取りつきける
山芋の、煮物を入れて出されたが、その湯気で、くっついたのか。

か。さもあるべし。これでは小判十一両になりける。いづれも申され
そういうこともあるだろう。これでは小判が十一両になってしまった。どの人も申されたことには、

しは、「この金子、ひたもの数多くなること、めでたし。」と言ふ。
「この金子は、ひたすら数が多くなることは、めでたいことだ。」と言う。

語句の解説 3

教706 246ページ　教708 199ページ

2 なぜこう言ったのか。

答 一両の不足が大事に至らないようにという配慮から。

13 **その次《つぎ》も改《あらた》めける**　その次の人も調べた。
「ける」は過去の助動詞「けり」の連体形。文が連体形で終わっているが、余情表現ではない。

14 **渋面《じゅうめん》つくつ《ッ》て**　顔をしかめて。
「渋面」は、しかめ面のこと。「つくつて」は動詞「つくる」の連用形「つくり」の促音便に接続助詞「て」が付いたもの。近世の文章では、連用形に音便が用いられることが多くなる。

16 **因果《いんが》なれ**　不運である。
「因果」は、原因と結果を表す仏教語で、「因果応報」と用いる。

16 **一命《いちめい》を捨《す》つる**　この命を捨てる(ことになった)よ。
「捨つる」は動詞「捨つ」の連体形。何の罪も犯していないが、成り行き上、命を絶つことになるという文脈を考えると、ここは余情表現と判断するのが妥当である。

16 **思《おも》ひ《イ》切《き》つ《ッ》て申《もう》せば**　覚悟を決めて申すので。
「思ひ切つて」は、動詞「思ひ切る」の連用形「思ひ切り」の促音便に接続助詞「て」が付いたもの。

教706 247ページ　教708 200ページ

1 **あさましき身《み》なればとて**　落ちぶれた身であるからといって。
「あさまし」は、予期しないことに対する驚きを表す形容詞で、①「意外だ」、②「がっかりだ」、③「情けない」、④「見苦しい」、⑤「みすぼらしい」の意味をもつ。ここでは⑤の意味。

2 **持《も》つまじきものにもあらず**　持たないというものでもない。
「まじき」は打消推量の助動詞「まじ」の連体形、「ず」は打消の助動詞「ず」の終止形で、二重否定になっている。

3 **私《わたくし》　持《も》ち来《き》たりたる**　私がずっと持っていた。
「持ち来たる」は、「持ち来《く》」と同じ意味。「来」はもとは補助動詞で、①「接近して来る」、②「状態が継続している」の意味を表す。ここでは②の意味で、「所持している状態が継続している」つまり「ずっと持っている」となる。

3 何を尋ねるのか。

答 小判が紛失した原因。

6 **申《もう》しもあへ《エ》ず**　申すやいなや。
「あふ」は「堪える、持ちこたえる」の意の動詞だが、「…もあへず」の形で「…するやいなや」の意。

8 **小判《こばん》はこの方《ほう》へまゐ《イ》つ《ッ》た**　小判はこちらに来ておりました。
「まゐつ」は動詞「まゐる」の連用形「まゐり」の促音便。「た」は完了・存続の助動詞「たり」が転じたもの。

10 **取《と》りつきけるか**　くっついたのか。
「か」は疑問の係助詞の文末用法である。

11 **さもあるべし**　そういうこともあるだろう。

「さ」は重箱の蓋に小判が付いていたことを指す。

11 十一両《じゅういちりょう》になりける　一一両になってしまった。

「ける」は過去の助動詞「けり」の連体形。文末が連体形であるが、余情表現ではない。

【大　意】 4 教706 247ページ13行～248ページ8行　教708 200ページ13行～201ページ8行

内助は余分な小判を自分のものとすることをよしとせず、持ち主に返そうとしたが、誰も名乗り出なかった。解決を一任された内助は、小判を外の手水鉢《ちょうずばち》のところに置き、客を一人ずつ帰すことによって、持ち主がほかの人に知られることなく小判を回収できるようにした。この試みは成功し、小判は持ち主の元に戻った。内助の即座の思慮や、場慣れした客たちの振る舞いは、さすがのものである。

【品詞分解／現代語訳】

亭主 申す は、「九両 の 小判、十両 の 詮議する に、十一両 に なる こと、座中 金子 を
（四・体　係助　格助　格助　サ変・体　格助　格助　四・体　格助）
亭主(内助)が申すことには、「九両の小判(について)、一〇両(あったかどうか)の詮議をするうちに、一一両になることは、一座の中の誰かが金子を

持ち合はせ られ、最前 の 難儀 を、救は ん ため に、御いだし あり し は 疑ひ なし。
（下二・未　助動・尊・用　格助　格助　四・未　助動・意・体　格助　ラ変・用　助動・過・体　係助　ク・終）
持ち合わせていらっしゃり、先ほどの難儀を、救うために、(金子一両を)お出しになったのは疑問の余地がない。

この 一両 我 が 方 に、納む べき 用 なし。御主 へ 返し たし。」と 聞く に、たれ 返事 の
（(代)　格助　(代)　格助　格助　下二・終　助動・適・体　ク・終　格助　四・用　助動・希・終　格助　四・体　接助　(代)　格助）
この一両は私の懐に、入れるべきいわれがない。持ち主の方に返したい。」と(客に)聞くが、誰一人として返事を

して も なく、一座 異な もの に なり て、夜更け鶏 も、鳴く 時 なれ ども、おのおの 立ちかね
（係助　ク・用　連体　格助　四・用　接助　係助　四・体　助動・断・已　接助　副　下二・未）
する人もなく、一座の雰囲気が変なものになって、一番鶏が、鳴く時刻であるけれども、それぞれ(座を)立ちかねて

られ し に、「この うへ は 亭主 が、所存 の 通り に あそばさ れ て たまはれ。」と、
（助動・尊・用　助動・過・体　接助　(代)　格助　係助　格助　格助　格助　四・未　助動・尊・用　接助　補尊・四・命　格助）
いらっしゃったので、(客の誰かが)「こうなったからには亭主の、思う通りになさってください。」と、

願ひ し に、「とかく あるじ の、心まかせ に。」と、申さ れ けれ ば、かの 小判 を
（四・用　助動・過・体　接助　副　格助　格助　格助　四・未　助動・尊・用　助動・過・已　接助　(代)　格助　格助）
願ったところ、(ほかの客も)「とにかく亭主の、考えのままに(しましょう)。」と、申されたので、(内助は、)問題の小判を

一升枡に入れて、庭の手水鉢の上に置きて、「どなたにても、この金子の主、
一升枡に入れて、庭の手水鉢の上に置いて、「どなたであっても、この金子の持ち主は、

取らせられて、御帰りたまはれ。」と、御客一人づつ、立たしまして、一度一度
お取りになって、お帰りください。」と言い、お客を一人ずつ、立たせまして、一回ごとに戸

に戸をさしこめて、七人を七たびにいだして、その後内助は、手燭《てしよく》ともして見るに、
を閉めて、七人を七回に(分けて)帰して、その後で内助は、手燭に火をつけて(手水鉢の上の一升枡

たれとも知れず、取つて帰りぬ。
を)見たところ、誰とはわからないが、(小判を)取って帰っていた。

あるじ即座の分別、座なれたる客のしこなし、かれこれ武士のつきあひ、格別ぞかし。
亭主の即座の機転、場慣れしている客の振る舞い(など)、あれもこれも武士の交際(というものは)、格別であるよ。

(巻一)

語句の解説 4

教706 247ページ　教708 200ページ

16 **返事《へんじ》のしてもなく**　返事をする人もなく。
「して」は名詞で「する人」の意。漢字で表記すると「仕手」または「為手」。

16 **一座《いちざ》異なものになりて**　一座の雰囲気が変なものになって。
「異な」は連体詞。形容動詞「異なり」の連体形「異なる」が変化したもの。

教706 248ページ　教708 201ページ

1 **おのおの立《た》ちかねられしに**　それぞれ(座を)立ちかねていらっしゃったので。
「かね(かぬ)」は、接尾語で、「…することができない」の意の動詞を作る働きをもつ。

5 **立《た》たしまして**　立たせまして。
「し」は、使役の助動詞「す」の連用形の俗用。正しくは「せ」。「まし」は、丁寧の助動詞「ます」の連用形。「ます」は室町時代以降に用いられ、謙譲、丁寧の意を表す。

7 **即座《そくざ》の分別《ふんべつ》**　即座の機転。
「分別」は、ここでは「機転、機知、理性的な判断」の意。

学習のポイント

1 次の表現のおもしろさについて、説明してみよう。

① すぐなる今の世を、横にわたる男(706 245・3 708 198・3)

② 貧病の妙薬、金用丸《きんようぐわん》、よろづによし。(706 245・9 708 198・9)

解答例 ①まっすぐ(正しい)という意の「すぐなる」に対して、「横にわたる」(無理を押し通す)という縁語を用いている。

②内助からの無心に対して、金銭を「貧病の妙薬」と薬に見立てて、「金用丸」「よろづによし」と、効能書きのように表現している。

2 一両足りなくなったところ(706 246・9 708 199・9)から結末までの、小判の出入りと登場人物たちの言動を整理してみよう。

解答例 言動を順に挙げる。

・内助が、一両は自分が使ったのを失念したと主張する。
・客たちは身の潔白を証明しようと着物を脱ぎ出す。
・三番目に着物を脱ぐべき男が、自分はもともと一両持っていたが、証明できない、切腹して潔白を証明したい、と言う。
・一同の者は、誰であれ一両くらいは貧乏しても持っている、と三番目の男を弁護する。
・三番目の男は、金の所持の理由を述べ、証明できないから切腹すると繰り返し、行動に移ろうとする。
・誰かが小判を投げ、ここにあると言う。
・内助の女房が、重箱の蓋に付いた小判を持ってくる。
・誰かが出したはずの小判を返したいと、内助が言う。
・内助の提案に対して誰も名乗りでない。
・一同の者、この処置は内助に任すと述べる。
・内助は一升枡の中に一両を入れて手水鉢の上に置き、一人ずつ退出させ、誰にもわからないよう小判を持ち主に返した。

3 作者は、「かれこれ武士のつきあひ、格別ぞかし。」(706 248・7 708 201・7)と言っているが、浪人たちのどのような関係に対する評価か考えてみよう。

考え方 一枚増えた小判を、名乗り出ない持ち主に返すための機転をきかせた内助の工夫と、その申し出に応じた七人の客の行動をふまえて、お互いの気持ちを察し、信頼し合い、仲間を傷つけまいとする、武士の誇りとモラルを失わない関係が、(町人と違って)格段に立派だとする評価。

4 探究 原田内助と七人の客の人物像がわかるように人物紹介を書いてみよう。

解答例

・原田内助…浪人していて金銭にも恵まれず、町人に対しては横車を押し通す一方で、浪人仲間の友情は大切にしている。武士としての誇りも持ち続けている。
・七人の客…武士としての誇りを失わず、礼儀正しく、厳正な態度で事に臨む。深い友情で結ばれた武士気質を持つ。

浅茅《あさぢ》が宿　〔雨月物語〕　上田秋成《あきなり》

教706 249〜254　教708 202〜206

【大　意】　1　教706 249ページ6行〜251ページ4行　教708 202ページ6行〜203ページ11行

郷里に着いた勝四郎《かつしろう》は、昔とは変わり果てた郷里の様子に途方に暮れるが、我が家の目印を見つけて来訪を告げるせきばらいをすると、答えたのは妻の宮木《みやぎ》の声だった。戸を開けた妻は黒く垢《あか》にまみれ、目は落ちくぼみ、髪も崩れて以前の妻とは思われない姿だった。

【品詞分解／現代語訳】

こ　の　時、日　は　はや　西　に　沈み　て、雨雲　は　落ちかかる　ばかり　に　暗けれ　ど、「久しく

(代)　格助　係助　副　格助　四・用　接助　係助　四・終　副助　格助　ク・已　接助　シク・用

(勝四郎が故郷にたどり着いた)この時、日は早くも西の空に沈んで、雨雲が今にも降りだすかのように暗かったが、「長い間

住みなれ　し　里　なれ　ば　迷ふ　べう　も　あら　じ。」と、夏野　分け行く　に、

下二・用　助動・過・体　助動・断・已　接助　四・終　助動・当・用(音)　係助　補・ラ変・未　助動・打推・終　格助　四・体　接助

住み慣れた故郷だから迷うはずもあるまい。」と、(草の生い茂る)夏の野原を分けて行く

いにしへ　の　継橋《つぎはし》　も　川瀬　に　落ち　たれ　ば、げに　駒　の　足音　も　せ　ぬ　に、田畑　は

格助　係助　格助　上二・用　助動・存・已　接助　副　格助　係助　サ変・未　助動・打・体　接助　係助

と、昔から有名な(真間《まま》の)継橋も(朽ち果てて)川に落ち、なるほど馬の足音もしないばかりか、田畑は

荒れ　たき　まま　に　すさみ　て　もと　の　道　も　わから　ず、あり　つる　家居　も　なし。

下二・用　助動・希・体　格助　四・用　接助　格助　係助　四・未　助動・打・用　ラ変・用　助動・完・体　係助　ク・終

荒れるにまかせて荒れ果てて元の道もわからず、昔あった人家もない。

たまたま　ここかしこ　に　残る　家　に　人　の　住む　と　は　見ゆる　も　あれ　ど、昔　に　は

副　(代)　格助　四・体　格助　格助　四・終　格助　係助　下二・体　係助　ラ変・已　接助　格助　係助

まれにそこここに残る家に人が住んでいると見受けられる家もあるけれど、昔と似てもいない

似　つつ　も　あら　ね、いづれ　か　我　が　住み　し　家　ぞ　と　立ち惑ふ　に、

上一・用　接助　係助　補・ラ変・未　助動・打・已　(代)　係助　(代)　格助　四・用　助動・過・体　係助　格助　四・体　接助

ので、どれが我が家だろうかと途方に暮れて立ちつくしていると、

(代) 副助 格助 四・用 接助 格助 四・未 助動・受・用 助動・過・体 格助 下二・用 接助 四・已(命) 助動・存・体 格助
ここ 二十歩 ばかり を 去り て、雷 に くだか れ し 松 の そびえ て 立て る が、
ここから二〇歩ほど離れたところに、落雷に砕かれた松でそびえ立っているのが、

格助 格助 格助 下二・用 助動・存・体 格助 副 (代) 格助 格助 係助(係) 下二・用 助動・完・体(結) 格助
雲間 の 星 の 光 に 見え たる を、「げに 我 が 軒 の しるし こそ 見え つる。」と、
雲間から(漏れる)星明かりに見えたのを、「まさしく我が家の目印が見えた。」と、

副 シク・体 サ変・用 接助 四・体 接助 係助 格助 四・未 接助 ラ変・終 係助 四・終 格助 下二・用 接助
まづ うれしき 心地 し て 歩む に、家 は もと に 変はら で あり。人 も 住む と 見え て、
まずはうれしい気持ちがして歩いて行くと、家はもとのまま変わらずにあった。人も住んでいると見えて、

格助 格助 格助 下二・用 接助 副 サ変・体 接助 係助(係) 四・体(結) 副 (代) 格助
古戸 の 隙 より 灯火 の 影 漏れ て きらきらと する に、「他人 や 住む。もし その 人
古戸の隙間から灯火の光が漏れてきらきらとしているので、「他の人が住んでいるのだろうか。もしかしたらその人(妻

係助(係) 四・体(結) 係助 格助 シク・用 格助 四・用 接助 サ変・已 接助 格助 係助 ク・用
や います か。」と 心 さわがしく、門 に 立ちより て しはぶき すれ ば、内 に も はやく
の宮木)がいらっしゃるのだろうか。」と胸騒ぎがして、門口に立ってせきばらいをすると、家の中でも素早く(それを)聞

四・用 接助 (代) 係助 格助 下二・終
聞きとり て、「誰 そ。」と とがむ。
きつけ、「どなたですか。」と尋ねる。

ク・用 上二・用 助動・存・已 接助 シク・用 格助 助動・断・体 格助 四・用 接助 係助 格助 副助 四・未
いたう ねび たれ ど、まさしく 妻 の 声 なる を 聞き て、夢 か と 胸 のみ さわが
たいそう年老いてしわがれているけれど、まさしく妻の声であるのを聞き、夢ではないかと心が騒いで、

助動・自・用 接助 (代) 係助 四・用 助動・完・終 四・未 接助 格助 四・用 助動・完・体 格助
れ て、「我 こそ 帰りまゐり たり。変はら で 独り 浅茅が原 に 住み つる こと の
「私が帰ってきたのだ。(以前のままに)変わらず独り雑草の茂った荒れ果てた野原に住んでいるとはなんという

間助 格助 四・体 格助 四・用 助動・存・已 接助 副 格助 下二・体 接助 副 ク・用(音) ク・用
不思議さ よ。」と 言ふ を、聞き知り たれ ば やがて 戸 を 開くる に、いと いたう 黒く
不思議さよ。」と言う声を、(夫の声と)聞き知っていたのですぐに戸を開けるのを見ると、(現れた妻は)とても黒く

垢づき〔四・用〕て〔接助〕、眼は〔係助〕おち入り〔四・用〕たる〔助動・存・体〕やうに〔助動・比・用〕、結〔下二・用〕たる〔助動・存・体〕髪も〔係助〕背に〔格助〕かかり〔四・用〕て〔接助〕、もとの〔格助〕人

垢にまみれて、目は落ちくぼんだようになって、結い上げた髪も背中にくずれかかって、以前の妻とは思われない。

と〔格助〕も〔係助〕思は〔四・未〕れ〔助動・可・未〕ず〔助動・打・終〕。夫を〔格助〕見〔上一・用〕て〔接助〕物を〔格助〕も〔係助〕言は〔四・未〕で〔接助〕さめざめと〔副〕泣く〔四・終〕。

（宮木は）夫を見て物も言わずたださめざめと泣くのであった。

語句の解説 1

教706 249ページ　教708 202ページ

6 **雨雲《あまぐも》は落《お》ちかかるばかりに**　雨雲が今にも降りだすかのように。

「ばかり」は、およその程度・数量などを表す副助詞。

7 **迷《まよ》ふ《ウ》べう《ビョウ》もあらじ**　迷うはずもあるまい。

「べう」は当然の助動詞「べく」のウ音便。「も」は強意の係助詞。「じ」は、打消推量の助動詞。

8 **田畑《たはた》は荒《あ》れたきままにすさみて**　田畑は荒れるにまかせて荒れ果てて。

「まま」はある動作がすんでなおそのままであること、それっきりである状態を示す。「すさむ」は、衰えて打ち捨てられた状態にあることを指す。

教706 250ページ　教708 203ページ1〜7行

2（1）**雷《らい》にくだかれし松《まつ》のそびえて立《た》てるが**　落雷によって砕かれた松でそびえて立っているのが。

「松の」の「の」は同格を表す格助詞。

9（4）**灯火《ともしび》の影《かげ》**　灯火の光。

「影」は、ここでは「光」の意。

10（5）**その人《ひと》やいますか**　その人がいらっしゃるのだろうか。

「います」は、「あり」「居り」の尊敬語。

答 1

「その人」とは誰のことか。

妻（宮木）。

13（6）**「誰《た》ぞ。」ととがむ**　「どなたですか。」と尋ねる。

「とがむ」には「非難する、なじる」のほかに、「心に留める」や「問いただす」の意がある。ここでは、突然の来訪に対して、それを誰だろうかと不思議に思い、尋ねているのである。

15（7）**ねびたれど**　年老いてしわがれているけれど。

「ねぶ」は、「年をとる、ふける」の意。

教706 251ページ　教708 203ページ7〜11行

2（9）**やがて**　すぐに。

古語の「やがて」は、時間的にも状態的にもへだたりがなく、前に引き続くさまを表す。

3（10）**眼《まみ》はおち入《い》りたるやう《ヨウ》に**　目は落ちくぼんだようになって。

「眼」は、普通は「目見《まみ》」と書き、「（物を見る）目つきやまなざし」のことだが、ここではその意味はなく、単に「目、眼」のこと。

3（10）**もとの人《ひと》とも思《おも》は《ワ》れず**　以前の妻とは思われない。

以前の宮木は、この物語の冒頭で「人の目とむるばかりの容《かたち》」と、容貌の美しさが表現されており、勝四郎の目の前にいる今の宮木との落差は激しい。

2 なぜ泣いたのか。

答 待ち続けた夫が突然帰ってきた喜びのため。

【大意】 2 教706 251ページ7行〜252ページ7行　教708 203ページ14行〜204ページ10行

七年ぶりに帰ってきた勝四郎に、妻の宮木はどんなにつらい思いをしたかを、泣く泣く語り聞かせる。戦が始まり、里の人たちが逃げてしまっても、妻は家から離れず、ずっと夫の帰りを待ち続けた。約束の秋を過ぎても、冬が過ぎて春が来ても…。でも、こうして再び逢《あ》えたことで、晴れ晴れとした気分になれた、と言う。勝四郎は妻を慰め、床についた。

【品詞分解／現代語訳】

格助　下二・用　接助　下二・用　補謙・下二・用　接助　四・体　格助　格助　格助　シク・体
妻、涙 を とどめ て、「ひとたび 別れ まゐらせ て 後、頼む の 秋 より 前 に、恐ろしき 世の中
妻は、涙をおさえて、「一度（あなたと）お別れ申し上げて後、逢うことを頼りに待っていた秋よりも前に、恐ろしい（戦乱の）世の中

格助　四・用　接助　係助　格助　下二・用　接助　格助　四・用　格助　四・已　接助　副　四・用　助動・存・体
と なり て、里人 は みな 家 を 捨て て、海 に 漂ひ 山 に こもれ ば、たまたまに 残り たる 人
となって、里の人はみな家を捨てて、海の辺りを漂い山に隠れ住んだので、まれに里に残っている人は、

係助　ク・用　格助　ラ変・用　接助　副　格助　四・用　助動・過・体　格助　ク・終　格助　係助（結略）　格助
は、多く 虎狼 の 心 あり て、かく やもめ と なり し を たより よし と や、言葉 を
多くは虎や狼のように残忍な心の持ち主で、このように一人になった（私の）ことを都合がよいと思ってか、言葉巧みに言

四・用　接助　四・已　接助　格助　下二・用　接助　係助　格助　ク・体　格助　係助　四・未　助動・打意・体　終助　格助
巧み て 誘へ ども、玉 と 砕け て も 瓦 の 全き に は ならは じ ものを と、幾たび
い寄ってきたのだが、（私は）貞操を守って死んだとしても、不義をして長く生きようとは思わないと、何度も

係助（係）　ク・体　格助　上二・用　助動・完・体（結）　格助　下二・已　接助　（代）　係助　四・用　補尊・四・未　助動・打・終　格助　四・用
か 辛き 目 を 忍び ぬる。銀河 秋 を 告ぐれ ども 君 は 帰り たまは ず。冬 を 待ち、
つらい目を耐えてきました。天の川が秋を告げるけれどもあなたはお帰りにならない。冬を待ち、

春 を(格助) 迎へ(下二・用) て(接助) も(係助) おとづれ なし(ク・終)。今 は(係助) 京 に(格助) 上り(四・用) て(接助) 尋ね(下二・用) まゐらせ(補謙・下二・未) ん(助動・意・終) と(格助) 思ひ(四・用) しか(助動・過・已)

春を迎えても便りはない。こうなれば京に上ってお探し申し上げようと思ったが、

ど、(接助) ますらを さへ(副助) 許さ(四・未) ざる(助動・打・体) 関 の(格助) とざし を、(格助) いかで(副) 女 の(格助) 越ゆ(下二・終) べき(助動・可・体) 道 も(係助) あら(ラ変・未) じ(助動・打推・終)

男でさえ(通行を)許さない関所の守りを、どうして女が越えられる道などあろうか(、いや、ないでしょう)と、

と、(格助) 軒端 の(格助) 松 に(格助) かひなき(ク・体) 宿 に、(格助) 狐・ふくろふ を(格助) 友 と(格助) し(サ変・用) て(接助) 今日 まで(副助) は(係助) 過ごし(四・用) ぬ(助動・完・終)。

軒端の松を眺めて待ってもかいのないこの家で、狐やふくろうを友として今日まで過ごしてきました。

今 は(係助) 長き(ク・体) 恨み も(係助) はればれと(副) なり(四・用) ぬる(助動・完・体) こと の(格助) うれしく(シク・用) はべり(補丁・ラ変・終)。逢ふ(四・体) を(格助) 待つ(四・体) 間 に(格助)

(再会できた)今となっては長い間の恨みも晴れ晴れと晴れたことがうれしく思います。逢うことを待ち続ける間に恋いこが

恋ひ死な(ナ変・未) ん(助動・仮・体) は、(係助) 人 知ら(四・未) ぬ(助動・打・体) 恨み なる(助動・断・体) べし(助動・推・終)。」と、(格助) また(副) よよと(副) 泣く(四・体) を、(格助) 「夜 こそ(係助(結流)) 短き(ク・体)

れて死んでしまったら、あなたがそれを知らないことを恨むことでしょう。」と、またよよと泣くのを、(勝四郎は)「夜は短いのだ

に。(接助)」と(格助) 言ひ慰め(下二・用) て、(接助) とも に(格助) 臥し(四・用) ぬ(助動・完・終)。

から。」と言い慰めて、ともに床に入った。

語句の解説 2

教706 251ページ　教708 203ページ14行～204ページ7行

7(14)**別《わか》れまゐらせ《イ》て**　お別れ申し上げて。
「まゐらす」は、謙譲の補助動詞。

9(2)**やもめとなりしをたよりよしとや**　一人になった(私の)ことを都合がよいと思ってか。
「やもめ」は未亡人のことだが、ここでは「一人住まいになった女」。係助詞「や」の結びの「思ひけむ」が省略されている。

11(4)**銀《ぎん》河《が》秋《あき》を告《つ》ぐれども**　天の川が秋を告げるけれども。
「銀河」は天の川。天の川で牽牛《けんぎゅう》と織女が逢う七夕を念頭においた表現。

12(5)**おとづ《ズ》れなし**　便りはない。
「おとづれ」は、ここでは「便り、手紙、連絡」の意。下二段活用動詞「訪《おとづ》る」の連用形が名詞化したもの。

13(6)**ますらを《オ》さへ《エ》**　男でさえ。
「ますらを」は、勇ましく立派な男のことだが、ここでは単に男

の意。「さへ」は、ここでは、程度の軽いものを挙げておいて、重いものはなおさらだ、という意を表す。

13(6)いかで女《おんな》の越《こ》ゆべき道《みち》もあらじ　どうして女が越えられる道などあろうか(、いや、ないでしょう)。

「いかで……あらむ」と結ぶべきところだが、破格(きまりからはずれていること)となっている。

答　戦乱で人々が土地を離れたため、人気がなくなり、一人寂しく暮らしている様子。

教706 252ページ　教708 204ページ8〜10行

5(9)夜《よ》こそ短《みじか》きに　夜は短いのだから。

「こそ」の結びは本来は「短けれ」となるはずだが、接続助詞「に」が付いて連体形「短き」となって文が続き、結びは流れている。

3　どのような様子をたとえたものか。

【大　意】　3　教706 252ページ8行〜253ページ6行　教708 204ページ11行〜205ページ4行

すっかり眠り込んだ勝四郎は、明け方の寒さで目が覚め、気がつくと、家はすっかり廃墟《はいきょ》になっていた。屋根は風にめくられて月すらも見え、床下から高く伸びた草が生える。庭も草に埋もれるようになってしまっていた。荒れ果てた家には妻の姿が見えない。狐《きつね》にでも化かされたのだろうか、とも考えたが、確かにここは自分の家だ。

【品詞分解／現代語訳】

窓 の〔格助〕 紙、松風 を〔格助〕 すすり〔四・用〕 て〔接助〕 夜もすがら〔副〕 涼しき〔シク・体〕 に、〔格助〕 道 の〔格助〕 長手 に〔格助〕 疲れ〔下二・用〕 熟く〔ク・用〕 寝〔下二・用〕 たり。〔助動・完・終〕 五更

松の梢《こずえ》をわたる風が、窓の障子紙の破れ目をすすり泣くように吹きならして夜どおし涼しいのに加えて、長い旅に疲れぐっすり寝てしまった。午前

の〔格助〕 空 明けゆく〔四・体〕 ころ、現なき〔ク・体〕 心 に〔格助〕 も〔係助〕 すずろに〔ナリ・用〕 寒かり〔ク・用〕 けれ〔助動・過・已〕 ば、〔接助〕 衾 かづか〔四・未〕 ん〔助動・意・終〕 と〔格助〕 さぐる〔四・体〕 手

四時から六時頃の空が明けていく頃、夢うつつの心にもなんとなく寒く感じたので、夜着をかぶろうと手探りする手に、

に、〔格助〕 何物 に〔助動・断・用〕 や〔係助(結略)〕 さやさやと〔副〕 音 する〔サ変・体〕 に〔接助〕 目 さめ〔下二・用〕 ぬ。〔助動・完・終〕 顔 に〔格助〕 ひやひやと〔副〕 物 の〔格助〕 こぼるる〔下二・体〕

何だろうかさやさやと音がするので目が覚めてしまった。顔にひんやりとものがこぼれ落ちるのを、

を、〔格助〕 雨 や〔係助(係)〕 漏り〔四・用〕 ぬる〔助動・完・体(結)〕 か〔係助〕 と〔格助〕 見れ〔上一・已〕 ば、〔接助〕 屋根 は〔係助〕 風 に〔格助〕 まくら〔四・未〕 れ〔助動・受・用〕 て〔接助〕 あれ〔補・ラ変・已〕 ば〔接助〕 有明月

雨でも漏ったのかと見てみると、屋根は風に(吹かれて)まくり上げられているので　有明の月が

格助 四・用 接助 四・用 助動・存・体 係助 下二・終 係助 係助 ラ変・体 係助 ク・終 上二・用 下二・用 助動・存・体
のしらみて残りたるも見ゆ。家は戸もあるやなし。簀垣朽ち崩れたる隙
白んで残っているのも見える。家は戸もあるかないかわからない。簀《す》掻《が》きの床が朽ち果てて崩れているすき間

格助 ク・用 下二・用 接助 下二・体 接助 上二・用 接助 四・終 副助 助動・断・終 格助 係助
より、荻・薄高く生ひ出でて、朝露うちこぼるるに、袖ひぢてしぼるばかりなり。壁には
から、荻《おぎ》や薄《すすき》が高く生え出ていて、朝露がこぼれ落ちるので、袖が濡れてしぼるほどである。壁には蔦《つた》や葛《くず》が

四・用 係助 格助 下二・用 接助 助動・断・未 助動・打・已 接助 助動・在・体 助動・断・用 助動・詠・終
蔦・葛はひかかり、庭は葎に埋もれて、秋ならねども野らなる宿なりけり。
生えかかっていて、庭は生い茂った雑草に埋もれて、秋ではないのに(秋の)野原のような家であったことだ。

接 副助 四・用 助動・存・体 係助 (代) 四・用 助動・過推・体 下二・未 助動・打・終 副助 格助 助動・断・用 係助(係略)
「さてしも臥したる妻はいづち行きけん見えず。狐などのしわざにや。」
「それにしても(ともに)寝ていた妻はどこへ行ったのだろうか姿が見えない。狐などのしわざであろうか。」と思うと、

格助 四・已 接助 副 下二・用 助動・完・已 接助 副 四・用 助動・過・体 格助 四・未 接助 ク・用 四・已 助動・過・体
と思へば、かく荒れ果てぬれど、もと住みし家にたがはで、広く造りなせし
このように荒れ果ててしまっているが、もと(自分が)住んでいた家にまちがいなく、広く造ってあった奥の間の辺り

格助 格助 副助 四・用 助動・存・体 格助 助動・断・終
奥わたりより、端の方、稲倉まで好みたるままのさまなり。
から、端の方、稲の倉まで(自分が)好んだままの様子である。

語句の解説 3

教706 252ページ　教708 204ページ11〜14行

8(11)**夜《よ》もすがら**　夜どおし。「すがら」は接尾語。「…の間じゅう」の意味を添える。

11(12)**現《うつつ》なき心《こころ》**　夢うつつの心。形容詞「現《うつつ》なし」は、「正気でない、夢心地だ」の意。名詞の「うつつ」は、「現実」の意。

12(12)**衾《ふすま》かづ《ズ》かんと**　夜着をかぶろうと。「衾」は、夜具のこと。布団、もしくは夜着。「かづく」は「被く」と書いて、ここでは「かぶる」の意。他に「褒美としていただく」の意もある。

13(13)**何物《なにもの》にやさやさやと音《おと》するに**　何だろうかさやさやと音がするので。「何物にや」の後に「あらむ」などが省略されている。

4

何が顔にこぼれてきたのか。

答　(簀子《すのこ》作りの床が崩れた隙間から生えた荻《おぎ》や薄《すすき》からこぼれ落ちた)朝露。

教706 253ページ　教708 204ページ14行〜205ページ4行

1(14)**有明月《ありあけづき》のしらみて残《のこ》りたるも**　有明の月が白んで残っているのも。

「有明月」は、夜が明けてもまだ空に残っている月。有明月が残る情景は、和歌の世界では最もあわれ深い情景とされ、特に「きぬぎぬ」の別れには、つれなく空に残る月の光を限りなく余情深いものと考えられた。

1(15)**あるやなし**　あるかないかわからない。

「や」は疑問の係助詞。文末用法で「ありや」が正しい形だが、口語的表現では連体形をうけることが多い

1(15)**簀垣朽《すがきく》ち崩《くず》れたる隙《ひま》**　簀掻《すが》きの床が朽ち果てて崩れているすき間。

床が崩れてすき間があいている状態。「隙(ひま)」は、ここでは「すき間」。他に「絶え間」「時間のゆとり」「よい機会」「休暇」などの意味もある。

2(16)**袖《そで》ひぢ《ジ》て**　袖が濡れて。

「ひぢ」は、もともとは「ひつ(漬つ)」で「水につかる、ぐっしょり濡れる」の意だが、近世以降は「ひぢ」と濁音になった。

3(1)**葎《むぐら》に埋《うず》もれて**　生い茂った雑草に埋もれて。

「葎」はつる草の総称。荒れた家、貧しい家の描写に用いられる。

4(2)**いづ《ズ》ち行《ゆ》きけん**　どこへ行ったのだろうか。

「いづち」は代名詞で、「ち」は場所を表す接尾語。

4(2)**狐《きつね》などのしわざにや**　狐などのしわざであろうか。

「や」は疑問の係助詞。結びは省略されている。

6(4)**広《ひろ》く造《つく》りなせし奥《おく》わたり**　広く造ってあった奥の間の辺り。

勝四郎のかつての生活が読み取れる場面。そうとうに裕福であったことがわかる。「造りなせ」は動詞の已然形。これに過去の助動詞「し」が付いている。中世以降の語法。

【大　意】4　教706 253ページ7行〜254ページ4行　教708 205ページ5行〜206ページ2行

妻はすでに死んでしまったのではないか、と考えるうち、床が払われて墓らしき塚があるのが見える。昨夜の妻はここから出てきたのだろうか。なんとも恐ろしく、また慕わしいことだ。墓前に木の端を削ったものに紙が付けてあり、妻の筆跡で和歌が書きつけてある。その歌を読むにいたり、勝四郎は妻が死んだことを悟る。何年何月何日に死んだのかさえもわからない。誰か知っている人はいないのか、探しに出かけるのだった。

【品詞分解/現代語訳】

あきれ(下二・用) て(接助) 足 の(格助) 踏所 さへ(副助) 忘れ(下二・用) たる(助動・完・体) やうなり(助動・比・用) し(助動・過・体) が、(接助) つらつら(副) 思ふ(四・体) に、(接助) 「妻 は(係助) すでに(副)

(勝四郎は)呆然として足の踏み場さえ忘れてしまったようであったが、よくよく思うと、「妻はすでに死んでしま

まかりて、今は狐狸の住み替はりて、かく野らなる宿となりたれば、あやしき鬼の

い、今は(この家は)狐や狸が替わって住み、このように野べにある荒れ果てた家となってしまっているので、妖怪となって、

化して、ありし形を見せつるにてぞあるべき。もしまた我を

生前の妻の姿を見せたのであろう。あるいはまた私を慕う妻の

慕ふ魂のかへり来たりて語りぬるものか。思ひしことのつゆたがはざり

魂が(この世に)帰って来て(私と)語ったものなのか。(都を出る時に)思っていたことが少しも違わなかったことだ。」と、

しよ。」と、さらに涙さへ出でず。我が身一つはもとの身にしてと

まったく涙さえも出ない。わが身だけがもとのままなのにと思って歩き回ってみると、

歩みめぐるに、昔臥戸にてありし所の簀子を払ひ、土を積みて墳とし、

昔寝室であった所の床を取り払って、土を積んで墓とし、

雨露を防ぐまうけもあり。「夜の霊はここもとよりや。」と恐ろしくも、かつなつかし。

雨露を避ける(覆いのような)設備もある。「夜に出会った霊はここから(現れたの)か。」と恐ろしくもあり、同時にまた慕わしくもある。

水向の具ものせし中に、木の端を削りたるに、那須野紙のいたう古びて、

墓前に水を手向けるための容器を置いた中に、木の端を削ったものに、那須野紙でとても古びて、

文字もむら消えして所々見定めがたき、まさしく妻の筆の跡なり。法名といふもの

文字もところどころ消えてところどころはっきりとは読めないものが(あって)、まさしく妻の字の跡である。法名というものも年月も記さ

も年月も記さで、三十一字にいまはの心をあはれにも述べたり。

ないで、三十一字(の和歌)で最期の思いをしみじみと述べている。

さりとも と 思ふ 心 に はから れ て 世 に も 今日 まで 生け る 命 か
（接 格助 四・体 格助 四・未 助動・受・用 接助 格助 係助 副助 四・已(命) 助動・存・体 終助）
そうはいっても（いつかは逢える）と思う心にあざむかれて、よくぞ今日まで生きてきた命だなあ。

ここ に はじめて 妻 の 死し たる を さとり て、大いに 叫び て 倒れ伏す。
（(代) 格助 副 格助 サ変・用 助動・完・体 格助 四・用 接助 ナリ・用 四・用 接助 四・終）
この時初めて妻が死んだことをはっきり知り、大声で叫んで倒れ伏す。

「さりとて 何 の 年 何 の 月日 に 終はり し さへ 知ら ぬ 浅ましさ よ。人 は 知り も や せ ん。」と、涙 を とどめ て 立ち出づれ ば、日 高く さし昇り ぬ。
（接 格助 格助 格助 四・用 助動・過・体 副助 四・未 助動・打・体 間助 係助 四・用 係助 係助(係) サ変・未 助動・推・体(結) 格助 格助 下二・用 接助 下二・已 接助 ク・用 四・用 助動・完・終）
「そうかといっていつの年のいつの月日に死んだのかさえ知らないとは情けないことよ。誰か知っているかもしれない。」と、涙をおさえて外へ出てみると、日は高く昇ってしまっていた。

語句の解説 4

教706 253ページ 教708 205ページ5行〜14行

7(5)**あきれて足《あし》の踏所《ふみど》さへ《エ》忘《わす》れたるやう《ヨウ》なりしが** 呆然として足の踏み場さえ忘れてしまったようであったが。

「あきれ」は、動詞「あきる」の連用形で、「意外なことに驚いて途方に暮れる、呆然とする」の意。自分がどこにいるのかわからなくなってしまいそうだということ。

7(5)**妻《つま》はすでにまかりて** 妻はすでに死んでしまい。

「まかる」は、「退出する」の意だが、ここでは「この世から退く」、つまり「死ぬ」の意。

10(8)**思《おも》ひ《イ》しことのつゆたがは《ワ》ざりしよ** （都を出る時に）思っていたことが少しも違わなかったことだ。

「都を発《た》つ時の予感が的中した」というふうに解釈できるが、「家や妻の運命は予想通りであった」とすることもできる。「つゆ」は副詞で、下に打消の語を伴って「まったく（…ない）、少しも（…ない）」の意を表す。

5 どのようなことを思っていたのか。

答 妻がもう死んでいるということ。

13(11)**ここもとよりや** ここから（現れたの）か。

「ここもと」は指示代名詞で、①「すぐそば」、②「この辺り、ここ」の意。この場合は②。「や」は係助詞だが、結びは省略されている。後に「現れけん」「出《い》でし」などを補って読む。

13(11)**恐《おそ》ろしくも、かつなつかし** 恐ろしくもあり、同時にまた慕わしくもある。

「かつ」は、副詞で二つのことが同時に行われていることを表す。「一方では、他方では」。「なつかし」は、①「心引かれる、慕わしい」、②「親しみやすい」、③「懐かしい」の意味がある。ここでは①。

14(12)**ものせし**　置いた。

「ものす」は、さまざまな動詞の代わりに用いる語。ここでは「置く」「並べる」などが考えられる。そのほかに、①「ある、いる」、②「行く」、③「生まれる」などの意味をもつ。

14(12)**木《き》の端《はし》を削《けず》りたるに**　木の端を削ったものに。

卒塔婆《そとば》、もしくは位牌《いはい》の代わりにしたものか。これに紙に書いた和歌を貼り付けたのである。

教706 254ページ　教708 205ページ15行～206ページ2行

3(1)**さりとて**　そうかといって。

接続詞。本来は動詞「然《さ》り」＋格助詞「とて」。

3(1)**浅《あさ》ましさよ**　情けないことよ。

形容詞「あさまし」に「さ」が付いて名詞化したもの。「あさまし」には、①「意外だ」、②「情けない」、③「見苦しい」、④「貧乏である」などの意味がある。ここでは②。

学習のポイント

1 勝四郎が妻を思う気持ちと、妻が勝四郎を思う気持ちが、それぞれどのように描かれているか、整理してみよう。

考え方　勝四郎は妻が死んでいるなら弔おうと帰ってきた。妻への愛情を忘れることなく持ち続けていた。妻はひたむきに夫を思い、貞操を守って帰りを待っていたが、辞世の歌を残して死んでいった。

解答例

勝四郎

・「もしまた我を慕ふ魂《たま》のかへり来たりて語りぬるものか。」706 253・9 708 205・7

・「『夜《よべ》の霊はここもとよりや。』と恐ろしくも、かつなつかし。」706 253・13 708 205・11

・「ここにはじめて妻の死したるをさとりて、大いに叫びて倒れ伏す。」706 254・2 708 205・16

・「『さりとて何の年何の月日に終はりしさへ知らぬ浅ましさよ。……』」706 254・3 708 206・1

妻(宮木)

・「かくやもめとなりしをたよりよしとや、言葉を巧みて誘《いざな》へども、玉と砕けても瓦《かはら》の全《また》きにはならはじものをと、」706 251・9～11 708 204・2～4

・「『……今は長き恨みもはればれとなりぬることのうれしくはべり。逢《あ》ふを待つ間《ま》に恋ひ死なんは、人知らぬ恨みなるべし。』と、またよよと泣くを、」706 252・1～5 708 204・8～9

2 「さりともと…」の歌に込められた宮木の心情はどのようなものか、考えてみよう。

解答例　夫の帰りを待ちわび、帰郷を信じながらも、ついに再会することなく死んでゆく自分の哀れさを、自分自身でいとおしみ、またわびしく思う切ない心情。

3 **探究** **真間の手児奈の伝説について、『万葉集』の歌などを手がかりに調べてみよう。**

考え方 真間《まま》の手児奈《てごな》は、この物語の舞台である下総《しもうさ》の国真間の伝説の女性。非常に美しく、多くの男たちに求婚されたが、思い悩み世をはかなんで入水《じゅすい》自殺したという。

『万葉集』には、いくつかこの伝説を題材にした和歌がある。

・高橋虫麻呂《たかはしのむしまろ》の歌（巻九・挽歌）

鶏《とり》が鳴く　吾妻《あづま》の国に　古《いにしへ》に　ありける事と　今までに　絶えず言ひ来る　勝鹿《かつしか》の　真間の手児奈が　麻衣《あさぎぬ》に　青衿《あをくび》著《つ》け　直《ひた》さ麻《を》を裳《も》には織り著《き》て　髪だにも　掻《か》きはけづらず　履《くつ》をだに　はかず行けども　錦綾《にしきあや》の　中につつめる　斎児《いはひご》も　妹《いも》に如《し》かめや　望月《もちづき》の満《た》れる面《おも》わに　花のごと　咲《ゑ》みて立てれば　夏虫の　火に入るがごと　水門入《みなとい》りに　船こぐごとく　行《ゆ》きかぐれ　人のいふ時　いくばくも　生《い》けらじものを　何すとか　身をたなしりて　波の音の　騒くみなとの　奥津城《おくつき》に　妹が臥《こや》せる　遠き代に　ありける事を　昨日《きのふ》しも　見けむがごとも　思ほゆるかも　（一八〇七）

反歌

勝鹿の真間の井《ゐ》を見れば立ち平《なら》し水汲ましけむ手児奈し思ほゆ　（一八〇八）

他にも山部赤人《やまべのあかひと》の歌（巻三・挽歌）や東歌《あずまうた》（巻一四・下総国の相聞《そうもん》往来の歌四首）にも見られる。